Christian Hatzenbichler

**J.R.R. Tolkien
und sein Christentum**

Christian Hatzenbichler

J.R.R. Tolkien und sein Christentum
Eine religionswissenschaftliche Auseinandersetzung
mit Tolkiens Werk und seiner Rezeptionsgeschichte

Tectum Verlag

Christian Hatzenbichler
J.R.R. Tolkien und sein Christentum. Eine religionswissenschaftliche
Auseinandersetzung mit Tolkiens Werk und seiner Rezeptionsgeschichte
Zugl. Diss. Karl-Franzens-Universität Graz 2018

© Tectum – ein Verlag in der Nomos Verlagsgesellschaft, Baden-Baden 2019
ISBN: 978-3-8288-4386-8
E-Book: 978-3-8288-7371-1

Umschlaggestaltung: Tectum Verlag, unter Verwendung des Bildes
#1362025994 von Hitachin33 | shutterstock.com

Druck und Bindung: Docupoint, Barleben
Printed in Germany

Alle Rechte vorbehalten

Besuchen Sie uns im Internet
www.tectum-verlag.de

Bibliografische Informationen der Deutschen Nationalbibliothek
Die Deutsche Nationalbibliothek verzeichnet diese Publikation
in der Deutschen Nationalbibliografie; detaillierte bibliografische
Angaben sind im Internet über http://dnb.d-nb.de abrufbar.

Inhaltsverzeichnis

1. Einleitung 1

   1.1 Forschungsstand und Forschungsfragen 7
       1.1.1   Perspektive I – Tendenziöse Bearbeitungen 8
       1.1.2   Perspektive II – Religiöse Rezeptionsgeschichte 10
       1.1.3   Perspektive III – Fehlende Zusammenschau 11
       1.1.4   Perspektive IV – Das Unbehagen am Genre Fantasy 14

2. Tolkien und sein Werk 15

   2.1 Religiöse Sozialisation 17
   2.2 DER HERR DER RINGE – Ein von Grund auf religiöses Werk 27
       2.2.1   Die *Frohe Botschaft* – Das Körnchen Wahrheit 30
       2.2.2   Literarisches Wirken als religiöser Vollzug 34
       2.2.3   Werte und Wirkungen phantastischer Geschichten 41
       2.2.4   MYTHOPOEIA – Zum Gedicht gewordene Theorie 48
       2.2.5   BLATT VON TÜFTLER – Zur Geschichte gewordene Theorie 72
       2.2.6   Allegorie versus Anwendbarkeit 78
       2.2.7   Zusammenfassung 81
   2.3 Andere mythologische (nichtchristliche) Beeinflussungen 82

3. Christlich-religiöse Elemente 84

   3.1 Marienanalogien bei Tolkien 84
       3.1.1   Galadriel – Die „Lichtbekränzte Maid" 87
       3.1.2   Elbereth – Die „Sternkönigin" 92
       3.1.3   Maria bei Tolkien – Ein Beispiel für die katholische
              Rezeptionsgeschichte 96

3.2 Der „gute" Kampf – Ein christliches Weltbild 99
    3.2.1 Exkurs: Ursprünge der Militia Christi 103
    3.2.2 Tolkiens Militia Christi 109
    3.2.3 Soldatenheilige und ihre himmlischen Helfer 116
    3.2.4 Krieg – Aufgabe der Männer 122
    3.2.5 Zusammenfassung 128
3.3 Repräsentanten des Bösen 130
3.4 Ein latentes dualistisches Weltbild 139
    3.4.1 Romantische Liebe anstelle triebhafter Sexualität 142
    3.4.2 Herren ihrer Begierde – Gesetze und Bräuche der Elben 152
3.5 Lembas – Ein Brot von religiöser Art 155
3.6 Eine Reihe von Erlösergestalten 160
    3.6.1 Gandalf – Christologische Erlöserfigur in nordischem Gewand 162
3.7 Tolkiens Genesis 169
    3.7.1 Am Anfang waren die Engel 170
    3.7.2 Die Entstehung des Kosmos 176
    3.7.3 Geheimes Feuer und Heiliger Geist 178
    3.7.4 Gotteskindschaft 181
    3.7.5 Sündenfall 182
    3.7.6 Sintflut 184
    3.7.7 Weitere Parallelen 186
3.8 Earendil – Der Seefahrer 187
    3.8.1 Vom adventlichen Antiphon *O Oriens* zu *Eala Earendel* 188
    3.8.2 St. Brendans wundersame Seefahrt 191
3.9 Riten – Grenzen einer Spurensuche 194

4. **Parallelwelten – Ausdruck christlichen Glaubens oder Werkzeug des Teufels** 198
    4.1 Gründe für Tolkiens Beliebtheit 204
    4.2 Sekundärliteratur christlicher Verlagshäuser 209
        4.2.1 Tolkiens „geheime" biblische Botschaft 211
        4.2.2 Lebensratgeber mit Bibelzitaten 214

| 4.2.3 | Esoterische Führer durch Mittelerde | 218 |
| 4.2.4 | Fazit: Ratgeberliteratur mit Tolkien-Anstrich | 222 |

5. Schlussbetrachtung ... 224

6. Anhang ... 231

- 6.1 Abkürzungsverzeichnis ... 231
  - 6.1.1 Werke von J.R.R. Tolkien ... 231
  - 6.1.2 Antike Autoren und Werke ... 232
  - 6.1.3 Kirchliche Dokumente ... 232
- 6.2 Literaturverzeichnis ... 233
  - 6.2.1 Verwendete Schriften von J.R.R. Tolkien ... 233
  - 6.2.2 Sekundärliteratur zu Tolkiens Leben und Werk ... 234
  - 6.2.3 Weitere Literatur ... 237
- 6.3 Webseiten ... 240
  - 6.3.1 Artikel auf dem katholischen Online-Nachrichtenportal *kath.net* ... 240
  - 6.3.2 Weitere Zeitungs- und Zeitschriftenartikel ... 241
  - 6.3.3 Internetauftritte diverser Verlagshäuser ... 242
  - 6.3.4 Weitere Webseiten ... 243
- 6.4 Filmografie ... 244
- 6.5 Abbildungsverzeichnis ... 244

1. Einleitung

> Manche haben sich über das Verhältnis zwischen Tolkiens Geschichten und seinem Christentum den Kopf zerbrochen und es schwer begreiflich gefunden, wie ein frommer Katholik mit soviel Überzeugung über eine Welt schreiben konnte, in der Gott nicht verehrt wird. Doch hat dies nichts Geheimnisvolles. [...] Es widerspricht nicht dem Christentum, es ergänzt es.[1]
>
> (Humphrey Carpenter)

Eine der wohl bekanntesten Erzählungen unserer Zeit ist die Trilogie DER HERR DER RINGE[2] von John Ronald Reuel Tolkien. Die Begeisterung für diese mittlerweile zum „Kult" avancierten Bücher ist immer noch recht hoch, obwohl manche Verächter bereits in den 60er-Jahren des vergangenen Jahrhunderts prophezeiten, dass Tolkien schon im Begriff sei, der Vergessenheit anheimzufallen. Sie haben geirrt. Mit mehr als fünfzig Millionen Exemplaren ist sein DER HERR DER RINGE eines der meist verkauften Bücher weltweit und wurde in diversen Befragungen zum bedeutendsten Buch des vergangenen Jahrhunderts gekürt.[3]

Der Faszination Tolkien widmen sich heute Vereine in verschiedenen Teilen der Welt, von der *Frodo-Society* in Nord-Borneo bis zur *Deutschen Tolkien-Gesellschaft e.V.*, daneben erscheinen verschiedenste

---

1 Carpenter, Biographie, 111.
2 Engl. Originaltitel: THE LORD OF THE RINGS (1954/55). Es handelt sich um sechs Bücher, die in drei Bänden erschienen sind. Eine Veröffentlichung als Trilogie war wegen der Länge und der Kosten notwendig, vgl. Carpenter, Briefe, Nr. 165.
3 Vgl. Shippey, Autor des Jahrhunderts, 23ff. Für den deutschen Sprachraum ist die Umfrage des ZDF im Jahr 2004 unter 250.000 LeserInnen erwähnenswert, bei der Tolkiens DER HERR DER RINGE noch vor der Bibel zum beliebtesten Buch der Deutschen gekürt wurde. Die Ergebnisse sind online abrufbar, in: http://www.zdf-jahrbuch.de/2004/programmarbeit/arens.htm [abgerufen am 10.08.2018]. Eine Ringvorlesung an der Philosophischen Fakultät der Christian-Albrechts-Universität Kiel hat sich mit dem Ergebnis der Umfrage beschäftigt. Die Vorträge sind in einem Sammelband erschienen: Jürgensen, Christoph (Hg.): Die Lieblingsbücher der Deutschen, Kiel: Ludwig ²2006.

Periodika mit Titeln wie etwa *Mythlore, Flammifer von Westernis* oder *Evening Star*, sogar in diversen universitären Lehrveranstaltungen hat Tolkien seinen Platz gefunden.[4]

Die Begeisterung wurde sehr stark gesteigert durch die imposante und siebzehnfach Oscar gekrönte Verfilmung von Regisseur Peter Jackson, die in den Jahren 2001 bis 2003 in den Kinos gelaufen ist und seither mehrmals im Hauptabendprogramm verschiedener Fernsehsender zu sehen war.[5] Neben den unzähligen eingeschworenen Fans gewann die Leinwandversion auch neues Publikum für dieses Epos und weckte damit zugleich neues Interesse an den Büchern. Im Zuge dieser Verfilmungen erschienen auf dem Markt zahlreiche Brett- und Computerspiele, die begeisterte Fans auch abseits von Literatur und Film in Tolkiens Welt eintauchen ließen. Daneben entstanden mehrere Parodien und am Markt erschien eine schier unüberschaubare Menge an verschiedensten Merchandising-Artikeln.

Tolkiens DER HERR DER RINGE hat durch seine Verbreitung einen unglaublichen Bekanntheitsgrad erreicht. Aus diesem Grund gehört, so wird behauptet, eine „mehr oder minder genaue Kenntnis [...] heute unbestreitbar zum Allgemeinbildungsgut".[6] Ob dem tatsächlich so ist, darüber ließe sich wohl diskutieren. Mit Sicherheit lässt sich jedoch sagen, dass es kaum mehr jemanden gibt, der nicht schon einmal von Tolkiens DER HERR DER RINGE gehört hat oder dem Namen wie etwa Gandalf und Frodo wirklich gänzlich unbekannt sind. Somit lässt sich Tom Shippey, der zwei Generation nach Tolkien auf dessen Lehrstuhl ins Leeds nachfolgte, gut zustimmen: „Mittelerde wurde zu einem kulurellen Phänomen, das zur geistigen Ausstattung vieler Menschen gehört."[7]

Zudem ist unbestreitbar, dass Tolkiens Werk das gesamte Genre Fantasy ganz maßgeblich beeinflusst hat. Sein Schaffen als „Urknall der Fantasy-Literatur"[8] zu bezeichnen, mag zwar ein Stück zu weit ge-

---

4 Vgl. Schenkel, Tolkiens Zauberbaum, 14.
5 DER HERR DER RINGE: DIE GEFÄHRTEN (Regie: Peter Jackson, US/NZ 2001); DER HERR DER RINGE: DIE ZWEI TÜRME (Regie: Ders., US/NZ 2002); DER HERR DER RINGE: DIE RÜCKKEHR DES KÖNIGS (Regie: Ders., US/NZ 2003).
6 Birkhan, Keltenrezeption, 532.
7 Shippey, Autor des Jahrhunderts, 28.
8 Vos, Weltdeutung im Silmarillion, 7, Anm. 29. Vgl. Shippey, Autor des Jahrhunderts, 28f.

hen, immerhin gab es phantastische Geschichten bereits lange vor seiner Zeit, doch macht es seinen unbestreitbaren Einfluss deutlich. Fantasy Literatur hat durch sein Werk „eine spezifische und eigenständige Prägung erhalten. Für viele ist *Der Herr der Ringe* (1954/1955) bis heute der Prototyp der Fantasy-Literatur."[9] Viele haben versucht, ihn nachzuahmen, manche mit mehr, andere mit weniger Erfolg.[10]

Wie sehr Tolkiens DER HERR DER RINGE bereits Teil unserer Populärkultur geworden ist, zeigt eine Anekdote aus dem Wahlkampf zum österreichischen Bundespräsidenten 2016. Der damalige Präsidentschaftskandidat und heutige Bundespräsident Alexander van der Bellen warnte in einer Rede humorvoll vor seinem politischen Gegner Norbert Hofer und dessen Partei, der FPÖ, deren Wahlsieg eine Art „Alpen-Mordor" zur Folge hätte.[11] Eine Entgegnung ließ nicht lange auf sich warten. FPÖ-Parteiobmann Heinz-Christian Strache konterte auf Twitter: „VDB entwickelt sich zum Gollum."[12] Die *Krone*, Österreichs auflagenstärkste Boulevardtageszeitung, veröffentlichte dazu sogar eine Fotomontage:[13]

---

9 Heidler, Zwischen Magie, Mythos und Monotheismus, 61. Für literaturwissenschaftliche Überlegungen zum Thema Fantasy inkl. ausführlicher Gattungsbestimmung und Überblick über die Geschichte vgl. ebd., 27–94.
10 Vgl. Shippey, Autor des Jahrhunderts, 276ff.
11 Österreichische Medien griffen diese Wortspende dankend auf. Exemplarisch sei auf vier Web-Artikel österreichischer Tageszeitungen hingewiesen. *Der Standard*: http://derstandard.at/2000047618396/Hofburgwahl-Van-der-Bellen-warnt-vor-Alpen-Mordor [abgerufen am 10.08.2018]. *Kleine Zeitung*: http://www.kleinezeitung.at/politik/bundespraesident/5118334/Wahlkampfauftakt_Van-der-Bellen-warnt-vor-AlpenMordor [abgerufen am 10.12.2016]. *Krone*: http://www.krone.at/oesterreich/alpen-mordor-sager-schadet-van-der-bellen-sprachforscherin-story-540096 [abgerufen am 10.08.2018]. *Kurier*: https://kurier.at/politik/inland/van-der-bellen-warnt-vor-blauer-republik-und-alpen-mordor/230.876.039 [abgerufen am 10.12.2016].
12 Für einen Screenshot des gesamten Tweets vgl. http://www.oe24.at/oesterreich/politik/Strache-nennt-VdB-Gollum/258777232 [abgerufen am 10.08.2018].
13 Die Fotomontage wurde entnommen: http://www.krone.at/oesterreich/ strache-kontert-van-der-bellen-wird-zu-gollum-nach-mordor-sager-story-539660 [abgerufen am 10.08.2018].

Abbildung 1: Im Hintergrund der beiden Politiker Strache (links) und Van der Bellen sind der „Dunkle Turm" von Mordor und Gollum zu sehen, wie sie aus den Verfilmungen von Regisseur Peter Jackson bekannt sind.

Doch auch die anderen Bücher aus dem erzählerischen Schaffen Tolkiens verdienen Beachtung, haben sie auch nicht dieselbe Verbreitung und Beachtung erfahren. Immerhin wurden von DER HOBBIT[14], dem Vorgänger von DER HERR DER RINGE, weltweit mehr als vierzig Millionen Exemplare verkauft. Die filmische Bearbeitung von Peter Jackson, der dazu erneut eine Kinotrilogie geschaffen hat, trug auch in diesem Fall dazu bei, dass der Stoff eine enorme Breitenwirkung erfuhr.[15]

Sein eigentliches Hauptwerk sah Tolkien jedoch im SILMARILLION[16], der Kosmologie seines Universums, die er zeitlebens nicht fertiggestellt hat und die erst posthum von seinem Sohn Christopher Tolkien heraus-

---

14 Engl. Originaltitel: THE HOBBIT, OR THERE AND BACK AGAIN (1937).
15 DER HOBBIT: EINE UNERWARTETE REISE (Regie: Peter Jackson, US/NZ/GB, 2012); DER HOBBIT: SMAUGS EINÖDE (Regie: Ders, US/NZ/GB, 2013); DER HOBBIT: HIN UND ZURÜCK (Regie: Ders., US/NZ/GB, 2014).
16 Engl. Originaltitel: THE SILMARILLION (1977).

gegeben wurde. Dieses Werk hat nie dieselbe Aufmerksamkeit genossen wie seine Vorgänger, da es für gewöhnlich als „schwierig" zu lesen gilt.[17]

Diese drei genannten Werke bilden den Kern seines literarischen Schaffens.[18] Sie sind in alle großen Sprachen dieser Welt übersetzt worden. Die seit Erscheinen der Bücher dazu veröffentlichte Sekundärliteratur ist Legion und nicht mehr überschaubar. Hinzu kommt, dass ständig Neues erscheint.[19] Daneben gibt es noch einige kleinere Werke Tolkiens, die in keinem Zusammenhang zum Mittelerde-Komplex stehen, exemplarisch sei an dieser Stelle die Geschichte BAUER GILES VON HAM[20] genannt.

Die vorliegende Arbeit beschäftigt sich, in Anlehnung an das Eingangszitat des Tolkien Biographen Humphrey Carpenter, mit dem Thema *Tolkien und sein Christentum* und fügt sich damit in die Reihe „mancher" ein, die sich Gedanken machen „über das Verhältnis zwischen Tolkiens Geschichten und seinem Christentum". Dafür wird der Blick einerseits auf den Autor selbst gerichtet, indem seine christliche Sozialisation betrachtet wird und der Autor mittels der von ihm hinterlassenen Briefe selbst zu Wort kommt. Andererseits wird eine Analyse der christlichen Spuren in seinen literarischen Werken vorgenommen, wobei hier der Fokus auf dem *Legendarium*[21] liegt. Gemeint sind jene Bücher, deren Handlung entweder in Mittelerde spielt bzw. die mit den Erzählungen rund um Mittelerde in Zusammenhang stehen:

---

17 Vgl. BdVG I, 7. Tolkien schreibt selbst zum SILMARILLION: „Allerdings glaube ich nicht, daß es den gleichen Reiz haben wird wie der H.R. – keine Hobbits! Voller Mythologie und Elbentum und jenem »high stile« [...], der so wenig nach dem Geschmack vieler Rezensenten gewesen ist." Carpenter, Briefe, Nr. 182.

18 Ein chronologischer Überblick über alle von Tolkien veröffentlichten Schriften ist zu finden in: Carpenter, Biographie, 303ff.

19 Ein Literaturanhang mit Überblick über zentrale Werke der Sekundärliteratur lässt sich finden bei Geier, wobei auch dieser Anhang letzten Endes eine Auswahl darstellen muss: Geier, Biographie, 152ff.

20 Engl. Originaltitel: FARMER GILES OF HAM (1949). Eine deutsche Übersetzung findet sich beispielsweise in FABELHAFTE GESCHICHTEN, einer Anthologie von Tolkiens kürzeren Werken.

21 Der Begriff *Legendarium* steht für die Gesamtheit aller Geschichten rund um das Mittelerde-Universum, am bekanntesten davon DER HERR DER RINGE. Ich übernehme ihn für die vorliegende Arbeit, da dieser einerseits von Tolkien selbst verwendet wird, vgl. Carpenter, Briefe, Nr. 153, Nr. 154 u. Nr. 163, als auch in der Sekundärliteratur zu finden ist. Tolkien schrieb auch einige kleinere Geschichten und Gedichte, die außerhalb dieses *Legendariums* angesiedelt sind.

DER HOBBIT, DER HERR DER RINGE und SILMARILLION. Die kleineren Werke außerhalb dieses Stoffs werden nur betrachtet, sofern sie für die vorliegende Spursuche relevant erscheinen.

Nähert man sich diesem Themenkomplex, so darf man sich nicht der Illusion hingeben, Tolkien wäre in seinem literarischen Schaffen einzig und alleine vom Christentum beeinflusst worden. Ganz im Gegenteil, verschiedene religiöse Systeme haben in dem umfangreichen Schaffen ihre Spuren hinterlassen. Dabei ist unbestreitbar, dass den christlichen Einflüssen eine ganz zentrale Bedeutung zukommt. Allzu eindeutige Zuordnungen sind jedoch oft schwierig und bergen die Gefahr der Überinterpretation, was – wie noch zu zeigen sein wird – in der Sekundärliteratur durchaus des Öfteren vorkommt. Es muss zumindest mitbedacht werden, dass ähnliche religiöse Motive auch in anderen nichtchristlichen Religionen eine Rolle spielen und sich Tolkien dort, ob nun bewusst oder unbewusst, inspirieren ließ.

Dabei ist das Vorkommen christlich-religiöser Motive im Werk auf der einen Seite, von der christlich-religiösen Rezeptionsgeschichte auf der anderen Seite zu unterscheiden. Oder um es mit zwei Fragen auszudrücken: Welche Rolle spielt die christliche Religion im *Legendarium* und wie wurde das Werk vom christlichen Lesepublikum aufgenommen und verstanden? Die erste Frage bezieht sich dabei auf den Text als solchen, vor allem auf die darin enthaltene Repräsentation von Religion. Eine Antwort liefert eine Analyse der vorkommenden christlichen Elemente.

Die zweite Frage zielt auf die Wirkungsgeschichte des Textes. Anhand einiger exemplarisch ausgewählter Publikationen dokumentiert die vorliegende Arbeit Sekundärliteratur christlicher Medienhäuser zu Tolkiens Werk. Eine solche Arbeit droht angesicht der großen Anzahl an Literatur sehr schnell auszuufern, weswegen hier der Fokus auf den deutschen Sprachraum gelegt wird.

Bei der Behandlung dieser Themenfelder werden, sofern vorhanden, deutsche Übersetzungen verwendet. Werden Stellen aus DER HERR DER RINGE zitiert, so wird die Übersetzung von Wolfgang Krege benutzt. Sie ist weniger „sperrig" als die Übersetzung von Margaret Carroux, die dafür in manchen Belangen näher am Originaltext ist. Für die vorliegende Untersuchung bringt das jedoch keine Unterschiede oder neuen Details, denn der Originaltext wird im Hintergrund mitbedacht und aus diesem Grund bleibt die Wahl der Übersetzung eine Entscheidung, die aufgrund des persönlichen Geschmacks und der leichteren Lesbarkeit getroffen wurde. Viele eingefleischte Tolkien Fans lehnen die Krege Übersetzung ab, andere wiederum können jener von Carroux wenig abgewinnen, so dass man von zwei Lagern sprechen kann, den „Kregerianern" und den „Carrouxisten".[22] Letzen Endes bleibt die Wahl immer eine subjektive Entscheidung, der Inhalt der vorliegenden Arbeit sollte davon nicht betroffen sein.

Gleiches gilt für die benützte Sekundärliteratur: Falls vorhanden, wird eine deutsche Übersetzung verwendet. Diese Entscheidung ist ebenso der besseren Lesbarkeit geschuldet. Damit können zerrissene Textpassagen, in denen plötzlich inmitten des deutschen Satzes ein englisches Zitat vorkommt, meist vermieden werden.

1.1 Forschungsstand und Forschungsfragen

Über Tolkien und seine Beziehung zur christlichen Religion ist bereits sehr viel geschrieben worden, vor allem im englischsprachigen Raum, in England und den USA. Bei vielen Büchern, die im deutschsprachigen Raum erschienen sind, handelt es sich um Übersetzungen dieser Werke. Die Bearbeitung dieses Themenfeldes begann bereits mit dem Erscheinen der Werke, in vereinzelten Rückmeldungen an Tolkien sogar schon zuvor.[23] Und dennoch scheint die Aufarbeitung immer noch nicht beendet, denn laufend erscheinen weitere Artikel oder sogar ganze Bücher, obwohl DER HERR DER RINGE schon seit mehreren Jahrzehnten abgeschlossen ist.

Das Thema Religion spielt in der Sekundärliteratur zu Tolkien beinahe immer eine Rolle. In den meisten Fällen und in unterschiedlicher Intensität steht dabei die christliche Religion im Vordergrund, etwas weniger häufig die vorchristliche germanische Mythologie oder keltische Wurzeln.

---

22 Vgl. Meyer, Tolkien, 16f. Vgl. Vos, Weltdeutung im Silmarillion, 11–13. Für eine ausführlichere Gegenüberstellung beider deutscher Übersetzungen vgl. Nagel, Verschiedene Interpretationen eines Textes, 85–117.
23 Vgl. Carpenter, Briefe, Nr. 142.

1. Einleitung

Aus dieser Perspektive heraus stellt sich natürlich die Frage: Warum sollte man sich zum wiederholten Male damit beschäftigen, wo doch die Pfade schon derartig ausgetreten wirken? Die im Folgenden skizzierten vier Perspektiven scheinen jedoch eine erneute Betrachtung lohnenswert zu machen.

1.1.1 Perspektive I – Tendenziöse Bearbeitungen

Mit Erscheinen von Tolkiens DER HERR DER RINGE war die Bahn freigegeben für Interpretationen und Instrumentalisierungen unterschiedlichster Art. Es genügt bereits ein kurzer Blick auf die Vielzahl an Sekundärliteratur um festzustellen, dass seine Bücher nicht nur zu den meistgelesenen, sondern zugleich auch zu den meistinterpretierten Werken gehören. Die Popularität des Stoffes bot sich in der Vergangenheit geradezu dafür an. Dieser Prozess hat noch keinen Abschluss gefunden, immerhin erscheint – wie bereits festgestellt – laufend Neues.

Manche dieser Interpretationen sind schlüssig, andere wiederum wirken geradezu an den Haaren herbeigezogen. Feststellbar ist, dass die Deutungen dabei in ganz unterschiedliche Richtungen gehen. So nutzte etwa die Umweltbewegung der 1960er-Jahre Tolkiens Bücher, um diese für ihre eigene Fortschritts- bzw. Zivilisationskritik einzuspannen. Ein markantes Beispiel dafür ist die These von Jack Zipes, einem emeritierten Professor an der Universität von Minnesota. Er interpretiert den HOBBIT als eine Geschichte über den Klassenkampf, in der sich die untere Mittelschicht (Bilbo) und Facharbeiter (Zwerge) gemeinsam gegen den kapitalistischen Ausbeuter (Drache Smaug) zur Wehr setzen. Das scheint dann doch ein ganzes Stück zu weit hergeholt.[24]

Auch kritische Deutungen sind vorhanden, beispielsweise die motivpsychologische Interpretation von Guido Schwarz, einem Dozenten der Universität Kassel. Er versucht nachzuweisen, dass Tolkiens *Legendarium* mit seinem Frauen-, Männer- und Rassenbild der faschisto-

---

24 Vgl. Curry, Defending Middle-earth, 7.

iden Ideologie seines Autors entsprungen sei.[25] Zusätzlich will er sein Lesepublikum zur Auseinandersetzung mit dem eigenen Weltbild animieren. Es ist der Versuch, „eines der meistgelesenen Bücher der Welt als Basis für eine gesellschaftskritische Betrachtung zu verwenden."[26] Diese Auseinandersetzung ist geradezu gespickt mit Übertreibungen, wenngleich diese vom Autor in vielen Fällen wohl ganz bewusst gewählt wurden.

Hinzu kommen verschiedene Versuche, den im Werk vorhandenen bzw. vermeintlich vorhandenen religiösen Mustern nachzuspüren und sie einer real existierenden bzw. einer historischen Religion gegenüberzustellen. Bereits sehr früh gab es christliche Interpretationsansätze, wie anhand von Briefausschnitten gezeigt werden wird. Eine breite christliche Interpretationswelle erfolgte im englischen Sprachraum, beispielsweise von evangelikaler Seite.

Mit dem erstarkten Interesse im Zuge von Peter Jacksons Verfilmungen erschienen im deutschsprachigen Raum eine ganze Reihe weiterer Bücher, vor allem in kleinen, als sehr konservativ geltenden, katholischen und evangelikalen Verlagen. Viele dieser Bücher, die sich mit den christlichen Wurzeln und Aussagen bei Tolkien beschäftigen, sind keine wissenschaftlichen Werke. Das soll nicht nicht als negative Kritik aufgefasst werden, denn zu ihrer Verteidigung muss gesagt werden, dass der Anspruch dieser Werke nicht darin besteht, eine theologische oder religionswissenschaftliche Bearbeitung vorzunehmen. Widerspruch ist allerdings dann angebracht, wenn Tolkiens Werk ausschließlich als eine Art theologische Ressource gesehen wird.

Für die vorliegende Arbeit stellt sich nun die Frage, warum sich gerade diese christlichen Verlage des Themas annehmen? Oder anders ausgedrückt: Was sind eigentlich die Gründe für Tolkiens Beliebtheit in der „christlichen Community"?

Die in der vorliegenden Arbeit genannte Sekundärliteratur christlicher Verlagshäuser, so viel kann schon einmal gesagt werden, ist überwiegend für ein breites, vorwiegend jüngeres Lesepublikum gedacht und weist oft eine auffallend tendenziöse Bearbeitung auf. Da-

---

25 Vgl. Schwarz, Guido: Jungfrauen im Nachthemd – Blonde Krieger aus dem Westen. Eine motivpsychologisch-kritische Analyse von J.R.R. Tolkiens Mythologie und Weltbild, Würzburg: Königshausen & Neumann 2003.
26 Schwarz, Jungfrauen, 10.

hinter steckt das Bestreben religiöse Ansichten zu verbreiten. Eine Intention, die von den Autoren dieser Bücher auch gar nicht verschleiert wird. Tolkiens Werk wird dadurch ein Vehikel für den Transport religiöser Botschaften. Manche Autoren und Verlage wollen nicht nur ein bereits christlich (vor-)geprägtes Publikum erreichen, sondern verfolgen mit diesen Veröffentlichungen sogar einen ganz gezielten Missionsauftrag, der sich an ein den etablierten christlichen Religionsgemeinschaften eher fernstehendes Lesepublikum richtet. Dieses soll von und durch die christliche Botschaft Tolkiens überzeugt werden. Die fiktiven Romanhelden werden zu christlichen Leitfiguren stilisiert, die einerseits als Vorbilder dienen und gleichzeitig zu Identifikationsfiguren werden können. Dass vor dem Hintergrund einer solch gezielten Instrumentalisierung gerne zu Überinterpretationen geneigt wird, versteht sich von selbst.

Die vorliegende Bearbeitung bemüht sich nicht nur um eine Klärung der Frage nach den Gründen für Tolkiens Beliebtheit, sondern ist gleichzeitig der Versuch einer religionswissenschaftlichen Untersuchung jenseits christlicher Instrumentalisierungen.

Der enormen Breitenwirksamkeit der Verfilmungen von Peter Jackson wird ebenso Rechnung getragen, indem der dort anzutreffenden christlichen Ikonographie Beachtung geschenkt wird. Wobei deutlich festzuhalten ist, dass Regisseur Jackson sicher nicht die Absicht hatte, mittels seiner Inszenierung eine religiöse Agenda zu verfolgen. Das gilt es zu beachten, um nicht der Gefahr der Überinterpretation zu erliegen.

1.1.2 Perspektive II – Religiöse Rezeptionsgeschichte

Gleichzeitig stellt die Arbeit das Bemühen dar, die genannten Vereinnahmungen nicht gänzlich außer Acht zu lassen, sondern ein gutes Stück weit aufzuzeigen. Denn DER HERR DER RINGE hat durch seine tendenziösen Bearbeitungen eine Rezeptionsgeschichte erfahren, die bisher weitgehend nicht untersucht worden ist. Die Beschäftigung mit dieser Wirkungsgeschichte eröffnet ein neues Feld für die vorliegende Thematik. Dafür werden ausgewählte Publikationen aus dem deutschen Sprachraum vorgestellt und analysiert.

Während Tolkiens Werk vielfach mit dem Stempel „gut christlich" versehen wird, gilt dieses Prädikat nicht automatisch für den gesamten Bereich der Fantasy-Literatur. Diese kann auch genau entgegengesetzt betrachtet werden, nämlich als gefährliches Leseabenteuer, welches zu einem Abgleiten in eine okkulte Welt jenseits traditioneller Religionen und deren Wertvorstellungen führen kann. Ein gutes Beispiel dafür ist die mancherorts geäußerte Kritik an der siebenteiligen Romanreihe HARRY POTTER[27] der englischen Autorin Joanne K. Rowling.

Für DER HERR DER RINGE dagegen scheinen diese Befürchtungen nicht zu gelten. Daraus ergibt sich die Frage: Wo liegen nun die Unterscheidungskriterien, was ist in den Augen der Kritiker „gute" und was ist „böse" Fantasy-Literatur? Oder anders gefragt: Welchen Kriterien muss ein Werk entsprechen, um in den Augen seiner Kritiker nicht „schädlich" zu sein?

1.1.3 Perspektive III – Fehlende Zusammenschau

Eine religionswissenschaftliche Beschäftigung mit dem Thema *Tolkien und sein Christentum* braucht eine grundlegende Zusammenschau verschiedener Dinge, die in der Sekundärliteratur des Öfteren vermisst wird. Denn erst dadurch entsteht aus unterschiedlichen einzelnen Mosaiksteinen ein größeres und damit klareres Bild.

Zum einen muss der Kontext des Werkes mitbedacht werden, allen voran die Beziehung des Autors zu seinem Werk. Das bedeutet, dass auf der einen Seite Tolkiens religiöse Sozialisation Beachtung findet,

---

27 HARRY POTTER UND DER STEIN DER WEISEN (1997, engl. Original: HARRY POTTER AND THE PHILOSOPHER'S STONE); HARRY POTTER UND DIE KAMMER DES SCHRECKENS (1998, engl. Original: HARRY POTTER AND THE CHAMBER OF SECRETS); HARRY POTTER UND DER GEFANGENE VON ASKABAN (1999, engl. Original: HARRY POTTER AND THE PRISONER OF AZKABAN); HARRY POTTER UND DER FEUERKELCH (2000, engl. Original: HARRY POTTER AND THE GOBLET OF FIRE); HARRY POTTER UND DER ORDEN DES PHÖNIX (2003, engl. Original: HARRY POTTER AND THE ORDER OF THE PHOENIX); HARRY POTTER UND DER HALBBLUTPRINZ (2005, engl. Original: HARRY POTTER AND THE HALF-BLOOD PRINCE); HARRY POTTER UND DIE HEILIGTÜMER DES TODES (2007, engl. Original: HARRY POTTER AND THE DEATHLY HALLOWS). Direkt gegenübergestellt werden die beiden Werke in: Hageböck / Kuby: Harry Potter – Der Herr der Ringe.

auf der anderen Seite der Frage nachgegangen wird, welchen Stellenwert der Autor selbst der Religion in seinem Werk einräumt. Als wichtigste Quellen dafür dienen die einzig autorisierte Tolkien-Biographie von Humphrey Carpenter und die ebenso von ihm, unter Mitarbeit von Tolkiens Sohn Christopher, herausgegebene Briefsammlung. Beachtung findet zudem Tolkiens wissenschaftlicher Essay ÜBER MÄRCHEN[28].

Zum zweiten wird DER HERR DER RINGE gerne als eine einzige, isolierte Geschichte betrachtet. Ein solcher Zugang ist für das reine Lesevergnügen grundsätzlich ohne große Schwierigkeiten möglich, denn die Handlung wirkt in sich rund und abgeschlossen. Dabei wird aber nicht selten vergessen, dass die Erzählung Teil eines Gesamtwerkes ist, des sogenannten *Legendariums*. Manche Zusammenhänge und nähere Details zu diesem *Legendarium* erschließen sich den Rezipienten nur zu einem Bruchteil, wenn er ausschließlich DER HERR DER RINGE kennt. Bereits die ausführlichen ANHÄNGE UND REGISTER im Anschluss an die Romantrilogie machen das deutlich.[29] Die vorliegende Arbeit konzentriert sich aus diesem Grund nicht ausschließlich auf DER HERR DER RINGE, sondern blickt darüber hinaus auf die anderen damit zusammenhängenden Werke.

Im Laufe der Ringtrilogie eröffnen sich dem Lesepublikum immer wieder Fenster zu weiteren, nicht näher erzählten Geschichten einer Art (mythischer) Altvordernzeit, etwa in Anspielungen, Liedern und Abschweifungen, so dass der Eindruck einer besonderen Tiefe entsteht.[30] Eine ausführlichere Spurensuche nach christlichen Motiven in DER HERR DER RINGE wird daher unweigerlich den Blick durch diese Fenster hindurch zu den anderen Werken führen. Tolkien selbst empfindet in dieser Gestaltungsform einen besonderen Reiz, wie er in einem Brief an einen Leser schreibt:

> Der Reiz des H.R. liegt, glaube ich, zum Teil in den kurzen Ausblicken auf eine weitläufige Geschichte im Hintergrund: ein Reiz, wie wenn man von

---

28 Engl. Originaltitel: ON FAIRY-STORIES (1947).
29 Die Originalausgabe dieser ANHÄNGE UND REGISTER erschien als Teil des dritten Bandes der englischsprachigen Ausgabe. Im deutschsprachigen Raum wurden die ANHÄNGE UND REGISTER nicht zu allen Ausgaben dazugegeben. Es gibt sie daher gesondert, in Übersetzungen von Carroux und Krege.
30 Vgl. dazu Christopher Tolkiens Vorwort zu BdVG I, 7–16.

fern eine noch nie betretene Insel oder die schimmernden Türme einer Stadt in einem besonnten Dunstschleier erblickt.[31]

Der Schlüssel zum Verständnis vieler angeschnittener Erzählungen liegt zu einem guten Teil im SILMARILLION, von Tolkien als sein eigentliches Hauptwerk verstanden, welches er gerne zusammen mit DER HERR DER RINGE veröffentlich hätte.[32] Tolkien-Biograph Carpenter spricht in diesem Zusammenhang treffenderweise von einem „Tiefenschatten" des SILMARILLION, der in das erst später begonnene Werk, DER HERR DER RINGE, hinüberreicht.[33]

Doch obwohl die Arbeit am SILMARILLION schon zuvor angefangen wurde, muss dennoch vieles bis heute „verborgener Zauber" bleiben, denn Tolkien stellte dieses Werk zu Lebzeiten nicht mehr fertig. Es erschien erst posthum, herausgegeben von seinem Sohn Christopher Tolkien, der sich um das literarische Werk seines Vaters besonders verdient gemacht hat.

Zusätzlich wird die vorliegende Arbeit, wo es notwendig erscheint, ergänzt durch Passagen aus der HISTORY OF MIDDLE-EARTH, einer insgesamt zwölfbändigen Sammlung (plus einem zusätzlichen Band „Index") von verschiedensten Textentwürfen in unterschiedlichen Entwicklungsstadien. Diese von Christopher Tolkien kommentierten Sammlung dokumentiert die Entstehung des literarischen Universums seines Vaters und gibt damit Einblick in dessen reichhaltigen Schaffensprozess. Sie zeigt, dass Tolkiens Werk nicht „geradlinig" entstand, sondern vielfach nicht nur der Form nach überarbeitet, sondern auch inhaltlich umgedichtet wurde. Obendrein wartet die Sammlung mit manchen interessanten zusätzlichen Hintergrundinformationen zur vorliegenden „Spurensuche" auf. Nur die ersten beiden Bände der

---

31 Carpenter, Briefe, Nr. 247. An seinen Sohn Christopher schreibt er: „Eine Geschichte muss erzählt werden, oder sie ist keine Geschichte; am bewegendsten aber sind die nicht erzählten Geschichten. Ich glaube, *Celebrimbor* bewegt Dich so, weil man darin plötzlich einen Ausblick auf endlose *nicht erzählte* Geschichten erhält: auf Berge, von weitem gesehen, die man nie besteigen wird, und ferne Bäume [...], denen man niemals näherkommt [...]." Carpenter, Briefe, Nr. 96. Die Aufgabe dieser Stellen ist es, „den Appetit anzuregen und die Perspektive zu weiten". Shippey, Weg nach Mittelerde, 140.
32 Vgl. Carpenter, Briefe, Nr. 131. In einer Replik auf einen Kritiker von DER HERR DER RINGE gibt er diesen Verstehenshorizont an. Vgl. Carpenter, Briefe, Nr. 165.
33 Vgl. Carpenter, Biographie, 220.

History wurden unter dem Titel Das Buch Der Verschollenen Geschichten Teil 1 und 2 ins Deutsche übersetzt.

1.1.4 Perspektive IV – Das Unbehagen am Genre Fantasy

Schon zu Lebzeiten sah sich Tolkien dem Vorwurf ausgesetzt, sein literarisches Werk sei nichts weiter als Zeitverschwendung. Die meisten seiner philologischen Kollegen verstanden einfach nicht, wie sich ein angesehener Universitätsprofessor mit etwas derartig „Trivialem" beschäftigen konnte.[34] Bis heute haftet dieses Klischee der Trivialität dem gesamten Genre Fantasy an, ungeachtet dessen, ob es sich nun um Literatur, Film oder Computer- bzw. Konsolenspiel handelt.[35] So lässt sich feststellen, dass etwa auch die Theologie dazu neigt, Fantasy als seicht zu kritisieren oder sich darüber zu beklagen, dass christliche Elemente darin viel zu wenig vorkommen.

Dabei wird übersehen, dass eine derartige Ablehnung Gefahr läuft, die Werke fälschlicherweise zu vereinnahmen bzw. missbräuchlich zu verwenden. Denn diese Art der Kritik blendet die Tatsache aus, dass Fantasy-Werke in der Regel nicht zu dem Zweck produziert werden, christliche Theologie zu vermitteln bzw. sich mit ihr näher auseinanderzusetzen. Dieses „Kreuz" mit der Fantasy mag neben anderen Gründen dazu beigetragen haben, dass auch die Religionswissenschaft dem Genre noch nicht genügend Beachtung geschenkt hat.[36] Die vorliegende Arbeit versteht sich aus dem Grund als ein kleiner bescheidener Beitrag zum Füllen dieser Lücke.

---

34 Vgl. Carpenter, Briefe, Nr. 182.
35 Vgl. Treusch, Faszination Fantasy, 167. Vgl. Heidler, Zwischen Magie, Mythos und Monotheismus, 57.
36 Vgl. Heimerl, Parallelwelten, 295–298.

2. Tolkien und sein Werk

Nähert man sich dem Themenkomplex „Religion in Tolkiens Werk", so gilt ein erster Blick dem Autor. In den Fokus rücken dabei zwei Fragen: Wie steht es um Tolkiens eigene religiöse Sozialisation und wie sieht der Autor sein Werk in Bezug auf die dort eingegossenen religiösen Elemente?

Eine solche Annäherung birgt auch Gefahren, davor hat bereits Tolkien in seinen Briefen gewarnt:

> Eine meiner stärksten Überzeugungen ist die, daß Nachforschungen über die Biographie eines Autors (oder allerlei sonstige Einblicke in seine »Persönlichkeit«, wie sie die Neugierigen etwa zusammensuchen können) eine völlig vergebliche und falsche Annäherung an seine Werke darstellen – und zwar besonders bei einem Werk der *Erzählkunst*, dessen vom Autor angestrebter Zweck es war, daß es als solches *genossen*, mit einem literarischen *Vergnügen* gelesen werden könne.[37]

Trotz dieser Auffassung konnte sich Tolkien den Anfragen nicht einfach entziehen. Nach dem Bekanntwerden seiner Werke gab es zahlreiche Bitten mit dem Anliegen, er möge doch persönliche Dinge aus seinem Leben preisgeben. Diese Erkundigungen schätzte er nicht. Dabei ging es ihm nicht nur alleine um den Schutz seiner Privatsphäre, sondern vor allem um den Schutz seines Werkes:

> Ich gebe nicht gern über mich »Fakten« bekannt, es sei denn »trockene« [...]. Nicht nur aus persönlichen Gründen, sondern weil ich etwas gegen diese moderne Tendenz in der Kritik habe, mit ihrem übertriebenen Interesse an den Einzelheiten aus dem Leben von Schriftstellen und Künstlern. Sie lenken nur die Aufmerksamkeit vom Werk eines Autors ab [...].[38]

Zum Verständnis seiner Bücher, davon war er überzeugt, tragen diese Fakten nicht viel bei. Diese „Fakten" sagen auch nichts über die Quali-

---

[37] Carpenter, Briefe, Nr. 329.
[38] Carpenter, Briefe, Nr. 213.

tät eines Werkes aus. Besonders empfindlich und erbost reagierte Tolkien bei einer Anfrage des deutschen Verlags *Rütten & Loening*, der an einer deutschen Übersetzung von DER HOBBIT interessiert war und sich deswegen im Jahr 1938 erkundigte, ob Tolkien arischer Abstammung sei.[39]

Tolkiens Überzeugung nach können derartige biographische Nachforschungen sogar das Gegenteil bewirken: Die daraus resultierenden Erkenntnisse lenken davon ab, dass der Autor ein Werk geschaffen hat, das vorrangig dem literarischen Vergnügen dienen soll. Sein Wunsch war daher, dass die LeserInnen „es *zuerst* einmal aufmerksam durchgelesen haben."[40] Irrwege der Interpretation können damit vermieden werden.

Gerade für die wissenschaftliche Beschäftigung mit Tolkiens Werk ist dieser Hinweis des Autors ein wertvoller Schlüssel für das Verständnis, denn schon zu seinen Lebzeiten wollte so mancher mehr in dem Buch sehen als nur eine gut erzählte Geschichte. So sah sich Tolkien gezwungen, manche Interpretationen richtigzustellen, etwa die Ansicht, DER HERR DER RINGE sei eine Allegorie auf den Zweiten Weltkrieg, damit verbunden war die Deutung Mordors als die Achsenmächte etc.[41] Gerade in Bezug auf derartige Fehlinterpretationen wird Tolkiens Skepsis durchaus verständlich.

Mit Deutungen sollte daher, zur Vermeidung allzu spekulativer Schussfolgerungen, sehr vorsichtig umgegangen werden. Tolkien entgegnete diesen Etikettierungen: „Ich predige nicht und belehre nicht."[42] Seine Skepsis gegenüber diesem Interpretationszugang bedeutet allerdings nicht gleichzeitig, dass er sich nicht im Klaren darüber gewesen ist, dass die Lebenserfahrungen von Autoren in ihre Werke einfließen. Allzu viel Bedeutung will er ihnen jedoch nicht beigemessen wissen:

> Es gibt belanglose Fakten […]: ob er trinkt, seine Frau prügelt und dergleichen mehr. Dieser Sünden im besonderen bin ich zufällig nicht schuldig. Dann gibt es bedeutsamere Fakten, die mit den Werken eines Autors

---

39 Vgl. Carpenter, Briefe, Nr. 29 u. Nr. 30.
40 Carpenter, Briefe, Nr. 329.
41 Vgl. Shippey, Autor des Jahrhunderts, 213. Vgl. Tolkiens Vorwort zu DER HERR DER RINGE: HdR I, 11.
42 Carpenter, Briefe, Nr. 329.

tatsächlich in einer gewissen Beziehung stehen, obwohl sich aus ihrer Kenntnis nicht wirklich die Werke erklären, auch nicht bei ausführlicher Untersuchung. [...] Zum Beispiel wurde ich 1892 geboren und lebte während meiner früheren Jahre im »Auenland« in einem vormechanischen Zeitalter. Oder, noch wichtiger, ich bin Christ (was man aus meinen Geschichten erschließen kann), genau gesagt, Katholik.[43]

DER HERR DER RINGE hat eine für den Autor erkennbare christliche Prägung, die auch vom Lesepublikum erkannt werden kann. In diesem Punkt, so gesteht er deutlich ein, hat seine Biographie dann doch Spuren hinterlassen. Diese Prägung bzw. Beziehung, wie Tolkien es nennt, ergibt sich vor allem aus seiner religiösen Sozialisation, auf die im Folgenden eingegangen werden soll.

Zusammengefasst lässt sich im Sinne Tolkiens sagen, dass es eine ungewollte Verkürzung wäre, sein Werk nur als religiöses oder gar rein christliches bzw. katholisches Epos zu verstehen. Wie noch zu zeigen sein wird, ist gerade in der religiösen Rezeptionsgeschichte diese Engführung mehrmals geschehen. Zweitens wäre es gefährlich, der Biographie mehr Bedeutung zuzumessen als sie tatsächlich hat. Die Gefahr besteht darin, die Erzählung als solche aus den Augen zu verlieren. Für das reine Lesevergnügen ist es grundsätzlich unerheblich, ob man etwas über die religiöse Sozialisation des Autors weiß und ob man Tolkiens christlichen Glauben teilt oder eben nicht.[44]

2.1 Religiöse Sozialisation

Die erste und zugleich bis heute bedeutendste Biographie über Tolkien verfasste Humphrey Carpenter. Sie erschien 1977. Diese Lebensgeschichte wird in der Sekundärliteratur gerne als „offiziell autorisiert" bezeichnet, was leicht irreführend ist, da sie erst Jahre nach Tolkiens Tod erschienen ist. Autorisiert wurde das Werk von Tolkiens Nachkommen.[45]

---

43 Carpenter, Briefe, Nr. 213.
44 Vgl. Pearce, Man and Myth, 100.
45 Diese hatten, wie aus den dort zu findenden „Quellen und Danksagungen" hervorgeht, wesentlichen Anteil an der Entstehung dieser Biographie, vgl. Carpenter, Biographie, 312ff.

Um Tolkiens Werk besonders verdient gemacht hat sich sein Sohn Christopher, mit ihm gemeinsam hat der Tolkien-Biograph Carpenter eine umfangreiche Briefsammlung herausgebracht. Carpenters Biographie basiert, wie er in der Vorbemerkung schreibt, „auf den Briefen, Tagebüchern und anderen Papieren des verstorbenen Professors J.R.R. Tolkien sowie auf Erinnerungen seiner Angehörigen und Freunde".[46] Seit dieser Publikation sind viele weitere Biographien am Markt erschienen, besonders im Zuge der Verfilmungen von Peter Jackson. Diese Veröffentlichungen sind meist stark an Carpenter orientiert, dessen Biographie bis heute als Standardwerk bezeichnet werden kann. Das gilt insbesondere auch für die Frage nach Tolkiens religiöser Sozialisation. Carpenter, selbst Sohn des anglikanischen Bischofs von Oxford, Harry James Carpenter, ist sehr um „konfessionelle Neutralität" bemüht.[47] Somit bleibt Carpenter auf der folgenden Spurensuche nach Tolkiens religiöser Sozialisation die Hauptquelle.[48]

John Ronald Reuel Tolkien kommt am 3. Jänner 1892 auf die Welt. Sehr früh verliert er seinen Vater, der am 15. Februar 1896 stirbt. Seine Mutter Mabel bleibt mit ihm und seinem jüngeren Bruder Hilary Arthur Reuel alleine zurück. Ganz entscheidend für die religiöse Entwicklung ist die im Jahr 1900 erfolgte Konversion seiner Mutter zum Katholizismus. Seit dem Tod ihres Mannes beginnt der Glaube in Mabels Leben einen immer größeren Platz einzunehmen. Jeden Sonntag geht sie in den anglikanischen Gottesdienst, bis sie nach einiger Bedenkzeit katholisch wird. Ihre Schwester May konvertiert mit ihr gemeinsam, ohne Wissen und Zustimmung ihres Mannes. Zu diesem Zweck besuchen die beiden ab dem Frühjahr 1900 den Konvertiten-Unterricht, ehe sie beide schließlich im Juni 1900 in die katholische Kirche aufgenommen werden.

Dieser Schritt ist kein besonders einfacher, denn die restliche Familie zeigt sich damit ganz und gar nicht einverstanden. Besonders der Vater empfindet das Handeln seiner beiden Töchter als ungemein

---

46 Carpenter, Biographie, 9.
47 Vgl. Honegger, Die *interpretatio mediaevalia* von Tolkiens Werk, 39.
48 Ich folge bei meiner Darstellung, wenn nicht anders angegeben, im Wesentlichen Carpenter und einer weiteren, neueren Biographie aus dem deutschsprachigen Raum: Geier, Fabian: J.R.R. Tolkien, Hamburg: Rowohlt 2009.

schmachvoll. Mays Ehemann verbietet daraufhin seiner Frau, je wieder eine katholische Kirche zu betreten.

Neben der familiären Isolation wird die alleinerziehende Witwe Mabel mit finanziellen Einbußen konfrontiert, denn bis zu diesem Zeitpunkt hat sie von Mays Gatten eine regelmäßige Unterstützung erhalten. Nicht nur ihre eigene Familie, auch die ihres verstorbenen Mannes, begegnet ihr fortan mit Feindseligkeit. Ihr Übertritt muss, betrachtet man ihn aus dieser Perspektive, wohlüberlegt gewesen sein, zumindest aber ist er sicher aus tiefer Überzeugung geschehen, denn allen Widrigkeiten zum Trotz bleibt sie bei ihrer Entscheidung. Ihre beiden Söhne beginnt sie fortan, im neuen katholischen Bekenntnis zu unterrichten.

Ein nächster entscheidender Schritt in der religiösen Sozialisation Ronalds[49] ergibt sich 1902, als Mabel im Birmingham Oratory eine religiöse Stätte und Gemeinschaft findet, die ihr gut gefällt. Gleich nebenan mietet sie eine Wohnung und das katholische St.-Philips-Gymnasium ist direkt an das Oratorium angeschlossen. Beide Söhne können dort im katholischen Glauben erzogen werden. Die dort lebenden Priester nehmen sich der Familie an, besonders Pater Francis Xavier Morgan, der einer der wichtigsten Vertrauten der dreiköpfigen Familie wird. Er hat zu dieser Zeit das Amt des Gemeindevorstehers inne.

1904 wird Mabel im Krankenhaus die Diagnose Diabetes gestellt. Inzwischen kommen ihre Söhne bei Verwandten unter. Als ihr Haus abgerissen wird, kümmert sich Pater Francis um eine neue Unterkunft. Er schafft es, die Familie in Rednal, einem vor der Stadtgrenze von Birmingham gelegenen Dorf, unterbringen. Dort liegt ein Erholungszentrum der Priestergemeinschaft, welches gewöhnlich für die alten und kranken Geistlichen des Oratoriums gedacht ist. Pater Francis versucht, für Mabels Kinder da zu sein, indem er sie oft besuchen kommt.

Trotz aller „Verfolgung", „Armut" und „Krankheit", so schreibt Tolkien 1965 in einem Brief an einen seiner Söhne, bleibt die Mutter

---

49 In Biographien/biographischen Abrissen wird für Tolkiens Kindheit und Jugend, falls nur der Vorname alleine steht, üblicherweise sein zweiter Vorname verwendet. Das war der Name, mit dem ihn Eltern, Verwandte und seine Frau anredeten; vgl. Carpenter, Biographie, 23. Mitunter hatte sicher auch Carpenters Werk, als eine der ersten erschienenen Biographien (1977), in dieser Beziehung eine gewisse Vorbildwirkung auf die Nachfolgewerke.

stets bemüht, den beiden Kindern den katholischen Glauben weiterzugeben.[50] Am 9. November 1904[51] verstirbt Mabel, jedoch nicht ohne in ihrem Testament Pater Francis zum Vormund der beiden Kinder zu erklären. Ihren Tod wird Ronald später umdeuten zum christlichen Martyrium, denn die Krankheit sei durch die auf die Konversion erfolgte Intoleranz der Verwandten verschlimmert worden.[52]

Die Beziehung zu Pater Francis, der zuvor schon eine wichtige Rolle im Leben von Ronald gespielt hat, wird ab diesem Zeitpunkt noch weiter intensiviert. Er wird neben der Mutter Mabel die prägendste Person, die für ihn bis zum Ende seines Lebens ein großes Vorbild bleibt. Tolkien schreibt über ihn voller Hochachtung:

> Mir sind »im Laufe meiner Pilgerfahrten« schon verschnupfte, dumme, pflichtversessene, eingebildete, unwissende, heuchlerische, faule, betrunkene, hartherzige, zynische, gemeine, raffgierige, ordinäre, dünkelhafte und sogar (vermutlich) unmoralische Priester begegnet; aber für mich wiegt ein Pater Francis sie alle auf [...]. Von ihm lernte ich erstmals Milde und Vergebung; und deren Licht durchdrang sogar die »liberale« Finsternis, aus der ich kam – wo man mehr über die »Blutige Maria«[53] wußte als über Jesu Mutter, die nie anders erwähnt wurde denn als Gegenstand eines bösen Kults bei den Katholiken.[54]

Pater Francis kann nach Mabels Tod die beiden Kinder nicht bei sich im Oratorium aufnehmen, sorgt jedoch für eine Bleibe bei einer Verwandten der beiden, der angeheirateten Tante Beatrice, der Glaubensfragen nicht sonderlich wichtig sind. Diese Vorkehrung ist notwendig, denn die Verwandten haben sich noch immer nicht mit Mabels Konversion abgefunden. Nach ihrem Tod steht sofort die Überlegung im Raum, das Testament anzufechten und die Kinder außerhalb der

---

50 Vgl. Carpenter, Briefe, Nr. 267.
51 Vgl. Geier, Biographie, 19. Carpenter dagegen schreibt, dass sie am 14. November 1904 verstirbt; vgl. Carpenter, Biographie, 43. In einem Brief an seinen Sohn Christopher schreibt Tolkien 1972, dass Mabel am 9. November verstorben ist; vgl. Carpenter, Briefe, Nr. 332.
52 Vgl. Carpenter, Briefe, Nr. 44. In gleicher Weise stilisieren später auch Tolkiens Kinder die Ablehnung der Verwandten zum Martyrium hoch: „Their hostility affected her health, but not her faith, and she began to instruct her sons in the Catholic religion." Tolkien J./Tolkien P., Family Album, 22.
53 Besser bekannt als *Bloody Mary*, ein Cocktail aus Wodka und Tomatensaft.
54 Carpenter, Briefe, Nr. 267.

Reichweite der katholischen Kirche in einem protestantischen Internat unterzubringen.

Die starke Verbindung der Brüder zu ihrem Vormund bleibt trotz dieser Einwände weiterhin bestehen. Das Oratorium liegt nicht weit von ihrer neuen Unterkunft entfernt. Jeden Tag gehen sie bei Pater Francis ein und aus. Sie kommen in der Früh zum Frühstück und nachmittags nach der Schule zum Tee. Der Geistliche wird zu einer Art Ersatzvater für die beiden und nimmt sie jeden Sommer mit auf Urlaub. Gleichzeitig wird er auch in religiösen Belangen ihr Vormund. Der junge Ronald wird ein begeisterter Messdiener und hilft gemeinsam mit seinem Bruder bei Pater Francis täglichen Morgenmessen.[55]

Nach dem Tod der Mutter nimmt die Religion in Ronalds Leben einen immer wichtiger werdenden Stellenwert ein. Er durchläuft damit eine ähnliche Entwicklung wie Mabel nach dem Tod ihres Mannes. Seine religiöse Überzeugung macht sich auch in der Schule bemerkbar, dort lässt er sich deswegen gerne auf Diskussion ein.

Als Pater Francis bemerkt, dass die Geschwister bei Tante Beatrice nicht mehr ganz glücklich sind, sorgt er für eine neue Unterbringung. So kommen die beiden 1908 bei Mrs. Faulkner unter, die nicht nur in der Nähe des Oratoriums Zimmer vermietet, sondern zugleich selbst aktives Gemeindemitglied ist.[56] Bei ihr ist mit der neunzehnjährigen Edith Mary Bratt ein weiteres Waisenkind untergebracht, in das sich der mittlerweile sechzehnjährige Jugendliche Ronald verliebt. Als sein Vormund später davon erfährt, Ronald ist mittlerweile fast achtzehn Jahre alt, verbietet dieser die Jugendliebschaft. Um den Kontakt zu verhindern, sorgt der Geistliche für eine neue Unterkunft. Zuerst treffen sich Ronald und Edith heimlich weiter, doch beide plagt das schlechte Gewissen, und als Pater Francis erneut davon Kenntnis erhält, macht er Ronald klar, dass er diese Situation nicht dulden kann. Sie vereinbaren, dass er seine Geliebte erst wieder mit einundzwanzig Jahren treffen dürfe, denn dann trägt Pater Francis als Vormund keine Verantwortung mehr. Ronald beugt sich geknickt diesem Wunsch. Tagebucheinträge aus dieser Zeit zeigen, dass der Glaube eine Stütze in dieser

---

55 Aus einem Brief an seine Tochter Priscilla erfahren wir, dass Tolkien sogar noch im hohen Alter von über 70 Jahren ministriert. Anlass war eine von ihm gestiftete Messe für seinen verstorbenen Freund C. S. Lewis. Vgl. Carpenter, Briefe, Nr. 251.
56 Vgl. Tolkien J./Tolkien P., Family Album, 26.

schwierigen Situation für ihn war. Immer wieder wendet er sich er sich darin an Gott und erbittet sich von ihm Hilfe.[57]

1911 kommt Tolkien als Stipendiat nach Oxford, wo er viel Freude am universitären Leben findet. Er lernt gleich zu Beginn ein paar höhersemestrige Studenten kennen, die wie er Katholiken sind und die ihm dabei helfen, sich zurechtzufinden. Oft bleibt er lange wach, weil er lange mit Freunden zusammensitzt, ohne am Morgen aus dem Bett zu kommen. Am Ende des ersten Semesters muss er sich deswegen eingestehen, dass die erste Zeit in Oxford für ihn „mit so gut wie gar keiner oder nur seltener Religionsausübung"[58] verstrichen war. Der junge Student nimmt sich aus diesem Grund fest vor, diesen Umstand zu verbessern, und tut es in den folgenden Semestern auch tatsächlich.

Seine Jugendliebe vergisst er in der Zwischenzeit nicht. Am 3. Jänner 1913, als Ronald einundzwanzig wird, schreibt er einen Brief an Edith. Die beiden treffen sich, bestätigen gegenseitig ihre Zuneigung und verloben sich. Pater Francis ist nicht sonderlich begeistert, duldet jedoch deren Verlobung und leistet weiterhin finanzielle Hilfe, auf die Ronald trotz seines Stipendiums angewiesen ist.

Der kirchlichen Heirat steht nur mehr im Wege, dass Edith Mitglied der anglikanischen Kirche ist. Tolkien wünscht sich deswegen ihren Übertritt zum Katholizismus. Edith ist zu dieser Zeit jedoch nicht nur ein einfaches Mitglied ihrer Kirche, sondern in ihrer Gemeinde höchst engagiert und hat dort viele Freunde und Bekannte. Sie fürchtet, diese bei einer Konversion zu verlieren. Hizu kommt, dass sie bei einem Onkel wohnt, der stark antikatholisch eingestellt ist.

Tolkien dagegen ist mittlerweile zu einem derart glühenden Katholiken avanciert, der seinerseits die anglikanische Kirche verachtet und in ihr nur „ein mitleiderregendes, trübes Gemisch von halb erinnerter Tradition und verstümmeltem Glauben"[59] sieht. Er liebt die katholischen Messen, besonders ihre prunkvolle Liturgie. Für Edith das anglikanische Bekenntnis anzunehmen, kommt deswegen nicht in Fra-

---

57 Vgl. Pearce, Man and Myth, 28f. Pearce betont an vielen Stellen seines Buches sehr stark die Rolle des Glaubens für Tolkiens Leben und Werk. Gegen seine Art der Darstellung gibt es auch Einwände: Vgl. Honegger, Die *interpretatio mediaevalia* von Tolkiens Werk, 39.
58 Carpenter, Biographie, 74.
59 Carpenter, Biographie, 81.

ge. „Das »protestantische« rückwärtsgewandte Streben nach »Schlichtheit« und Unmittelbarkeit […] ist irrig und ganz vergeblich"[60], schreibt er später in einem Brief. Für Tolkien bietet die katholische Kirche eine weit zurückreichende und damit „ungebrochene Traditionslinie, die bis in das so geliebte Mittelalter zurückreichte und ihm das Gefühl von historischer Kontinuität und zeitlos gültiger Ordnung vermitteln konnte."[61]

Edith lässt sich überreden und erweist ihm diesen Liebesdienst. Am 8. Jänner 1914 wird sie in die katholische Kirche aufgenommen, doch wird sie mit ihrem Mann zeitlebens nicht dieselbe Leidenschaft für den Katholizismus teilen. Wie viel Druck sie von Ronalds Seite ausgesetzt gewesen ist, lässt sich heute nicht mehr eindeutig feststellen.[62] Sicher ist, dass sie im Gegensatz zu Mabel nicht aus eigenem Antrieb das Bekenntnis wechselt. Mit der Mutter teilt sie jedoch das Schicksal einer gewissen Stigmatisierung, die sie aus ihrem bisherigen Umfeld reißt und sie oft einsam fühlen lässt, besonders in den Zeiten, in denen Ronald sich intensiv seinen universitären Studien widmet. Ihre anfänglichen Befürchtungen gegen eine Konversion erwiesen sich damit als begründet.

1915 besteht Tolkien seine Abschlussprüfung in Oxford. Der Erste Weltkrieg ist mittlerweile ausgebrochen und er wird Nachrichtenoffizier. Ehe er nach Frankreich abrückt, heiratet er seine Verlobte Edith. An Grabenfieber erkrankt, kehrt er zurück nach England und findet

---

60 Carpenter, Briefe, Nr. 306.
61 Petzold, Tolkien, 29.
62 Die Biographien sind diesbezüglich nicht eindeutig. Carpenter betont stärker den Druck, den Ronald auf sie ausübt; vgl. Carpenter, Biographie, 8of. Geier dagegen spricht mehr von einem Schritt aus Liebe, zu dem Ronald sie nicht zwingt; vgl. Geier, Biographie, 37. Pearce schreibt, sie wäre in der Theorie zwar sehr froh über die Konversion gewesen, in der Praxis erwies sie sich jedoch als schwierig. Gleichzeitig betont auch er den Druck ihres Verlobten, der die Konversion als eine Art Liebesbeweis von ihr fordert. Vgl. Pearce, Man and Myth, 34f. Für Coren bedarf Ediths Schritt „nicht viel Überzeugung", wie auch Pater Francis die bevorstehende Ehe der beiden „mit Wohlwollen" betrachtet: Coren, Tolkien, 34. Diese schöngefärbte katholische „Idylle" ist nicht weiter verwunderlich, es reicht schon ein kurzer Blick auf Corens andere Bücher, sie tragen vielsagende Titel wie etwa WHY CATHOLICS ARE RIGHT (2011) oder HERESY: TEN LIES THEY SPREAD ABOUT CHRISTIANITY (2012).

Gelegenheit, erste „pseudomythologische Texte"⁶³ zu verfassen, die jedoch erst posthum als Teil des SILMARILLION veröffentlicht werden.⁶⁴

1917 kommt Tolkiens erster Sohn zur Welt. Er erhält in Anlehnung an Pater Francis den Namen John Francis Reuel, der das Kind schließlich auch tauft. Der Sohn wird katholischer Priester werden. In den folgenden Jahren werden dem Paar noch drei weitere Kinder geschenkt: Michael (1920), Christopher (1924) und Priscilla (1929).

1920 bekommt Tolkien eine Stelle als Dozent an der Universität Leeds. 1924 wird für den mittlerweile 32-Jährigen in Leeds eine Professur geschaffen. 1925 kehrt Tolkien nach Oxford zurück, wo er sich erfolgreich für einen Lehrstuhl beworben hat. Danach, so schreibt sein Biograph Carpenter, „geschah eigentlich nichts mehr".⁶⁵ Das ist insofern richtig, weil er ab diesem Zeitpunkt das beschauliche, gut bürgerliche Leben eines Professors führt, „ein normales, bangloses Leben, gleich dem zahlloser anderer Gelehrter."⁶⁶ Tolkiens „Nomadenleben" endet in Oxford, über zwei Jahrzehnte lehrt er an der dortigen Universität, nur nach seiner Pensionierung zieht er noch einmal kurz um und kehrt nach dem Tod seiner Frau wieder nach Oxford zurück.

Tatsächlich wäre das alles, wären da nicht zwei Bücher gewesen, die Tolkien in dieser Zeit verfasst hatte und denen er seine weltweite Berühmtheit verdankt. Nach der Geburt seiner Kinder beginnt Tolkien, für diese Geschichten zu schreiben. Die bekannteste dieser Erzählungen, DER HOBBIT, erscheint 1937. Die geplante Fortsetzung dieses Buches, DER HERR DER RINGE, erscheint vollständig erst 1955 und ist zusammen mit seinen Kindern erwachsen geworden.

Tom Shippey resümiert über seinen berühmten Vorgänger Tolkien:

> Sein Leben lang blieb er ein gläubiger Christ und Katholik. 1973 starb er, zwei Jahre nach seiner Frau. Keine außerehelichen Affären, keine sexuellen Absonderlichkeiten, keine Skandale, Verleumdungen oder politischen Einlassungen – nichts, sozusagen, woran der arme Biograph etwas zu beißen hätte.⁶⁷

---

63 Simek, Mittelerde, 19.
64 Für eine ausführliche Darstellung von Tolkiens Soldatenzeit vgl. Garth, John: Tolkien und der Erste Weltkrieg. Das Tor zu Mittelerde. Aus dem Englischen übersetzt von Birgit Herden und Marcel Aubron-Bülles, Stuttgart: Klett-Cotta 2014.
65 Carpenter, Biographie, 133.
66 Carpenter, Biographie, 133.
67 Shippey, Autor des Jahrhunderts, 13.

Bei Betrachtung von Tolkiens Leben ist seine religiöse Sozialisation im Wesentlichen von zwei Personen geprägt, seiner Mutter Mabel und seinem Vormund Pater Francis. Beide sind bekennende Katholiken in einem ihnen nicht besonders wohlgesinnten Umfeld, das im anglikanischen England Katholiken in privaten und beruflichen Dingen einer gewissen gesellschaftlichen Isolation aussetzte. Umso wichtiger ist es den beiden, den Glauben an die zwei Kinder Ronald und Hilary weiterzugeben. Ronald nimmt diesen Glauben an und wird selbst ein glühender Katholik.[68] Den Eifer, den er für den Katholizismus kennenlernen durfte, bewegt ihn selbst sein Leben lang. Es verwundert daher nicht, dass es ihm ein Anliegen gewesen ist, den Glauben und damit gleichzeitig seine katholische Konfession weiterzugeben. Mit Erfolg, seine Frau wird Katholikin und ihr gemeinsamer Sohn John sogar zum katholischen Priester geweiht.

Tolkien erweist sich in seiner missionarischen Haltung auch außerhalb der Familie als erfolgreich. Der Schriftsteller und Literaturwissenschaftler Clive Staple Lewis, Autor der Fantasy-Romanreihe DIE CHRONIKEN VON NARNIA[69], findet nach Gesprächen mit Tolkien zurück zum Christentum und ist derart begeistert, dass er sich durch zahlreiche Schriften einen Ruf als bekannter christlicher Apologet verdient. Sehr zu Tolkiens Bedauern wird Lewis allerdings Anglikaner.

Als praktizierender Katholik sieht Tolkien es als Pflicht, am Sonntag den Gottesdienst zu besuchen (Stichwort Sonntagspflicht), das persönliche Gebet ist ihm wichtig und darüber hinaus setzt er sich mit

---

68 Gerade die Außenseiterstellung des Katholizismus scheint Meyer besonders bedeutsam für Tolkiens persönlichen Glauben, „denn die Paria-Situation desselben kam seiner Sturheit zugute und verschärfte sein Passionsempfinden, welches er als Urgefühl eines jeden Christen ansah." Meyer, Tolkien, 49. Neben dieser Außenseiterstellung spielt zudem das Alter der Kirche eine wichtige Rolle für seine Sympathie für den Katholizismus; vgl. Petzold, Tolkien, 29.

69 DIE CHRONIKEN VON NARNIA (Engl. Original: THE CHRONICLES OF NARNIA) sind eine sieben Bücher umfassende Romanreihe: DER KÖNIG VON NARNIA (1950, engl. Original: THE LION, THE WITCH AND THE WARDROBE); PRINZ KASPIAN VON NARNIA (1951, engl. Original: PRINCE CASPIAN); DIE REISE AUF DER MORGENRÖTE (1952, engl. Original: THE VOYAGE OF THE DAWN TREADER); DER SILBERNE SESSEL (1953, engl. Original: THE SILVER CHAIR); DER RITT NACH NARNIA (1954, engl. Original: THE HORSE AND HIS BOY); DAS WUNDER VON NARNIA (1955, engl. Original: THE MAGICIAN'S NEPHEW); DER LETZTE KAMPF (1956, engl. Original: THE LAST BATTLE).

Fragen des Glaubens und der Kirche auseinander, wie seine Briefe zeigen. Als besonders bedeutungsvoller Beleg in dieser Hinsicht kann ein Brief an seinen Sohn Michael vom 1. November 1963 gelten. Tolkien antwortet ihm in einer längeren Abhandlung auf dessen „durchhängenden Glauben", in dessen Mitte er die Notwendigkeit der Heiligen Kommunion stellt:

> Die einzige Heilung für das Durchhängen des schwach werdenden Glaubens ist die Kommunion. Obwohl immer ganz Es selbst, vollkommen, vollständig und unverletzlich, wirkt das Heilige Sakrament doch nicht in irgendeinem von uns gänzlich und ein für allemal. Wie der Akt des Glaubens muß es fortdauern und durch Übung wachsen. Häufigkeit hat die höchste Wirkung. Siebenmal die Woche ist stärkender als siebenmal in Abständen.[70]

Im selben Brief betont er die Historizität des Christusereignisses und den rechten Anspruch des Papstes, als Oberhaupt der „Wahren Kirche" auf Erden zu gelten. Ganz deutlich gesteht Tolkien seinem Sohn darin zu, dass die Kirche in ihrer irdischen Gestalt mit Makel behaftet ist, besonders was die „Skandale" rund um Unzulänglichkeiten des Klerus und der Laien betrifft. Für ihn ist das jedoch kein Grund, die Kirche zu verlassen, denn das hieße, „die Treuepflicht gegen Unseren Herrn aufzukündigen".[71] Am Ende der eindringlichen Worte an seinen Sohn schließt er mit dem frommen Wunsch, dass Michael und seine Brüder nie aufhören mögen zu rufen „Benedictus qui venit in nomine Domini".[72] Dass Tolkien gerade diesen Teil des Sanctus aus dem *Ordinarium Missae* verwendet, scheint die Wichtigkeit des Empfangs der Eucharistie zusätzlich zu betonen: Es handelt sich um jenen Teil des katholischen Gottesdienstes, in dem die versammelte Gemeinde Gott lobt, ehe in der darauffolgenden „Wandlung" Brot und Wein zu Leib und Blut Christi werden.

Als Tolkien durch seine Werke vermögend geworden ist, spendet er – ohne ein Aufsehen darum zu machen – großzügig eine hohe Summe seiner Pfarrgemeinde. Es lässt sich somit feststellen, dass Tolkien „dem Christentum und besonders der katholischen Kirche ganz und

---

70 Carpenter, Briefe, Nr. 250.
71 Carpenter, Briefe, Nr. 250.
72 Gelobt sei, der da kommt im Namen des Herrn.

gar verhaftet"[73] war, ohne dabei in irgendeinem Punkt Abstriche zu machen. Den Glauben sieht er als wichtigstes Vermächtnis seiner Mutter und seines Ziehvaters, den er auch seinen Kindern als wichtigstes Erbe mitgeben will. Diese tiefe Religiosität, die „einer der tiefsten und stärksten Züge seiner Persönlichkeit"[74] ist, wirkt sich, wie noch zu zeigen sein wird, auf sein literarisches Schaffen aus. Am 2. September 1973 stirbt Tolkien im Alter von 81 Jahren. Sein Sohn John hält, assistiert von anderen Geistlichen, die Totenmesse.

2.2 Der Herr der Ringe– Ein von Grund auf religiöses Werk

Tolkien war kein hauptberuflicher Schriftsteller, seine größte Leidenschaft waren Sprachen, die er als Philologe zu seinem Beruf machte. In seiner Freizeit erdachte sich Tolkien gerne eigene fiktive Sprachen, die er von vorne bis hinten ganz genau durchdachte. Angefangen bei eigenen Alphabeten, über häufig gebräuchliche Standardfloskeln, bis hin zu Namen für Monate und einzelne Kalendertage, alles wurde sorgfältig konstruiert.[75]

Diese sprachliche Begabung zeigte sich bereits in Schulzeiten, etwa als er an der King Edward's School während einer der jährlich stattfindenden Debatten nicht, wie zu diesem Anlass üblich, Latein sprach, sondern Gotisch. Wegen des nur beschränkt überlieferten Wortschatzes erfand er eigene Wörter, allerdings nicht willkürlich, sondern basierend auf seinem Wissen über die Gesetzmäßigkeiten der mit dem Gotischen verwandten Sprachen.[76] Sein DER HERR DER RINGE ist aus dieser Liebe zu Sprachen heraus entstanden und deswegen auch „zu-

---

73 Carpenter, Biographie, 151.
74 Carpenter, Biographie, 151.
75 Die bekanntesten unter diesen fiktiven Sprachen sind jene der Elben, zu denen im deutschen Sprachraum sogar Lehrbücher in mehrfacher Auflage erschienen sind: Pesch, Helmut: Elbisch. Grammatik, Schrift und Wörterbuch der Elben-Sprache von J.R.R. Tolkien, Bergisch Gladbach: Bastei Lübbe ^{5}2005. Weiters: Ders.: Elbisch. Lern- und Übungsbuch der Elben-Sprachen von J.R.R. Tolkien, Gladbach: Bastei Lübbe ^{2}2006. Weiters: Krege, Wolfgang: Elbisches Wörterbuch. Quenya und Sindarin, Stuttgart: Klett-Cotta ^{7}2012.
76 Vgl. Garth, Tolkien und der Erste Weltkrieg, 36.

tiefst von der Linguistik inspiriert".⁷⁷ In diesem Sinn ist Tolkien zu verstehen, wenn er über seine Werke schreibt: „Ich bin Philologe, und alle meine Arbeiten sind philologisch. Hobbies vermeide ich, denn ich bin ein sehr ernsthafter Mensch und kann zwischen Pflicht und privater Belustigung nicht unterscheiden."⁷⁸ In einem Brief führt er diese Betrachtung noch näher aus:

> Das Erfinden von Sprachen ist das Fundament. Die »Geschichten« wurden eher so angelegt, daß sie eine Welt für die Sprachen abgaben, als umgekehrt. Für mich kommt zuerst ein Name, dann folgt die Geschichte. Ich hätte lieber auf »Elbisch« geschrieben. [...] Für mich jedenfalls ist es weitgehend ein »Versuch über Sprachästhetik«, wie ich manchmal zu Leuten sage, die mich fragen, »um was es geht«.⁷⁹

Im ersten Ansatz scheint diese Vorgehensweise ein gutes Stück weit ungewöhnlich. Der Tolkien Übersetzer Wolfgang Krege spricht davon, dass Tolkiens „philologische Phantasie der erzählerischen vorauseilt (und ihr manchmal davonläuft)."⁸⁰ Er meint damit, dass zuerst ein Wort erdacht und erst danach rund um dieses herum eine Geschichte geflochten wird.

Sechs Jahre vor dem Erscheinen von DER HOBBIT hat Tolkien in einem Vortrag vor einer philogischen Vereinigung erstmals öffentlich über seine Erfindungen gesprochen. Das Manuskript dazu trägt den Titel „Ein heimliches Laster" und hat Eingang gefunden in die Aufsatzsammlung DIE UNGEHEUER UND IHRE KRITIKER.⁸¹ Darin wird

---

77 Carpenter, Briefe, Nr. 165. Dazu kommt natürlich die Intention, dass gerade DER HOBBIT zum Vergnügen seiner Kinder, wie auch zu seinem eigenen Vergnügen erdacht worden ist. Ob DER HOBBIT und DER HERR DER RINGE jemals ohne seine Kinder geschrieben worden wären, bleibt offen. Vgl. Pearce, Man and Myth, 40. Sicher ist allerdings, dass bereits DER HOBBIT, wenn auch nicht gleich von Beginn an, im großen Kontext seiner Mythologie entstanden ist. Vgl. Carpenter, Briefe, Nr. 19 u. 163 und die Vorbemerkungen zu Carpenter, Briefe, Nr. 165. Vgl. Carpenter, Biographie, 204.
78 Aus den Vorbemerkungen zu Carpenter, Briefe, Nr. 165.
79 Carpenter, Briefe, Nr. 165. „Hinter meinen Geschichten steht heute ein Nexus von Sprachen [...]." Ebd., Nr. 131.
80 Krege, Wörterbuch, 9.
81 Engl. Original: THE MONSTER AND THE CRITICS (1983). Das zitierte Manuskript trägt den engl. Originaltitel „A Hobby for the Home" und wird von Christopher Tolkien auf das Jahr 1931 datiert; vgl. UuK, 19.

deutlich, dass Tolkiens Erfindung von Sprachen und ihrer dazu gehörenden Mythologie bereits sehr früh Hand in Hand gehen:

> Als eine Anregung könnte ich den Gedanken hinwerfen, daß es sich zur perfekten Konstruktion einer Kunstsprache als nötig erweist, wenigstens im Grundriß auch eine ihr zugeordnete Mythologie zu konstruieren. Nicht ausschließlich deshalb, weil zu dem (mehr oder weniger) vollständigen Aufbau unvermeidlich auch ein paar Verse gehören werden, sondern weil sprachliches und mythologisches Erfinden verwandte Tätigkeiten sind; [...]. Die Sprachkonstruktion wird eine Mythologie *gebären*.[82]

In diesen Kunstsprachen lassen sich auch Wörter mit religiöser Dimension finden, in der Elbensprache Quenya finden sich sogar Wörter mit eindeutig christlicher Prägung, etwa „für »Heiliger«, »Kloster«, »Kreuzigung«, »Nonne«, »Evangelium« und »christlicher Missionar«. Es gibt sogar ein Quenya-Sprichwort: perilmë metto aimaktur perperienta, »Wahrlich, bis zum Letzten haben wir Dinge erduldet, die nur die Märtyrer ertragen haben«."[83]

Es gilt demnach festzumachen: DER HERR DER RINGE ist nicht als religiöses Werk konzipiert worden. Tolkien erfindet zuerst seine Sprachen und die dazu gehörigen Völker, um danach auf diesem Fundament Geschichten zu erbauen. Das bedeutet nicht, dass man nicht im Rückblick religiöse Elemente entdecken könnte. Das gesteht Tolkien in einem Brief an seinen Freund und Jesuitenpater Robert Murray im Dezember 1953 ganz offen ein:

> *Der Herr der Ringe* ist natürlich ein von Grund auf religiöses und katholisches Werk; unbewußtermaßen zuerst, aber bewußt im Rückblick. Deshalb auch habe ich so gut wie nichts hineingebracht, oder vielmehr alles weggelassen, was auf irgend etwas wie »Religion« hinweisen könnte, auf Kulte oder Bräuche in der imaginären Welt. Denn das religiöse Element ist in die Geschichte und ihre Symbolik eingelassen.[84]

Auf Grund dieser Einsicht ist Tolkien darüber verärgert, als es in einer Kritik hieß, dass darin keine Religion vorzufinden sei. Mit Entschiedenheit weist er diesen Vorwurf zurück:

---

82 UuK, 225.
83 Garth, Tolkien und der Erste Weltkrieg, 168.
84 Carpenter, Briefe, Nr. 142. An anderer Stelle schreibt er: „Mythos und Märchen müssen wie jede Kunst in aufgelöster Form Elemente der ethischen und religiösen Wahrheit (oder des Irrtums) enthalten, aber nicht ausdrücklichermaßen, nicht in der bekannten Form der primär »wirklichen« Welt." Carpenter, Briefe, 131.

> Es ist eine monotheistische Welt von »natürlicher Theologie«. Der merkwürdige Umstand, daß es darin keine Kirchen, Tempel, religiöse Riten und Zeremonien gibt, gehört schlicht zu dem geschilderten historischen Klima. Dies wird zur Genüge erklärt werden, wenn (wie nun wahrscheinlich) das *Silmarillion* und andere Sagen des Ersten und Zweiten Zeitalters veröffentlicht werden. Ich selbst bin jedenfalls Christ; aber das »Dritte Zeitalter« war keine christliche Welt.[85]

Tolkien gibt mit seinem Hinweis auf das SILMARILLION den Verstehenshorizont an, in dem DER HERR DER RINGE gelesen werden soll.[86] Dort wird die gesamte Kosmologie seines *Legendariums* grundgelegt, beginnend bei der Schöpfungserzählung seiner fiktiven Welt. DER HERR DER RINGE erzählt dagegen nur einen vergleichsweise sehr kleinen Ausschnitt der Gesamtgeschichte, nämlich einen Abschnitt des im zitierten Briefausschnittes erwähnten „Dritten Zeitalters" und den Beginn des „Vierten Zeitalters". Tausende Jahre sind somit schon vergangen, ehe die Gefährten losziehen, um den „Einen Ring" zu vernichten.

2.2.1 Die *Frohe Botschaft* – Das Körnchen Wahrheit

Das religiöse Element seines Werkes sieht Tolkien vor allem in der dort von ihm unbewusst eingegossenen *Frohen Botschaft*. Diese Botschaft besteht im Kern in folgender Aussage: Trotz aller Bedrängnis mit all den damit einhergehenden Schrecken und der daraus entstehenden Verzweiflung wird am Ende alles gut werden. Bevor jedoch dieses Ende eintritt, wird der Zeitpunkt kommen, an dem alles unwiederbringlich verloren scheint. Doch genau in diesem ausweglos scheinenden Moment tritt eine plötzliche und glückliche Wendung ein und führt die Erzählung doch noch zu einem guten Ausgang.

Tolkien prägte dafür den Begriff *Eukatastrophe*[87] und benutzt dieses Wort auch im Zusammenhang mit den Evangelien: Mit der Kreuzi-

---

85 Carpenter, Briefe, Nr. 165.
86 Für einen Überblick über diesen weiten Horizont vgl. Carpenter, Briefe, Nr. 131. Für übersichtliche Zeit- und Ahnentafeln vgl. AuR. 76–103.
87 Den Begriff der *Eukatastophe* behandelt Tolkien ausführlicher in seinem Essay ÜBER MÄRCHEN, vgl. BuB, 67ff. Eine Erklärung, die auf den Essay Bezug nimmt, findet sich auch in einem Brief an seinen Sohn Christopher, vgl. Carpenter, Briefe, Nr. 89.

gung Jesu scheint für die Anhänger alles verloren, bis sich durch die Auferstehung Christi plötzlich alles zum Guten wendet. Diese religiöse Botschaft ist nicht nur irgendeine erfundene Geschichte, sondern entspricht für den gläubigen Katholiken Tolkien der historischen Wirklichkeit.

Der Erzählfaden von DER HERR DER RINGE entspricht genau diesem Schema. Für die Völker von Mittelerde scheint all ihr Einsatz gegen Ende sinnlos gewesen zu sein, bis sich im allerletzten Moment alles mithilfe der Adler zum Guten wendet. Ähnliches gilt zugleich für DER HOBBIT, denn auch dort scheint schlussendlich aller Kampf verloren und wiederum sind es die Adler, die plötzlich in das Geschehen eingreifen und als eine Art *Deus ex Machina* die ersehnte Wende bringen.

Schon zuvor waren die majestätischen Greifvögel, die an Größe, Kraft und Verstand gewöhnlichen Adlern weit überlegen sind, in den beiden genannten Werken mehrmals im Handlungsverlauf präsent. Sie waren immer genau dann zur Stelle, wenn die Lage besonders prekär erschien. Werden die Vögel im Kontext des SILMARILLION gelesen, so wird deutlich, dass durch sie Manwe, ein mächtiger engelhafter Hüter der Welt, direkt in die Geschichte eingreift.[88] Himmlisches Eingreifen führt die *Eukatastrophe* herbei, das gilt sowohl für die Evangelien als auch – wenngleich in anderer Art und Weise – für Tolkiens Bücher.

Die *Frohe Botschaft* oder *Eukatastrophe* erschöpft sich für den gläubigen Katholiken jedoch nicht in einem einzigen historischen Ereignis auf Golgota, sondern entspricht der Wirklichkeitserfahrung des Menschen, der Gott als den stets präsenten und helfend eingreifenden Gott wahrnehmen kann. Tolkien nennt dazu Beispiele von Heilungen aus dem französischen Wallfahrtsort Lourdes.[89]

Die *Frohe Botschaft* ist damit nicht irreale Fantasie, sondern alltägliche Wahrheit, die seiner Vorstellung nach in die eigenen Werke ein-

---

88 „Doch Manwe […] verlor die Außenlande nicht aus dem Sinn. Denn sein Thron stand in Herrlichkeit auf dem Gipfel des Taniquetil, des höchsten von allen Bergen der Welt, der am Rande des Meeres aufragt. Geister in Gestalt von Adlern und Falken flogen in seinen Hallen aus und ein; und ihre Augen drangen bis in die Tiefen der Meere und bis in die versteckten Höhlen unter der Erde. So brachten sie ihm Meldung von fast allem, was geschah auf Arda;" SIL, 55.
89 Vgl. Carpenter, Briefe, Nr. 89.

geflossen ist und so zu einem gewissen Grad Teil davon wurde. In einem Brief an seinen Sohn Christopher führt Tolkien aus, dass es dem Lesepublikum grundsätzlich möglich ist, zu dieser Erkenntnis vorzudringen:

> „Wir erkennen – wenn die Geschichte eine literarische »Wahrheit« auf der sekundären Ebene hat [...] –, daß es in der großen Welt, für die unsere Natur geschaffen ist, tatsächlich so zugeht. Und abschließend sage ich, die Auferstehung sei die größtmögliche »Eukatastrophe« in dem größten aller Märchen [...]. Natürlich meine ich nicht, daß die Evangelien etwas, das *nur* ein Märchen wäre, erzählen;"[90]

Ein Stück Wahrheit lässt sich demnach in Tolkiens Werk finden, jedoch auf einer anderen – Tolkien nennt sie „sekundäre" – Ebene. In seiner Gedankenwelt besteht der einzige Unterschied zwischen den Evangelien und (den von ihm erdachten) phantastischen Geschichten darin, dass die Evangelien eine wahre historische Tatsache erzählen. Tolkiens Geschichten dagegen sind natürlich fiktiv, nie hat er etwas Gegenteiliges behauptet.

Dennoch, so ist er überzeugt, kann sich selbst darin etwas Wahres finden lassen. DER HERR DER RINGE bzw. die Kosmologie des SILMARILLION mögen zwar keinen historischen Fakten entsprechen, sind aber deswegen nicht automatisch gänzlich unwahr. In ihnen steckt das sprichwörtliche Körnchen Wahrheit, für Tolkien besteht dieses in der Schilderung einer *Eukatastrophe.*

Es wäre falsch anzunehmen, Tolkien beziehe dieses Konzept exklusiv auf sich selbst bzw. seine eigenen Werke. Vielmehr sind seine Überlegungen weitaus universellerer Natur: Alle von Menschenhand geschaffenen Mythen und phantastischen Geschichten können – müssen aber nicht zwangsweise – Anteil an der Wahrheit auf „sekundärer" Ebene haben. Die Begründung für dieses Konzept scheint einfach: Alle Menschen stammen von Gott, somit haben gleichzeitig auch alle Menschen Anteil an der göttlichen Wahrheit. In einem Gespräch mit Lewis führt er dazu aus:

---

90 Carpenter, Briefe, Nr. 89.

> Wir kommen von Gott […], und unvermeidlich werden die Mythen, die wir ersinnen, obwohl sie den Irrtum enthalten, zugleich auch einen Funken des wahren Lichts spiegeln, der ewigen Wahrheit, die bei Gott ist.[91]

Tolkien geht sogar noch ein Stück weiter und versucht zu erklären, warum es überhaupt solcher Geschichten bedarf, damit die Menschen die Wahrheit erkennen: Denn der Mensch, so seine Überzeugung, muss aufgrund seiner Natur als Geschichtenerzähler mittels Geschichten zur Wahrheit vordringen und dadurch Erlösung finden. Deswegen gibt es seiner Überzeugung nach die Evangelien, die als *bewegende Geschichte*, im Gegensatz zu seinem Werk auf einer primären Wahrheitsebene angesiedelt, die *Frohe Botschaft* gänzlich unverfälscht verkünden.[92]

Die Grundbotschaft Gottes lautet, dass sich letztlich alles zum Guten wenden wird. Der Mensch bekommt diese Wahrheit in Form von Geschichten serviert, die diese Erkenntnis für ihn gut verdaulich macht. Diese Geschichten dienen somit als eine Art Verpackung für die Wahrheit oder, im christlichen Kontext ausgedrückt: Mittels der Evangelien dringt der Mensch zur göttlichen Wahrheit vor und kann erkennen, dass sich mit der Auferweckung Jesu alles zum Guten gewendet hat.

Eine andere und gleichsam ebenso bekömmliche Verpackung für solche Wahrheiten scheint er sich nicht vorstellen zu können. In einem Brief schreibt er dazu: „Schließlich glaube ich, daß Sagen und Mythen großenteils aus »Wahrheit« bestehen, ja, daß sie Aspekte der Wahrheit vorweisen, die sich nur in diesem Modus darstellen lassen;"[93]

Dieser Deutung scheint eine kurze Nebenbemerkung in einem seiner Briefe indirekt zu folgen, in welcher Gott als Schriftsteller tituliert wird: „[…] literarisch gesprochen, wir sind alle gleich vor dem großen Autor, *qui deposuit potentes de sede et exaltavit humiles.*"[94] Der angehängte lateinische Vers aus dem *Magnifikat* (Lk 1,46–55) macht deutlich, dass mit dem Titel „großer Autor" nur Gott selbst gemeint sein kann.

---

91 Carpenter, Biographie, 170. Vgl. Carpenter, Briefe, Nr. 131.
92 Vgl. Carpenter, Briefe, Nr. 135.
93 Carpenter, Briefe, Nr. 131.
94 Carpenter, Briefe, Nr. 163. Lk 1,52: „*er stürzt die Mächtigen vom Thron / und erhöht die Niedrigen.*"

Offizielle katholische Lehre ist all das, abgesehen vom Wahrheitsgehalt der Evangelien, freilich nicht. Vielmehr handelt es sich um ein von einem überzeugten Katholiken erdachtes Gedankengebäude, eine Art Ausdruck seiner Frömmigkeit, das zumindest nicht im Widerspruch zu dieser Lehre steht.

2.2.2 Literarisches Wirken als religiöser Vollzug

Im Sinne Tolkiens ließen sich phantastische Geschichten definieren als Erzählungen, die zwar von Menschen erdacht wurden, zugleich aber göttliche Wahrheiten enthalten. Dieses Konzept vom inneren Wesen phantastischer Geschichten fasst Tolkien in seinem Essay ÜBER MÄRCHEN zusammen, welches für eine 1939 gehaltene Vorlesung an der Universität von St. Andrews geschrieben wurde und 1947 in erweiterter Form publiziert worden ist.[95]

Die darin festgehaltene Definition von Märchen und die dazugehörigen Ausführungen, auf die nun im Folgenden näher eingegangen wird, geben einen Einblick in Tolkiens literarisches Selbstverständnis: Der Vorgang des Schreibens wird darin zu nichts weniger als einer Art religiösen Handelns erhoben.

Gleich vorneweg muss festgehalten werden, dass die deutsche Übersetzung „Märchen" für das von Tolkien genutzte Wort *fairy-story* stark irreführend ist. Weitaus treffender wäre „phantastische Geschichte" oder „phantastische Erzählung", wobei auch diese beiden Übersetzungen letztlich keine zielgenaue Wiedergabe dessen sind, was Tolkien eigentlich darunter versteht. Tolkiens Ausführungen folgend, müsste die *fairy-story* als eine eigene Kategorie bzw. Spielart phantastischer Geschichten verstanden werden, weswegen im Folgenden unter Ermangelung eines passenden deutschen Äquivalents häufig das englische Wort verwendet wird. Passend erscheint, zumindest in diesem Zusammenhang, auch der Begriff des „Mythos", den Tolkien selbst gerne in einem Atemzug mit Märchen seiner Definition verwendet, ohne dabei eine genaue Abgrenzung der beiden Begriffe voneinander

---

[95] Vgl. Carpenter, Biographie, 220. Vgl. BuB, 9. An letztgenannter Stelle wird nur fälschlicherweise 1939 als Jahr der Vorlesung angegeben.

vorzunehmen.⁹⁶ ÜBER MÄRCHEN wäre für unserem Sprachgebrauch daher weitaus treffender mit dem Titel ÜBER PHANTASTISCHE GESCHICHTEN bzw. ÜBER MYTHEN oder ÜBER MYTHOLOGIE übersetzt.

Was aber versteht Tolkien nun genau unter Märchen bzw. Mythen? Er meint „Geschichten vom Elbenland oder der *Faërie*, dem Reich oder Zustand, in dem Feien ihr Dasein haben. In der *Faërie* gibt es nicht nur die Feien und Elben, sondern noch vieles andere, und nicht nur Zwerge, Hexen, Trolle, Riesen oder Drachen; sie umfaßt auch die Meere, Sonne und Mond, den Himmel und die Erde mit allem, was sie trägt: Baum und Vogel, Fels und Wasser, Brot und Wein und uns selbst, die Sterblichen, wenn wir verzaubert sind."⁹⁷

Die „klassischen" Märchen grenzt Tolkien davon ab, „etwa den *Gestiefelten Kater*, *Aschenputtel* oder *Rotkäppchen*."⁹⁸ Diese Märchen sind für ihn zu wenig phantastisch, Feen bzw. die Welt der Feen spielen in diesen Märchen oftmals keine Rolle. Dagegen ist ein wichtiges Wesensmerkmal seiner Definition eine ganz eigene, in sich abgeschlossene und verzauberte Welt. Das „klassische" Märchen erfüllt diese Anforderung nicht.

Geschichten, die zwar in einer Art eigenen Wunderwelt spielen, aber zu stark die real existente Welt berühren, fallen ebenso aus dem Rahmen seiner Definition, wie etwa *Gullivers Reisen* oder die Geschichten des *Baron Münchhausen*. Die dort erzählten Vorgänge berühren die reale Welt für Tolkien auch insofern zu stark, indem sie dazu dienen, über menschliche Eigenheiten und Eitelkeiten zu spotten. Damit entfernen sie sich zu sehr vom Phantastischen, als dass sie in seine Kategorie der *fairy-stories* passen würden. Es gehört nicht zum Wesen einer *fairy-story*, den Menschen auf satirische Art und Weise einen Spiegel vorzuhalten.⁹⁹ Traumgeschichten schließt Tolkien aus seiner Definition ebenso aus wie *Alice im Wunderland*, denn der Traum dient in diesen Fällen als Vehikel zur Erklärung phantastischer Begebenheiten in einer anderen Welt.

---

96 Vgl. Carpenter, Briefe, Nr. 131.
97 BuB, 18.
98 BuB, 19.
99 Vgl. Weinreich, Über Märchen, 10.

Die Geschichte des Traumes für sich alleine genommen, könnte eine *fairy-story* sein. Der Moment des Erwachens bedeutet jedoch automatisch, dass die erlebten Vorgänge nur eingebildete Illusionen waren. Im wachen Zustand würde niemand die dort erlebten wunderlichen Vorgänge für real halten. Wesentliches Kriterium für ein Märchen in seinem Sinne wäre, dass die Vorgänge in der Feenwelt als „wahr" hingestellt werden. Das bedeutet Wunder, die sich dort ereignen, sind nicht einfach frei erfunden. Innerhalb der fiktiven Welt müssen sie vom Lesepublikum als real existent angenommen werden. Sie sind keine Illusionen.[100]

Um Tolkiens Definition an einem Beispiel aus jüngerer Zeit zu illustrieren, kann die bereits genannte Romanreihe HARRY POTTER herangezogen werden. Die Zauberei in HARRY POTTER kann vom Lesepublikum nicht wirklich als real existent angenommen werden. Als Argument würde Tolkien anführen, dass die Geschichte in unserer bekannten und empirisch erfassbaren Welt spielt. Im alltäglichen Leben der Menschen gibt es jedoch keine in ähnlicher Weise erfahrbare Zauberei. Die *Hogwarts-Schule für Hexerei und Zauberei* aus der Romanreihe liegt, wenn auch für nicht magisch begabte Menschen „unortbar" gemacht und damit abgeschottet, dennoch irgendwo in Schottland. Es ist von London aus möglich, die Schule mit dem Zug innerhalb einer Tagesreise zu erreichen. Hogwarts ist keine in sich abgeschlossene und verzauberte Feenwelt, wie etwa das von Tolkien erdachte Universum seines *Legendariums*. Rowlings Romanreihe fällt somit aus dem Rahmen von Tolkiens Märchen-Definition.

Wenn sich nun Menschen solcherlei phantastische Geschichten im Sinne von *fairy-stories* erdenken, die in einer in sich geschlossen, verzauberten Welt spielen, dann befinden sie sich in einem Vollzug besonderer Art. Durch die Phantasie beflügelt, erschaffen sich AutorenInnen phantastische Sekundärwelten, die einen in sich geschlossenen, logischen Kosmos bilden, welcher von der realen Welt zu unterscheiden ist. Die so geschaffenen Universen beabsichtigen nicht, die reale Welt symbolisch zu deuten, sondern sie müssen im Sinne Tolkiens als eigenständige Schöpfung verstanden werden: „Doch in einer solchen

---

100 Vgl. BuB, 18ff.

»Phantasie«, wie man dies nennt, wird neue Form geschaffen; das Feienwerk beginnt, der Mensch wird zum Zweitschöpfer."[101]

Diese Art der Schöpfung bezeichnet Tolkien als „Sekundärwelt", im Gegensatz zur von Gott erschaffenen „Primärwelt". Beide Welten beanspruchen für sich selbst genommen Wahrheit und Wirklichkeit und sind aus diesem Grund für Tolkien „wirkliche" Schöpfung. Dabei war es Tolkien als streng gläubigem Christen bewusst, dass die Zweitschöpfung niemals vollkommen unabhängig von der Schöpfung Gottes ist und auch nicht denselben Stellenwert erreichen kann.[102]

Das Lesepublikum braucht, um voll in diese Sekundärwelt eintreten zu können, „literarischen Glauben". Dieser Glaube besteht darin, die erzählten Ereignisse als „wahr" zu verstehen:

> Er schafft eine Sekundärwelt, in die unser Geist eintreten kann. Darinnen ist »wahr«, was er erzählt: Es stimmt mit den Gesetzen jener Welt überein. Daher glauben wir es, solange wir uns gewissermaßen darin befinden. Sobald Unglaube aufkommt, ist der Bann gebrochen; der Zauber, oder vielmehr die Kunst, hat versagt. Dann sind wir wieder in der Primärwelt und betrachten die kleine, mißlungene Sekundärwelt von außen.[103]

Um diesen Glauben zu erreichen, muss die Zweitschöpfung von entsprechend fesselnder Qualität sein. Das Lesepublikum muss sich dazu zuerst in einen Zustand versetzen, der von Tolkien in Anlehnung an die Theorie von Samuel Taylor Coleridge „die willentliche Aussetzung des Unglaubens"[104] genannt wird.

---

101 BuB, 29.
102 Vgl. Honegger, Grammatik der Ethik, 28f. Im deutschen Sprachraum findet sich häufig der Begriff der „Zweitschöpfung", weswegen er in dieser Arbeit Verwendung findet. Würde man das engl. „sub-creaton" mit „Unterschöpfung" oder „Nachschöpfung" übersetzen, würde der hierarchische Unterschied besser zum Ausdruck kommen, welcher die Nachrangigkeit der menschlichen hinter der göttlichen Schöpfung ausdrückt. Vgl. ebd., 29 Anm. 5.
103 BuB, 41.
104 BuB, 41. Coleridge schreibt dazu: „In this idea originated the plan of the "Lyrical Ballads:" in which it was agreed, that my endeavours should be directed to persons and characters supernatural, or at least romantic ; yet so as to transfer from our inward nature a human interest and a semblance of truth sufficient to procure for these shadows of imagination that willing suspension of disbelief for the moment, which constitutes poetic faith." Coleridge, Biographia Literaria, 2. Vgl. Heidler, Zwischen Magie, Mythos und Monotheismus, 64.

Das alleine reicht noch nicht aus, denn selbst bei noch so viel an eingebrachtem Glauben bricht der Zauber der Zweitschöpfung, wenn ihr eine innere Logik fehlt. Tolkien legt den Fokus deswegen weniger auf das Lesepublikum als vielmehr auf den Künstler, der sich als erfolgreicher Zweitschöpfer erweisen muss. Alle „willentliche Aussetzung des Unglaubens" hilft dem Publikum nicht, wenn das Werk keine innere Logik besitzt. Die „willentliche Aussetzung des Unglaubens" muss zu Tolkiens „inneren Folgerichtigkeit der Realität"[105] hinzugestellt werden. Diese innere Folgerichtigkeit erweckt und erzwingt erst den Sekundärglauben, der im Zuge des Lesens entstehen kann. Voraussetzungen dafür sind eine glaubwürdiger Zweitschöpfung und „willentlichen Aussetzung des Unglaubens".

So muss sich das Lesepublikum, obwohl es in der Primärwelt lebt und diese als real existent erfahren hat, von dieser geistig lösen (körperlich kann es natürlich nur in der Primärwelt bleiben), um in die Sekundärwelt einzutreten. Dieser Versuch kann misslingen, was entweder Schuld des Autors, wenn seine Welt in sich nicht konsistent und damit unglaubwürdig ist, oder die des Rezipienten ist, wenn er zu wenig Phantasie mitbringt.

Um es seinen LeserInnen leicht(er) zu machen, sich auf die Sekundärwelt Mittelerdes einzulassen, bemüht sich Tolkien, DER HERR DER RINGE so zu erzählen, als wäre die Geschichte eine wahre historische Begebenheit. Mit großem Aufwand erfindet er bis ins kleinste Detail Sprachen und Alphabete, Karten, Stammbäume, historische Hintergrundinformationen und im SILMARILLION finden wir die dazugehörige Kosmologie.

Mit Leichtgläubigkeit, dagegen verwehrt sich Tolkien, hat die Fähigkeit zur Phantasie nichts zu tun. Als ihm einmal jemand schrieb, dass beim Erfinden von phantastischen Geschichten nichts Anderes geschehe, als dass „eine Lüge durch Silber gehaucht" wird, antwortet Tolkien:

> [...] entfremdet ist er längst, der Mensch, aber noch nicht ganz verändert und verlassen. Mag er auch die Gnade verloren haben, bewahrt er von seiner einstigen Würde doch so manchen Rest: Noch immer ist er der Mensch, der Zweitschöpfer, in dem sich das Licht aus dem einen Weiß in die vielen Farben bricht, aus deren endloser Mischung die lebendigen Ge-

---

[105] BuB, 49.

stalten hervorgehen. Mögen wir alle Winkel der Welt mit Elben und Kobolden anfüllen, mögen wir es selbst wagen, aus Licht und Dunkel Götter und ihre Häuser zu bilden, oder mögen wir Drachensaat säen – so war es unser Recht, ob wir nun guten oder schlechten Gebrauch davon machten. Und dies Recht ist nicht verfallen: Noch immer schaffen wir nach demselben Gesetz, nach dem wir geschaffen wurden.[106]

Tolkien argumentiert theologisch. Der Sündenfall (Gen 3) hat den Menschen zwar das Leben in der Gnade genommen, doch die Gottebenbildlichkeit (Gen 1,26f) wurde dadurch nicht aufgehoben. Diese Ebenbildlichkeit besteht gerade auch darin, wie der Schöpfergott selbst schöpferisch tätig zu werden: „Wir schaffen nach unserem Maß und abgeschauten Muster, weil wir selbst geschaffen sind – und nicht nur geschaffen, sondern geschaffen nach dem Bild eines Schöpfers."[107] In der Gottesebenbildlichkeit sieht er das Recht verankert, selbst als Zweitschöpfer tätig zu sein.

An dieser Stelle sei kurz angeführt, dass Tolkiens Denken nicht gänzlich dem luftleeren Raum entspringt. So betont beispielsweise der Theatermacher Max Reinhardt schon weitaus früher das religiöse Element seines Schaffens. Ebenso wie für Tolkien, so liegt auch in Reinhardts Denken der Urgrund der Kunst in der Religion: Der Mensch eifert aufgrund seiner Ebenbildlichkeit dem göttlichen Schöpfer in seinem Tun nach. Viele Jahre vor Tolkiens Vorlesung an der Universität von St. Andrews, schreibt Reinhardt:

> Gott hat die Welt geschaffen, aber der Mensch, den er nach seinem Ebenbild schuf, hat sich eine zweite Welt erschaffen, die Kunst. [...] Wenn wir nach dem Ebenbilde Gottes erschaffen sind, dann haben wir auch etwas von dem göttlichen Schöpferdran[g] in uns.[108]

Diese Zeilen könnten ebenso gut der Feder Tolkiens entsprungen sein, wobei dessen Hauptfokus natürlich nicht auf dem Theater lag, was allerdings nicht gleichzeitig bedeutet, dass dieses nicht auch gemeint sein kann. Das Gegenteil ist der Fall, auch andere Kunstformen können in Tolkiens Sinne zweitschöpferisch tätig werden. Seine Bedin-

---

106 BuB, 55f. Tolkien zitiert dabei einen Teil der fünften Strophe seines Gedichts MYTHOPOEIA, vgl. MYTH, V 53–70. Lewis bringt vor seiner Rückkehr zum Christentum in einem Gespräch mit Tolkien dasselbe Argument, wie der anonym gebliebene Briefeschreiber; vgl. Carpenter, Biographie, 170f.
107 BuB, 56f.
108 Coors, Theater als Gottesdienst, 251.

gung für die Anerkennung als Zweitschöpfung ist allerdings, dass auch in diesen Formen der Kunst eine in sich geschlossene, stimmige Sekundärwelt entsteht. Die beste Form, um dieses Ziel zu erreichen, bleibt für ihn aber letztlich die phantastische Geschichte, sofern sie seiner Definition einer *fairy-story* entspricht.[109]

Am Ende seiner Vorlesung betont Tolkien noch, dass es für den Menschen keine höhere Aufgabe als die der Zweitschöpfung gibt, er bezeichnete den Vorgang sogar als „spezifisch christliches Unterfangen".[110] Im Vorwort zu BAUM UND BLATT schreibt er, dass sein Essay ÜBER MÄRCHEN in der Zeit entstand, als er dabei war, DER HERR DER RINGE zu verfassen.[111] Sein DER HOBBIT war bereits veröffentlicht und es besteht kein Zweifel daran, dass er beide Werke als Zweitschöpfung betrachtete, als eine *fairy-story* bzw. einen Mythos nach seiner Definition.[112]

In diesem Sinn ist es keineswegs übertrieben zu behaupten, dass Tolkien in seinem literarischen Schaffen von Sekundärwelten eine Art religiösen Vollzug sah. Schreiben wird nicht nur zu einer Art religiösen Handelns erhoben, sondern gleichsam dazu erhöht. Gemeint ist natürlich nicht das Schreiben eines Zeitungsartikels oder dergleichen, dass wäre wohl eine rein profane Angelegenheit. Vielmehr bezieht sich dieses Verständnis auf das Verfassen einer *fairy-story*.

Auch an dieser Stelle gilt: Der fromme Katholik Tolkien gibt damit keine offizielle katholische Lehre wieder. Vielmehr versucht er, sein Tun mit seinem persönlichen Glauben zu verbinden – oder anders formuliert: Er bringt es damit in Einklang. Es sei an dieser Stelle an das dieser Arbeit vorangestellte Eingangszitat erinnert. Biograph Carpenter schreibt, dass Tolkiens Werk nicht seinem Christentum widerspricht, sondern es vielmehr ergänzt.

---

109 Vgl. Carter, Tolkiens Universum, 133f.
110 Carpenter Biographie, 219.
111 Vgl. BuB, 9.
112 Auch die Sekundärliteratur verwendet den Begriff „Mythos" häufig für Tolkiens Werk; vgl. Petzold, Tolkien, 108ff.

2.2.3 Werte und Wirkungen phantastischer Geschichten

In seinem Essay Über Märchen richtet Tolkien den Fokus nicht nur auf die Definition von *fairy-storys* und das Wirken des Autors, sondern in weiterer Folge auch auf das Lesepublikum. Ein Blick darauf ist lohnend, da sich dadurch folgende Fragen klären lassen: Welchen Nutzen haben denn nun die Rezipienten vom Eintreten in eine phantastische Sekundärwelt und ist auch dieser Vorgang von ähnlich religiöser Art?

Zu diesem Zweck bestimmt Tolkien zuerst das Zielpublikum. Dieses besteht für ihn nicht nur aus Kindern, vielmehr wird diese Art von Geschichten oftmals zu Unrecht in die Welt der Kinder verwiesen, sondern phantastische Geschichten richten sich gleichermaßen an Kinder und Erwachsene.[113] Diesen werden jetzt, unter der Bedingung des vollen Einlassens auf die Sekundärwelt, vier Dinge zuteil: [114]

- Phantasie
- Wiederherstellung
- Flucht
- Trost

a) Phantasie

Phantasie ermöglicht es dem Menschen, sich Vorstellungen von Dingen zu machen, die innerhalb der Primärwelt nicht vorhanden sind oder als nicht vorhanden gelten. Tolkien nennt die Fähigkeit des Menschen zur Phantasie die höchste Form der Kunst, die nicht, wie von manchen böswillig behauptet, schädlich ist: „Phantasieren ist eine natürliche menschliche Tätigkeit. Keinesfalls zerstört oder beleidigt es die

---

113 Vgl. BuB, 38ff. Deswegen empfand Tolkien wohl die Bezeichnung „Kinderbuch" für seinen Der Hobbit als bedauerlich; vgl. Carpenter, Briefe, Nr. 163 und die Vorbemerkungen zu Carpenter, Briefe, Nr. 165. Vgl. den Verriss des Kritikers Edmund Wilson, abgedruckt in Pesch, Mythenschöpfer, 51–56. Für die christliche Rezeptionsgeschichte ist an dieser Stelle interessant anzumerken, dass es im Rheinland kirchliche Kinder- bzw. Jugendgruppen gibt, die Namen aus dem *Legendarium* tragen, nämlich Hobbit- oder Elbengruppe. Vgl. Dinter, Harry Potter und Herr der Ringe, 59.
114 Vgl. BuB, 49ff.

Vernunft [...]. Im Gegenteil. Je klarer und schärfer die Vernunft, desto bessere Phantasien wird sie hervorbringen."[115]

Einschränkend gesteht Tolkien jedoch ein, dass die Phantasie auch fehlgehen kann. In einer gefallenen Welt, Tolkien argumentiert wieder theologisch, ist es das Wesen jedes Menschenwerks, dass es bösen Zwecken dienen kann. Diese Ansicht wird auch im Entwurf eines Briefes an Peter Hastings, Leiter einer katholischen Buchhandlung in Oxford, betont: „Das Recht auf die »Freiheit« des Nebenschöpfers bietet unter den gefallenen Menschen keine Garantie, daß es nicht ebenso boshaft ausgenutzt wird wie der Freie Wille."[116]

Mit der „gefallenen Welt", ein von Tolkien immer wieder bemühter Ausdruck, ist die Welt nach dem biblischen Sündenfall (Gen 3), das bedeutet die Welt in ihrer jetzigen Gestalt, gemeint. Tolkien macht deutlich, dass trotz dieser beobachtbaren schädlichen Verwendung der Missbrauch den rechten Gebrauch der Phantasie nicht aufhebt: „*Abusus non tollit usum.*"[117] Es ist also seiner Ansicht nach das Recht des Menschen, davon Gebrauch zu machen.

Zum Erschaffen von phantastischen Geschichten ist sogar Phantasie notwendig. Nicht weniger notwendig ist diese für das Lesepublikum, wodurch es automatisch ebenso zum Zweitschöpfer wird. In der Phantasie der Rezipienten beginnen sich Landschaften auszubilden, die einzelnen Geschöpfe werden lebendig und bekommen ein Aussehen, oftmals klarer, als es der Autor hätte beschreiben können. Die LeserInnen machen sich im Kopf ein eigenes Bild.

Auf einer Bühne ist eine solche verzauberte Feenwelt für Tolkien nicht in gleicher Weise nachahmbar.

> Das Theater aber ist dem Phantastischen von Natur feind. Phantastisches, auch von einfachster Art, gelingt kaum je im Drama, wenn das Stück, seinem Zweck gemäß, sichtbar und hörbar aufgeführt wird. Phantastische Gestalten lassen sich nicht nachahmen. Den Menschen, die als sprechende Tiere kostümiert sind, kann die Posse oder die Persiflage gelingen, aber nicht das Phantastische.[118]

---

115 BuB, 56.
116 Carpenter, Briefe, Nr. 153.
117 BuB, 56.
118 BuB, 52.

Den ZuseherInnen wird durch die Inszenierung die Möglichkeit genommen, zweitschöpferisch tätig zu werden. Aus dieser Perspektive betrachtet, wäre Tolkien vermutlich den heute vorliegenden Verfilmungen seiner Werke äußerst kritisch gegenübergestanden. Besonders fürchtete er in diesem Zusammenhang eine „Verkitschung" seines Werkes durch eine Kinoversion. Tritt ein solcher Fall ein, würde das zum einen die Zweitschöpfung des Autors lächerlich machen und sie nicht als eine eigenständige Schöpfung ernst nehmen, zum Zweiten würde es die (daraus resultierende) Zweitschöpfung in den Köpfen des Publikums verhindern. Denn der dafür notwendige Sekundärglaube kann Tolkiens Überzeugung nach nur dann entstehen, wenn die zwei Grundvoraussetzungen, nämlich eine entsprechend gut gemachte Zweitschöpfung einerseits und die „willentlichen Aussetzung des Unglaubens" andererseits, vorhanden sind.

Hinzu kommt, dass beim Besuch des Kinos der Moment der Individualität verloren ginge, da zu viel vom Kostümbildner, Regisseur etc. vorgegeben wird, während man im Zuge des Leseprozesses nicht umhinkommt, in der Vorstellung eigene Bilder zu malen, die dadurch von Mensch zu Mensch vollkommen unterschiedlich ausgestaltet sind. Aus dieser Perspektive wird ein Stück weit verständlich, warum Tolkien besonders gegen die Disney-Studios eine „tiefempfundene Abscheu"[119] empfand. „Disnität" wird von ihm verwendet als Synonym für unangebrachte Verkitschung, die „Bilbo mit Triefnase und Gandalf als ordinäre Witzfigur, statt als der odinhafte Wanderer, an den ich denke" darstellt.[120]

Zu einem guten Teil sind seine Befürchtungen, das Kino betreffend, eingetreten, weniger deutlich sichtbar in der Leinwandversion von DER HERR DER RINGE, viel stärker dafür in den teils komödiantischen Einlagen von DER HOBBIT. Diese fanden ihren „Höhepunkt" wohl in der Gestalt des Zauberers Radagast, der wirklich zu einer Art vertrottelten Witzfigur degradiert wurde. Es ist daher nicht weiter verwunderlich, dass Tolkiens Sohn Christopher als Nachlassverwalter keine Freude mit den Verfilmungen hat und sie ganz exakt nur soweit zuließ, wie es die noch zu Lebzeiten seines Vaters verkauften Filmrechte

---

119 Carpenter, Briefe, Nr. 13.
120 Carpenter, Briefe, Nr. 107.

an DER HERR DER RINGE und DER HOBBIT erlaubten. So durften etwa Teile, die als Sondergut nur im SILMARILLION vorkommen, nicht verwendet werden.[121] In einem Interview gegenüber der französischen Tageszeitung *Le Monde* erklärte er ganz im Sinne seines Vaters, dass mit der Verfilmung die „philosophische" Wirkung des Werkes verloren ging.[122]

b) Wiederherstellung

Unter Wiederherstellung versteht Tolkien das Wiedererlangen der Begeisterung für die Wirklichkeit. Im Zuge des Alterns, so argumentiert er, verliert der Mensch die Freude an seiner Umgebung. Dinge, die er einstmals voller Begeisterung wahrgenommen und erforscht hat, sind erblasst, weil er sie sich durch den Alltag angeeignet hat. Es droht Langeweile aufzukommen, weil der Mensch glaubt, alles bereits zu kennen.

Anhand eines einfachen Beispiels illustriert, könnte man im Sinne Tolkiens festhalten: Waren Blätter einstmals interessant, weil sie von unterschiedlichen Bäumen stammten und entsprechend unterschiedlich geformt und gefärbt waren, so hat das Interesse an ihnen schon bald nachgelassen. Denn nach einer Weile wurde das eigentlich so unterschiedliche Laub keiner weiteren näheren Betrachtung mehr unterzogen und nicht mehr in seiner Verschiedenartigkeit wahrgenommen. Der Mensch, der in seinem grauen Alltag gefangen ist, will nichts mehr Neues über Blätter herausfinden. Dadurch verliert er jedoch gleichzeitig die Freude an seiner Umgebung und dieser Zustand bedarf der Heilung: „Wiederherstellung (die eine Rückkehr und Erneuerung der Gesundheit einschließt) bedeutet eine Genesung, ein Wiedererlangen des klaren Blicks."[123]

In phantastischen Geschichten sieht Tolkien ein adäquates Heilmittel gegen diese „Tristesse des Alltags", denn plötzlich ergeben sich

---

121 So lässt sich erklären, warum Gandalf in DER HOBBIT: EINE UNERWARTETE REISE die Namen zweier Zauberer vergessen hat, weil diese nur im SILMARILLION namentlich erwähnt werden und dafür keine Filmrechte bestehen.
122 Vgl. Interview vom 05.07.2012, online nachzulesen auf der Homepage der Tageszeitung: http://www.lemonde.fr/culture/article/2012/07/05/tolkien-l-anneau-de-la-discorde_1729858_3246.html [abgerufen am 10.08.2018].
123 BuB, 58.

neue Blickwinkel auf herkömmliche Dinge: „Als Gram geschmiedet wurde, wurde das kalte Eisen entdeckt; mit der Erschaffung des Pegasus wurden die Pferde geadelt; und in den Bäumen von Sonne und Mond bezeigt sich die Pracht von Wurzel und Stamm, Blüte und Frucht."[124] Einfache Dinge werden plötzlich wieder interessant, weil die Phantasie sie mit neuer Bedeutung erfüllt.

c) Flucht

Den dritten Wert phantastischer Geschichten sieht Tolkien in der Flucht. Er wehrt sich dabei gegen den missbilligenden Vorwurf, phantastische Geschichten seien nichts weiter als „eskapistische" Literatur, die mit dem „wirklichen Leben" nichts zu tun habe.

Zu diesem Zweck unterscheidet er zwei verschiedene Arten der Flucht, die er mit dem folgenden Beispiel näher veranschaulicht. Auf der einen Seite steht die Flucht des Gefangenen, dem seine Flucht nicht zu verübeln sei, weil dieser nur den Wunsch hege, wieder nach Hause zurückzukehren. Dem entgegen steht die Flucht des Deserteurs, der aus purer Feigheit flieht (andere Fluchtmotive des Deserteurs klammert Tolkien in seinem Beispiel aus). Beide Arten der Flucht sind nicht miteinander gleichzusetzen.

Den entscheidenden Unterschied sieht Tolkien in der Intention des Fluchtverhaltens. Der Gefangene flieht, im Gegensatz zum Deserteur, weil er sich in seiner Sehnsucht nach einer besseren Welt der Gefangenschaft entziehen will und sich damit seiner Situation widersetzt. Ein solches Widersetzen, das in der Sehnsucht nach einer besseren Welt begründet liegt, geschieht beim Lesen phantastischer Geschichten, indem das Lesepublikum in die Sekundärwelt entflieht.

In dieser Argumentation schwingt sicher ein gutes Stück von Tolkiens Fortschrittskritik mit, immerhin sehnt er sich selbst eine Welt herbei, die noch nicht durch Industrialisierung und die damit einher-

---

124 BuB, 60. Während die ersten beiden Motive der germanischen und griechischen Mythologie zuordnenbar sind, verweisen die sprechenden Bäume vermutlich auf den prophezeiten Tod Alexanders des Großen im Heiligtum von Sonne und Mond. Ein Konnex lässt sich jedoch auch zu den beiden lichtspendende Bäumen Telperion und Laurelin herstellen, deren Licht im Segensreich den Rhythmus von Tag und Nacht bestimmte. Nach ihrer Zerstörung wurden aus deren letzter Blüte und letzter Frucht Sonne und Mond geschaffen, vgl. SIL, 52f, 115, 149ff.

gehende Zerstörung der Natur gekennzeichnet ist. Die perfekte idyllische Landschaft vermag die Primärwelt der Moderne für Tolkien kaum mehr zu bieten, doch durch die Möglichkeit der Zweitschöpfung vermag der Mensch einen bewussten Gegenentwurf zu erschaffen, wie er schon in der Zeit der Romantik und ihrem Wunsch nach einer engeren Rückbindung an die Natur erträumt wurde. Diese Zivilisationskritik Tolkiens schlägt sich in seinem literarischen Werk an mehreren Stellen nieder.[125]

Ein Herbeiträumen solcher Sekundärwelten mit unterschiedlichsten Sehnsuchtsorten könnte als eine Art passiver Widerstand gegen den grauen Alltag gedeutet werden. Darüber hinaus ermöglich phantastische Literatur, sich mit Wünschen auseinanderzusetzen, die durch die Begrenztheit des Menschen nicht verwirklichbar sind. Wie der Gefangene durch die Gitterstäbe in seiner Bewegungsfreiheit eingeschränkt ist, so kann der Mensch nur in Sekundärwelten unsterblich werden oder wie ein Vogel durch die Luft fliegen und wie ein Fisch durch das Wasser gleiten.

d) Trost

Der vierte Wert phantastischer Geschichten, Trost, ist eng mit der Flucht verbunden. Im Lesen wird die Trauer über die Zustände der Primärwelt überwunden und dadurch Trost gefunden. Der allergrößte Trost phantastischer Geschichten liegt im positiven Ausgang der Handlung, der *Eukatastrophe*. Diese sieht Tolkien für die Gattung *fairy-story* als grundlegend an: „Die eukatastrophische Erzählung ist die echte Form des Märchens und sein höchster Zweck."[126]

Vorhandenes Leid wird dabei nicht ausgeklammert, vielmehr ist es logische Voraussetzung für die Erlösung. Realitätsfern ist dieser Ausgang für den gläubigen Tolkien keinesfalls, denn im Christusereignis

---

125 „Für Tolkien, der nach seinen [sic!] Kleinkindzeit auf dem Land mit sieben Jahren in das damals vor allem durch die Schwerindustrie geprägte Birmingham kam, [...] blieb der Kontrast zwischen Agrarlandschaft und Industriestadt so übermächtig, daß er im wiederholt literarisch ausgedrückten Gegensatz zwischen dem Shire [zu Deutsch „Auenland", Anm. d. Verf.] und Sarumans Isengard beinahe überzeichnet wirkt." Simek, Mittelerde, 50.
126 BuB, 67. Vgl. Kap. 2.2.1 Die *Frohe Botschaft* – Das Körnchen Wahrheit.

hat sich für den überzeugten Katholiken die *Eukatastrophe* bereits verwirklicht.

Wie schon festgestellt, kann nach Tolkiens Verständnis das Schaffen von Sekundärwelten als religiöser Vollzug des Literaten verstanden werden. Für die Tätigkeit des Lesens kann, denkt man im Sinne Tolkien weiter, Ähnliches angenommen werden. Wenn auch in nachrangiger Form, so ist doch auch beim Lesen ein gewisser zweitschöpferischer Aspekt vorhanden, immerhin spielt sich die individuelle Ausgestaltung der Sekundärwelt im Kopf der Rezipienten ab.

Geht man von einem funktionalistischen Religionsbegriff aus, so können die Werte und Wirkungen, die Tolkien phantastischen Geschichten zuschreibt, parallel zu den Funktionen von Religion gesehen werden. Damit liefe man leicht Gefahr, in Tolkiens Werk eine Art Ersatzreligion zu finden. Als eine solche will Tolkien sein Werk nicht verstanden wissen. Phantastische Geschichten ersetzen keinesfalls das Evangelium:

> In Gottes Reich aber drückt das Dasein des Höchsten nicht das Kleinste nieder. Der erlöste Mensch bleibt dennoch Mensch. Die Geschichten und Phantasien gehen weiter, und so soll es sein. Das Evangelium hat die Legenden nicht abgeschafft, es hat sie geheiligt, insbesondere den »glücklichen Ausgang«. Noch immer muß der Christ sich mühen, mit Leib und Seele; er muß leiden, hoffen und sterben. Doch nun kann er sehen, daß all seine Neigungen und Fähigkeiten einen Sinn haben, der eingelöst werden kann. So groß ist die ihm verliehene Gabe, daß er nun vielleicht mit Recht vermuten darf, daß er selbst durch seine Phantasie daran mitwirken könne, die Schöpfung durch allerlei Laubwerk zu bereichern.[127]

In diesem Sinne kann erneut auf den eingangs zu dieser Arbeit zitierten Tolkien-Biographen Carpenter verwiesen werden, der davon spricht, dass Tolkiens Werk dem Christentum nicht widersprechen, sondern es vielmehr ergänzen will. Der Mensch ist laut katholischer Lehre als Teil der Schöpfung dazu berufen, am Schöpfungswerk mitzuwirken. Die biblische Grundlage dafür findet sich im Auftrag Gottes: Der Mensch soll sich die Erde untertan machen und Nachkommen zeugen (Gen 1,28). Tolkien dachte bei diesem Mitwirken am Schöpfungswerk Gottes wohl auch an die Phantasie, die sich in allerlei

---

[127] BuB, 71.

Kunstformen ausdrücken kann und Zweitschöpfung hervorzubringen vermag.

2.2.4 MYTHOPOEIA – Zum Gedicht gewordene Theorie

Der Einwand, dass Mythen nichts Anderes wären als durch Silber gehauchte Lügen, mit dem Lewis und der anonym gebliebene Briefschreiber aus dem Essay ÜBER MÄRCHEN Tolkien konfrontieren, wird in dem Gedicht MYTHOPOEIA verarbeitet.[128] Der Kern dieses Vorwurfs besteht darin, dass selbst die noch so schönen Mythen, wie etwa der christliche Mythos von der Auferstehung Jesu, letzten Endes nur Unwahrheiten enthalten. Um diese Lügen für die Menschen bekömmlicher zu machen, oder besser gesagt „glaubwürdiger", wurden sie in schöne Geschichten verpackt.

Tolkien konnte diesen Einwand nicht einfach im Raum stehen lassen und schrieb als Entgegnung das nun im Folgenden näher analysierte Gedicht, in dem es um die Entstehung von Mythen geht.

Zur näheren Einordnung und zum besseren Verständnis einige Vorbemerkungen. Der Titel MYTHOPOEIA, dahinter verbirgt sich sowohl das Wort „Mythos" (μῦθος) als auch das altgriechische Wort für „schaffen/dichten" (ποιέω), könnte mit „Mythenschöpfung" wiedergegeben werden.[129] Tolkien dachte bei der Wahl dieses Titels wohl auch an das altgriechische Vokabel μυθοποιός, den Fabel- bzw. Mythenerzähler.

Durch die inhaltliche Nähe mit ÜBER MÄRCHEN fand es 1988 erstmals Eingang in die englische Fassung von BAUM UND BLATT. In den deutschen Ausgaben ist es nicht zu finden. Der Titel „Mythenschöpfung" kann schon aufgrund der genannten inhaltlichen Nähe als eine Anspielung auf Tolkiens Konzept der „Zweitschöpfung" verstanden werden, man könnte daher MYTHOPOEIA problemlos als seine „zum Gedicht gewordene Theorie" bezeichnen.

---

128 Vgl. BuB, 55. Vgl. Carpenter, Biographie, 170.
129 Vgl. Weinreich, Zweitschöpfung, 38. Weinreich will außerdem noch das altgriechische λόγος in dem Titel erkennen; vgl. ebd.

Das Werk entstand laut Biographen Carpenter wenige Tage nach dem Gespräch zwischen Lewis und Tolkien, das in der Nacht vom 19. auf den 20. September 1931 stattfand, also noch vor dem Essay ÜBER MÄRCHEN. Dieses bei Carpenter überlieferte Gespräch bildete die Grundlage für Lewis Bekehrung zum Christentum.[130] Zu Beginn findet sich eine Widmung, die sich direkt auf den zuvor vorgebrachten Einwand bezieht: „To one who said that myths were lies and therefore worthless, even through 'breathed through silver'."[131]

Carpenter notiert zudem in einer Anmerkung seiner Tolkien-Biographie, dass eines der Manuskripte zusätzlich den Vermerk „für C. S. L." trägt, womit wohl eindeutig Clive Staples Lewis gemeint ist.[132] Bereits der Widmung ist zu entnehmen, um was es Tolkien im Wesentlichen geht. Er will in dichterischer Form aufzeigen, dass phantastische Geschichten wertvolle Wahrheiten enthalten. Dazu muss er auf die Entstehung von Mythen eingehen.

Das Gedicht scheint ohne die Kenntnis von Tolkiens „Mythentheorie", die er an unterschiedlichen Stellen in seinen Briefen erwähnt hat und in kompakter Form in seinem Essay ÜBER MÄRCHEN präsentiert, schwierig zu verstehen, teils geradezu „enigmatisch"[133]. Zudem erscheint es hilfreich, über den Entstehungskontext Bescheid zu wissen, nämlich das Gespräch mit Lewis über den Wahrheitsgehalt von Mythen. Dieses Gespräch wiederum ist kein singulärer Diskurs zweier Wissenschaftler im luftleeren Raum, sondern kann vor dem Hintergrund des damaligen akademischen Diskurses über Mythentheorien gelesen werden. Im Zentrum stehen dabei die Fragen nach dem Ursprung, der Funktion und der Thematik des Mythos, mitunter gerade auch die Frage nach dem Wahrheitsgehalt von Mythen.[134]

Das Gedicht war, wie der Widmung zu entnehmen ist, in erster Linie wohl eher nicht für ein breites Publikum gedacht. Es umfasst 12 Strophen unterschiedlicher Länge und beinhaltet 148 Verse, die im

---

130 Vgl. Carpenter, Biographie, 169ff. Vgl. Pearce, Man and Myth, 57f.
131 TaL, 85.
132 Vgl. Carpenter, Biographie, 170. Vgl. Carpenter, Briefe, Nr. 95.
133 Weinreich, Zweitschöpfung, 37.
134 Vgl. Segal, Mythos, 10f.

Versmaß sogenannter „heroic couplets" verfasst wurden, Reimpaaren aus fünffüßigen Jamben.¹³⁵

Im Folgenden findet sich der Versuch, MYTHOPOEIA unter Berücksichtigung des genannten Kontextes Strophe für Strophe zu analysieren und gleichzeitig auf Verbindungen zu Tolkiens eigenem literarischen Schaffen hinzuweisen. Denn die in den Versen genannten Mythen beziehen sich nicht ausschließlich nur auf bekannte antike Erzählungen, sondern zudem auch auf das Werk des Autors selbst.

Zusätzlich zum englischen Originaltext wird eine vollständige Übersetzung ins Deutsche präsentiert, die darum bemüht ist, den Sinn des zu großen Teilen sehr kryptischen Gedichts zu erfassen. Eine solche sinngemäße Übersetzung versucht, der Intention des Autors zu folgen, und ist aus diesem Grund nicht immer wortwörtlich zum Originaltext.¹³⁶

Im Gedicht spricht, so die Überschrift „Philomythus to Misomythus", der Mythenliebhaber zum Mythengegner:

You look at trees and label them just so,	Du siehst Bäume und benennst sie als solche,
(for trees are 'trees', and growing is 'to grow');	(Bäume als 'Bäume' und Wachstum als 'Wachsen');
you walk the earth and tread with solemn pace	du wanderst über die Erde und betrittst mit ernstem Schritt
one of the many minor globes of Space:	eine von vielen kleinen Kugeln im Universum:
a star's a star, some matter in a ball	ein Stern ist ein Stern, ballförmige Materie
compelled to courses mathematical	gezwungen auf einen mathematischen Kurs
amid the regimented, cold, Inane,	inmitten von Reglementierten, Kalten und Dummen,
where destined atoms are each moment slain.¹³⁷	wo auserkorene Atome jeden Moment vergehen können.

Der Mythengegner wird direkt angesprochen als jemand, der die wahrnehmbare Welt erforscht und den Dingen Namen gibt. Damit ordnet dieser alles Wahrnehmbare in sein Denksystem ein. Solche Kategorisierungen sind zunächst einmal nichts Schlechtes. Der Mythenfreund übt jedoch Kritik daran, dass es für den Mythengegner bei dieser Vorgehensweise bleibt. Ein Stern hat in einem solchen System nur Platz als ballförmige Materie, er wird abgespeichert unter den beiden Kategorien „ballförmig" und „Materie". Darüber hinaus scheint es für den Mythengegner nichts weiter Lohnenswertes zu geben. Er interessiert sich nicht für phantastische Geschichten über Sterne, einzig für deren Ein-

---

135 Vgl. Weinreich, Zweitschöpfung, 38.
136 Online kann eine alternative, sich teils ähnelnde Übersetzung in einem deutschsprachigen Fan-Forum gefunden werden: https://www.tolkienforum.de/topic/9621-mythopoeia-i-lines-1-8/ [abgerufen am 10.08.2018].
137 MYTH, I 1–8.

ordnung in einzelne Denkschubladen und für die Berechnung von deren Bahn.

Der Vorwurf an den Mythengegner lautet demnach, dass dieser das Universum auf seinen wissenschaftlich erforschbaren Bereich begrenzt, indem er alle Wirklichkeit nur auf das empirisch Wahrnehmbare reduziert. Dass Tolkien diese Thematik am Herzen lag, wurde bereits mittels seines Essays ÜBER MÄRCHEN deutlich. Diese Materie begleitet ihn sein ganzes Leben lang, bis hin zu seiner „Abschiedsrede"[138], nämlich der Geschichte DER SCHMIED VON GROSSHOLZINGEN[139], die als Abrechnung mit den Materialisten gelesen werden kann.

Dieses materialistische Weltbild erscheint dem Mythenliebhaber als defizitär, er glaubt nicht an eine Berechenbarkeit des Universums, diese Sichtweise wirkt für ihn reglementiert, kalt und dumm. „Inane", man könnte es auch mit „sinnlos" übersetzen, wurde von Tolkien schon durch die Großschreibung besonders hervorgehoben. Diese Art der Betonung von Adjektiven dient Tolkien nicht nur zur Kennzeichnung von Eigennamen, im SILMARILLION beispielsweise „Secret Fire" für das „Geheime Feuer", welche dann auch – wie im genannten Beispiel – im Deutschen großgeschrieben werden. Zudem nutzt er diese Schreibweise gerne als Stilmittel zum Anzeigen von Wörtern mit besonderer Wertigkeit.[140] Somit betont der Mythenliebhaber in diesem Fall sehr stark, wie sinnlos es ihm erscheint, mit einem solchen Weltbild zu leben, wo doch plötzlich alles vergehen kann. Er vertritt vielmehr die Meinung, dass es in diesem Universum mehr geben muss und deutet es am Ende der ersten Strophe sanft an, indem er in Zusammenhang mit den Atomen von „auserkoren" spricht, was eine Art schicksalhaften Moment einfügt: Denn selbst die kleinsten bekanntesten Teilchen können, so sie auserkoren werden, vergehen.

Die Strophe scheint durch dieses eine Wort in ihrer letzten Zeile andeuten zu wollen, dass es eine Kraft im Universum gibt, die nicht

---

138 Shippey, Autor des Jahrhunderts, 360.
139 Engl. Originaltitel: SMITH OF WOOTTON MAJOR (1967). Eine deutsche Übersetzung dieser außerhalb des *Legendariums* angesiedelten Erzählung findet sich beispielsweise in FABELHAFTE GESCHICHTEN. Ein Stern steht auch dort, wie in dem vorliegenden Gedicht, für den (möglichen) Zugang zu einer anderen Welt. Für Nokes, den Materialisten, ist der Stern nur eine Art Zierrat, während er dem Schmied den Weg in das Elbenland öffnet.
140 Vgl. Vos, Weltdeutung im Silmarillion, 44.

kategorisiert und berechnet werden kann. Eine nähere Beschreibung dieser Macht gibt es an dieser Stelle freilich nicht, es bleibt erstmal nur bei einer vagen Andeutung. Sicher aber scheint, dass diese angedeutete Kraft nicht einzig und alleine nur auf die Atome bezogen ist, sondern gleichsam alles im Universum betrifft, immerhin besteht ja alles Andere ebenso aus diesen winzigen Bausteinen. Um wie viel mehr, könnte man daraus ablesen, muss es dann den Menschen betreffen.

Mit der aufgestellten Behauptung, dass in einer Art schicksalhaften Moment selbst die Atome der Vergänglichkeit unterworfen sind, holt der Mythenliebhaber schwer gegen das naturwissenschaftliche Weltbild seines Gesprächspartners aus. Dieser würde wohl bezweifeln, dass Atome als die kleinsten unteilbaren Teilchen vergänglich sind.[141] Dazu kommt, dass die Rede vom Schicksal nicht in das Denkmuster der Naturwissenschaft passt.

At bidding of a Will, to which we bend	Nach Geboten des Willens, dem wir uns beugen
(and must), but only dimly apprehend,	(und sogar müssen), aber nur schemenhaft verstehen,
great processes march on, as Time unrolls	gehen große Dinge vor, im Verlauf der Zeit
from dark beginnings to uncertain goals;	von dunklen Anfängen hin zu ungewissen Zielen;
and as on page o'er-written without clue,	ähnlich einer beschriebenen Seite, ohne Hinweis
with script and limning packed of various hue,	übersät mit Buchstaben und Gekritzel verschiedener Art
an endless multitude of forms appear,	eine endlose Vielfalt an Formen erscheint
some grim, some frail,	manche hart, manche brüchig,
some beautiful, some queer,	manche schön, manche seltsam,
each alien, except as kin from one	einander fremd, außer einer Verwandtschaft in einem
remote Origo, gnat, man, stone, and sun.	fernen Ursprung, Gelse, Mensch, Stein und Sonne.
God made the petreous rocks, the arboreal trees,	Gott erschuf felsernes Gestein, belaubte Wälder,
tellurian earth, and stellar stars, and these	die bewohnte Erde, himmlische Sterne, und diese
homuncular men, who walk upon the ground	menschenartigen Gestalten, die über den Boden wandern
with nerves that tingle touched by light and sound.	mit Nerven, die auf Licht und Geräusch reagieren.
The movements of the sea, the wind in boughs,	Die Wogen des Meeres, den Wind in den Zweigen,
green grass, the large slow oddity of cows,	grünes Gras, die große langsame Eigenartigkeit der Kühe,
thunder and lightning, birds that wheel and cry,	Donner und Blitz, Vögel, die kreisen und krächzen,
slime crawling up from mud to live and die,	Schlamm, der sich aus dem Staub erhebt, lebt und stirbt,
these each are duly registered and print	diese alle sind ordnungsgemäß aufgelistet und vermerkt
the brain's contortions with a separate dint.[142]	im Gedächtnis mit ihren speziellen Eigenschaften.

In der zweiten Strophe geht es um die Frage nach dem Ursprung und der Entwicklung des Universums. Die verschiedenen Antworten da-

---

141 Weinreich sieht in diesem Vers eine bewusste Falschaussage in Bezug auf das Bohrsche Atommodell von 1913 mit seinen Regelhaftigkeiten in Bezug auf die Atomeigenschaften. Zum anderen ortet er eine Anspielung auf den Atombegriff der vorsokratischen Naturphilosophen Leukipp und Demokrit, die in den Atomen die materielle Grundlage für alles physische Sein sehen. Vgl. Weinreich, Zweitschöpfung, 40f.
142 MYTH, II 9–28.

rauf, die auch in dieser Strophe angeschnitten werden, sind bis heute Thema unzähliger hitziger Debatten.[143] Damit wird die Thematik, die in der vorangegangenen Strophe nur indirekt angedeutet wurde, nun ganz konkret aufgegriffen. Für den Anhänger des naturwissenschaftlich-materialistischen Weltbildes, so spricht der Mythenliebhaber, taucht im Laufe der Entwicklung eine endlose Vielfalt an Formen auf, die alle miteinander verwandt sind. Dieser Vers kann als Hinweis auf die darwinsche Evolutionstheorie gelesen werden.[144] Diese Theorie, basierend auf Darwins empirischen Forschungen, löste gerade von Seiten der Kirche heftige Reaktionen aus.

Für den gläubigen Katholiken Tolkien, der mehrere Jahrzehnte nach Publizierung von DIE ENTSTEHUNG DER ARTEN (1859) und DIE ABSTAMMUNG DES MENSCHEN (1871)[145] sein Gedicht verfasste, ist diese Theorie unvereinbar mit der christlichen Schöpfungslehre. Um dem etwas entgegen zu setzen, findet nun ganz explizit Gott Erwähnung. Damit ist an dieser Stelle des Gedichts auch klargestellt, dass in Vers neun der Wille Gottes gemeint ist. Er ist es, der alles erschaffen hat und nach dessen Geboten sich der Mensch beugen muss, wenngleich er diesen Willen Gottes nicht zur Gänze verstehen kann. Eine Verwandtschaft der Arten besteht daher für den gläubigen Autor nur insofern, als dass ihr gemeinsamer Ursprung in einem Schöpfergott begründet liegt. Von einer Entwicklungsgeschichte der Arten ist keine Rede. Mit der Erwähnung des Schlammes, der zu Leben beginnt, findet sich ein Anklang an den zweiten biblischen Schöpfungsmythos, in

---

143 In Österreich ist es schon wieder eine Weile her, seit mit Kardinal Christoph Schönborn ein hoher katholischer Würdenträger eine weitreichende (über die Grenzen Österreichs hinausreichende) Debatte zu diesem Thema auslöste. 2005 schrieb er in der *New York Times* (Printausgabe vom 07. Juli) einen Gastkommentar zur Evolutionstheorie unter dem Titel FINDING DESIGN IN NATURE. Der Artikel ist online abrufbar unter: http://www.nytimes.com/2005/07/07/opinion/07schonborn.html?_r=0 [abgerufen am 10.08.2018]. Damit hat der Kardinal sicher einen Nerv getroffen, denn bis heute gibt es gerade in den USA eine große Anzahl evangelikaler Christen, welche die biblische Schöpfungslehre wortwörtlich verstehen.

144 Vgl. Weinreich, Zweitschöpfung, 41. Die Herstellung dieses Konnexes ist jedoch vor allem in der Zusammenschau mit Strophe XI möglich, Vers 119f, in der es heißt: „I will not walk with your progressive apes, erect and sapient. […]".

145 Engl. Original: ON THE ORIGIN OF THE SPECIES (1859) und THE DESCENT OF MAN, AND SELECTION IN RELATION TO SEX (1871).

welchem Gott den Menschen aus der Erde des Ackerbodens erschafft (Gen 2,7).

Wird in Strophe I der Mythengegner noch als jemand eingeführt, der in nur allzu materialistischen Kategorien denkt, so bedient sich der Mythenliebhaber in seiner Rede eines rhetorischen Kunstgriffes, um in der Sprache das Denken seines Gegenübers nachzuahmen und abzubilden. Er spricht daher von „felsernem Gestein", „belaubten Wäldern", himmlischen Sternen" und „menschenähnlichen Gestalten". So macht beispielsweise das Gestein gerade seine „felsige" Art aus und wird aufgrund dieser Eigenschaft in die Kategorie Gestein eingeordnet.

Dem Mythengegner wird dabei nicht direkt vorgeworfen, dass seine Sicht der Dinge falsch wäre. Der Mythenliebhaber stellt vielmehr einen Vergleich an. Das Denken des Mythengegners ist ähnlich einer vollgeschriebenen Seite, die mit Gekritzel übersät ist. Dieses Gekritzel, in diesem Fall plakativ festgemacht an der darwinschen Evolutionstheorie, hindert jedoch daran, den wahren Ursprung aller Dinge zu entdecken. Hinweise auf Gott, den Schöpfer allen Lebens, werden damit allerhöchstens übermalt. Die Zeilen versuchen deutlich zu machen, dass diese Theorien wirr und unordentlich sind, geradeso als wären sie ohne jede Sorgfalt erdacht worden. Im Rückblick auf die vorangegangene Strophe lässt sich interpretieren, dass letztlich aber genau nur jenes Weltbild sinnvoll ist, das den materialistischen Blick hinter sich lässt und bereit ist, außerhalb strenger empirischer Kategorien zu denken.

Yet trees are not 'trees', until so named and seen and never were so named, till those had been who speech's involuted breath unfurled, faint echo and dim picture of the world, but neither record nor a photograph, being divination, judgement, and a laugh response of those that felt astir within by deep monition movements that were kin to life and death of trees, of beasts, of stars: free captives undermining shadowy bars, digging the foreknown from experience and panning the vein of spirit out of sense. Great powers they slowly brought out of themselves, and looking backward they beheld the elves that wrought on cunning forges in the mind, and light and dark on secret looms entwined.[146]	Bäume sind keine 'Bäume', bis man sie so benennt und sieht – und niemals wurden sie so benannt, erst als jene erschienen entfaltet durch in Sprache gebundenen Odem, ein undeutliches Echo und vages Bild der Welt, aber weder als Aufnahme, noch Photographie, eher als Weissagung, Urteil, und ein Lachen als Reaktion jener, die sich innerlich rege fühlen von tiefen Mahnungen bewegt, verwandt mit Leben und Sterben von Bäumen, Getier und Sternen: freie Gefangene, schemenhafte Gitterstäbe untergrabend, das Vorhergewusste aus der Erfahrung schürfend, so kommt der Verstand zur Wahrnehmung. Großes haben sie langsam aus sich selbst hervorgebracht, und zurückblickend erkennen sie die Elben, gehämmert in den raffinierten Schmieden des Geistes, Licht und Dunkel verwoben auf versteckten Webstühlen.

---

146 MYTH, III 29–44.

Nachdem in der vorangegangenen Strophe die Welt, und mit ihr alles Leben, von Gott erschaffen wurde, kommt nun der Mensch ins Spiel. Er beginnt damit, die einzelnen, vorfindbaren Dinge zu benennen. Eine erneute Verbindung zum biblischen Schöpfungsmythos scheint vorhanden: Der Mensch ist es schließlich, der den Dingen Namen gibt (Gen 2,19f).

Der sprechende Mythenliebhaber greift zugleich auf das Bild der ersten Strophe zurück, indem er erneut auf die Bäume als Beispiel zu sprechen kommt. Diese stehen nicht nur stellvertretend für die gesamte Schöpfung, die der Mensch nun zu benennen beginnt, sondern sind wohl ein weiterer dezenter Anklang an das Buch Genesis (Gen 2,9). So stehen in der Mitte des biblischen Paradieses der *Baum des Lebens* und der *Baum der Erkenntnis*, wie später auch – im deutlich bewussteren Anklang an den biblischen Garten Eden – im Zentrum des von Tolkien erdachten Paradieses zwei Bäume besonderen Stellenwert genießen. Das SILMARILLION hebt diese zwei durch die Benennung mit Eigennamen ganz besonders hervor und betont schon alleine dadurch ihre Verschiedenheit und Besonderheit im Vergleich zu anderen Bäumen: Telperion und Laurelin.[147] Das Licht dieser beiden Bäume sorgte dafür, dass es im sogenannten „Segensreich" nie Nacht wurde.

Darüber hinaus scheinen die Bäume als Beispiele wohl auch deswegen gewählt, weil Tolkien ein großer Freund von Bäumen war: „Tolkien [...] hat Bäume geliebt wie kaum ein anderer."[148] An ihnen hat er in seinen Erzählungen immer wieder zum Ausdruck gebracht, dass Bäume mehr als nur einfache, gewöhnliche Pflanzen sein können. Das lässt sich aus der Rolle diverser Bäume in Tolkiens Werk ablesen. Man denke beispielsweise an die sogenannten Ents, belebte Bäume, oder an den Weißen Baum von Gondor in DER HERR DER RINGE. Im SILMARILLION gibt es etliche besondere Bäume, Telperion und Laurelin wurden bereits genannt, und auch im Zentrum der autobiografischen Erzählung BLATT VON TÜFTLER steht ein Baum.

In diesem Zusammenhang sei auf die zuvor behandelten Wirkungen phantastischer Geschichten verwiesen, besonders auf den Aspekt der „Wiederherstellung" aus dem Essay ÜBER MÄRCHEN: Bäume wer-

---

147 Vgl. SIL, 52f.
148 Shippey, Autor des Jahrhunderts, 257. In Carpenter, Briefe, Nr. 251 vergleicht er sich selbst mit einem alten Baum.

den durch die Erzählungen für den „baumliebenden"[149] Tolkien, der sich selbst mit einem solchen vergleicht[150], aus dem grauen Alltag gehoben, indem sie mit neuer Bedeutung erfüllt werden. Das entspricht der Intention von MYTHOPOEIA, wonach die reine materialistische Weltsicht als defizitär aufgezeigt werden soll.

Die in der Strophe genannten Bäume werden erst dann zu solchen, wenn sie vom Menschen wahrgenommen und benannt werden. Der Mensch wird beschrieben als jemand, der mittels seiner Sprache die Realität entfaltet, worin ein erneuter Anklang an den ersten Schöpfungsmythos der Genesis (Gen 1,1–31) angenommen werden kann: Gott erschafft den Kosmos, indem er spricht. Der Mensch, der als Abbild Gottes zum Zweitschöpfer berufen ist, schafft somit in dessen Nachfolge Realität ebenso mittels Sprache. Dabei gelingt es dem Menschen jedoch nicht, den vorfindbaren Baum in seiner ganz konkreten Ausgestaltung perfekt abzubilden.[151] Er erschafft mithilfe seiner Sprache nur ein undeutliches Bild. Dieses undeutliche Echo ist ein Hinweis auf eine zweite, dahinterliegende Existenzebene. Die Sprache bezieht sich auf die nicht sichtbare Ebene hinter dem empirisch wahrnehmbaren und erforschbaren Baum.

Dem angesprochenen Mythengegener wird dieses Konzept vielleicht nicht fremd, aber dennoch unverständlich sein. Für ihn ist der Baum ein Baum, ob er nun als solcher benannt wurde oder nicht. Er wird der Überzeugung sein, dass der Baum unabhängig von der menschlichen Benennung existiert. Der Mythenliebhaber hingegen geht davon aus, dass es hinter dem Baum in seiner materiellen Gestalt noch etwas anderes Übergeordnetes geben muss: „Es ist das von Sokrates postulierte Sicherinnern an vorhergewusste Wahrheiten, von dem Tolkien hier spricht. Die Erinnerungen werden wiedergeboren und so das Wissen erneut gewusst."[152]

Platon, Schüler des Sokrates, denkt die Philosophie seines Lehrers weiter und spricht von Ideen, die als eigenständige und ontologisch übergeordnete Wirklichkeiten in einer selbstständigen Welt existieren.

---

149 Vgl. Carpenter, Briefe, Nr. 199
150 Vgl. Carpenter, Briefe, Nr. 251
151 Parallel zu Tolkiens Erzählung BLATT VON TÜFTLER, in welcher der Protagonist den vollendeten Baum erst nach Ende seines irdischen Lebens zu sehen bekommt.
152 Weinrich, Zweitschöpfung, 43.

Diese Welt der Ideen ist getrennt von der Welt der Wahrnehmung, in welcher der Mensch lebt. Nur durch vorgeburtliche Schau der Idee des Baumes kann der Mensch den Baum als solchen erkennen und benennen. Ohne diese übergeordnete Wirklichkeit wäre das Wort Baum zur Beschreibung eines einzelnen Baumes unbrauchbar. Der Baum könnte auch nicht unabhängig von der vollkommenen und unveränderlichen Idee des Baumes existieren. Diese Ideen sind tief im menschlichen Geist verborgen und sind von Geburt an vorhanden.

Mit diesem Bezug auf die antike Philosophie will der Mythenliebhaber erneut darauf verweisen, dass es unklug wäre, nur Sichtbares zu glauben. Das wahre Wissen kommt daher nicht vom Menschen selbst, es muss von außerhalb kommen, ob aus einer abstrakten Welt der Ideen oder begründet in einem christlichen Schöpfergott. Die wahrnehmbaren Dinge können daher nicht einfach, wie es dem Mythengegner in den vorangegangenen Strophen vorgeworfen wird, klassifiziert und eingeordnet werden, ohne gleichzeitig eine weitere transzendente Ebene mitzudenken. Es gibt für den Mythenliebhaber keinen Selbststand der Dinge, sondern es braucht eine ontologisch übergeordnete Ebene.

Der Verstand des Menschen hat Großes hervorgebracht, heißt es am Ende der dritten Strophe. Mit „aus sich selbst herausgebracht" ist die Kunst der Zweitschöpfung angesprochen. Das Volk der *Elben* nennend, nimmt Tolkien Bezug auf sein eigenes schöpferisches Wirken.

He sees no stars who does not see them first	Er sieht keine Sterne, sieht er sie nicht "ursprünglich"
of living silver made that sudden burst	aus lebendigem Silber gefertigt, das plötzlich zerbricht
to flame like flowers beneath an ancient song,	aufflammend wie Blumen zu einem uralten Lied,
whose very echo after-music long	dessen Echo der bereits verhallten Musik
has since pursued. There is no firmament,	immer noch hörbar ist. Es gibt kein Firmament,
only a void, unless a jewelled tent	nur Leere, außer ein edelsteinbesetztes Zelt
myth-woven and elf- patterned; and no earth,	aus Mythen gewoben, von Elben gemacht; und keine Erde,
unless the mother's womb whence all have birth.[153]	wäre sie nicht dem Schoß entsprungen, der alles gebiert.

In der vierten Strophe führt der Mythenliebhaber bildhaft aus, was er bereits zuvor festgestellt hat. Es gibt eine ursprüngliche Art der Anschauung und es gibt, dieser gegenüber- bzw. entgegenstehend, eine defizitäre Art, nämlich die des Materialisten. Das wahre Wesen, das hinter den Dingen verborgen liegt, lässt sich mit den der Naturwissenschaft zur Verfügung stehenden Methoden nicht erkennen. Versucht

---

153 MYTH, IV 45–52.

der Mensch es trotzdem und lässt daneben keine andere Sichtweise gelten, wird er nur ein sehr eingeschränktes Bild erhalten.

Tolkien bzw. der Mythenliebhaber spricht zur Illustration von einem uralten Lied, welches zwar bereits verhallt, dessen Echo aber noch zu hören ist. Im Licht des SILMARILLION gesehen, wird das verwendete Bild klarer. Dort ist nachzulesen, dass Tolkiens Kosmos im Wesentlichen mithilfe von Musik erschaffen wird, vorgetragen von engelhaften Mächten. Diese wiederum sind Geschöpfe Gottes. Tolkiens bildhafte Sprache will an dieser Stelle zum Ausdruck bringen, dass in der Schöpfung noch das Echo Gottes hörbar ist. Mit diesem Hinweis auf die Möglichkeit der Wahrnehmung eines göttlichen Ursprungs bewegt sich Tolkien auf dem Fundament christlicher Lehre.[154] Diesen „Nachhall" wird man allerdings, stützt man sich nur auf naturwissenschaftliche Methoden, nicht erkennen können.

Mittels des Sternenmotives knüpft der Sprecher an die erste Strophe an. Er, der Mensch, kann durch seine Kunst die Sterne zu etwas machen, das viel größer und wahrhafter ist als einfach nur ballförmige Materie, gezwungen auf einen mathematischen Kurs. Denn was für die Bäume aus der vorangegangenen Strophe gilt, kann in ähnlicher Form auch für die Sterne und Sternbilder in Tolkiens *Legendarium* gesagt werden. Er lädt auch diese mit größerer Bedeutung auf, indem er von ihrer Erschaffung berichtet und teils sogar eigene Geschichten über sie erzählt.[155] Exemplarisch sei an dieser Stelle Galadriels Phiole aus DER HERR DER RINGE erwähnt, die – so erfährt das Lesepublikum nur aus einer knappen Bemerkung – das Licht von Earendils Stern enthält. Eine nähere Erklärung dazu findet sich in DER HERR DER RINGE nicht, allerdings liefert auch in diesem Fall das SILMARILLION den zu dem Namen gehörenden Hintergrund und stößt damit das Tor zu einer neuen Geschichte rund um einen Mann namens Earendil auf, der selbst zu einem Stern am Firmament wird.[156] Dass Tolkien von Bäu-

---

154 Besonders bekannt ist in diesem Zusammenhang Röm 1,20: „Seit Erschaffung der Welt wird eine unsichtbare Wirklichkeit an den Werken der Schöpfung mit der Vernunft wahrgenommen, seine ewige Macht und Gottheit. [...]"
155 Zur Erschaffung der Sterne vgl. SIL, 69. Die Erschaffung von Sonne und Mond findet sich ebd., 148ff. u. BdVG I, 199–236. Ein kurzer Ursprungsmythos eines Sternbildes findet sich ebd., 156.
156 Vgl. HdR I, 487. Vgl. SIL, 386–401. Vgl. BdVG II, 272–291. Vgl. BuL, 259–264.

men fasziniert war, wurde bereits genannt. Ähnliches darf auch für die Sterne angenommen werden. Als Paar treten Bäume und Sterne nicht nur in MYTHOPOEIA auf, sie finden sich auch in anderen seiner Gedichte.[157]

Was Tolkien später in seinem Essay ÜBER MÄRCHEN über die beiden Werte „Phantasie" und „Wiederherstellung" schreibt, schwingt bereits an dieser Stelle im Hintergrund mit. Der „Stern aus lebendigem Silber gefertigt" steht für die Schau in eine phantastische Sekundärwelt. Diese ermöglicht einen Ausbruch aus der durch die Naturwissenschaften entzauberten Welt, in der ein Stern einfach nur ein Stern ist und keine weitere phantastische bzw. künstlerische Beachtung erfährt. Stattdessen wäre es, folgt man den Gedanken des Mythenliebhabers, doch weitaus romantischer, könnte der Mensch durch die Welt gehen und das Firmament mit seinen Sternen als ein edelsteinbesetztes Zelt wahrnehmen, bei dem jeder Himmelskörper seine eigene Geschichte zu erzählen hat.

The heart of man is not compound of lies, but draws some wisdom from the only Wise, and still recalls him. Though now long estranged, man is not wholly lost nor wholly changed. Dis-graced he may be, yet is not dethroned, and keeps the rags of lordship once he owned, his world-dominion by creative act: not his to worship the great Artefact, man, sub-creator, the refracted light through whom is splintered from a single White to many hues, and endlessly combined in living shapes that move from mind to mind. Though all the crannies of the world we filled with Elves and Goblins, though we dared to build gods and their houses out of dark and light, and sow the seed of dragons, 'twas our right (used or misused). The right has not decayed. We make still by the law in which we're made.[158]	Das Menschenherz ist nicht nur ein Lügengemisch, sondern bezieht etwas Weisheit vom einzigen Weisen, an den es sich noch erinnert. Obwohl lange entfremdet, ist der Mensch weder ganz verloren noch ganz verändert. Die Gnade verloren vielleicht, aber nicht entthront, noch trägt er die Fetzen seiner einstigen Herrschaft, seiner Weltherrschaft durch schöpferische Tat: nicht um das große Artefakt zu huldigen, Mensch, Zweitschöpfer, das gebrochene Licht ist durch ihn hindurch gesplittert von einfachem Weiß zu vielen Farben, und unendlich kombiniert zu lebendigen Gestalten, von Gedanke zu Gedanke ziehend. Obwohl wir alle Winkel der Erde füllten mit Elben und Kobolden, obwohl wir wagten zu bauen Götter und ihre Häuser aus Dunkelheit und Licht, und Drachensaat säten, es war unser Recht (ob rechtens oder missbräuchlich verwendet). Das Recht ist nicht verfallen. Noch immer schaffen wir nach dem Gesetz, nach dem wir geschaffen.

Die fünfte Strophe wird fast vollständig in ÜBER MÄRCHEN zitiert.[159] Kern der Zeilen ist die Stellung des Menschen in der „gefallenen Welt", in welcher dieser aufgrund des Sündenfalls (Gen 3) leben muss. Obwohl von Gott entfremdet, ist der Mensch nicht gänzlich verloren. Der

---

157 Vgl. Shippey, Autor des Jahrhunderts, 253ff.
158 MYTH, V 53–70.
159 Vgl. BuB, 55f.

Mythenliebhaber ist davon überzeugt, dass der Mensch immer noch in Beziehung zu Gott steht, denn sein Herz bezieht Weisheit von ihm. Die damit verknüpfte Erwähnung einer Erinnerung könnte erneut als Anklang an die platonische Lehre gelesen werden.

Dass der Mensch nicht gänzlich verändert ist, bezieht sich – im Kontext der restlichen Strophe gelesen – auf die Gottebenbildlichkeit des Menschen (Gen 1,26f). Gerade diese Ebenbildlichkeit ermöglich es ihm erst, zum Zweitschöpfer zu werden. Eine Folge davon ist die Erfindung phantastischer Geschichten, die alle Winkel der Erde mit Fabelwesen, explizit genannt werden Elben und Kobolde, ausfüllen.

Der Mythenliebhaber betont, dass der Mensch zu dieser Schöpfung berechtigt ist und begründet dies mit der Gottebenbildlichkeit. Es wird festgestellt, dass solches Tun auch Gefahr läuft, in die Irre zu gehen und somit das Recht zu missbrauchen. Als Bild für derartiges Fehlgehen verwendet Tolkien das Aussäen von Drachensaat, ein aus der antiken Mythologie bekanntes Motiv.[160] Das erscheint gerade mit Blick auf die Rolle von Drachen in Tolkiens Werk besonders treffend gewählt, sind diese doch eine Züchtung des Bösen und werden als gierig und boshaft beschrieben.[161] Exemplarisch sei der Drache Smaug aus DER HOBBIT genannt.

Doch obwohl diese Möglichkeit fehlgeleiteten zweitschöpferischen Tuns vorhanden ist, hebt diese missbräuchliche Verwendung, gemäß dem Grundsatz „*Abusus non tollit usum*"[162], den richtigen Gebrauch nicht auf.

Unter falschem Gebrauch der Phantasie versteht Tolkien Schöpfungen, die dem Menschen im Laufe der Geschichte geschadet haben, seien es grausame Gottheiten, furchtbare Ideologien oder fatale Wissenschaften.[163]

---

160 Vgl. Ov. met. 3, 101ff.
161 Vgl. Forter, Drachen, in: Mittelerde Lexikon, 164. Vgl. Burkhard, Ancient Dwarf Kingdom, 62f. Eine Ausnahme bildet der Drache namens Chrysophylax in BAUER GILES VON HAM. Chrysophylax ist zwar gierig und unehrlich, allerdings nicht annähernd mordlustig wie seine Artgenossen innerhalb des Mittelerde-Universums. Diese in sich abgeschlossene und eigenständige Geschichte gehört nicht zum *Legendarium*.
162 BuB, 56.
163 Vgl. BuB, 56. Vgl. Shippey, Autor des Jahrhunderts, 294.

2.2 Der Herr der Ringe – Ein von Grund auf religiöses Werk

Yes! 'wish-fulfilment dreams' we spin to cheat our timid hearts and ugly Fact defeat! Whence came the wish, and whence the power to dream, or some things fair and others ugly deem? All wishes are not idle, nor in vain fulfilment we devise – for pain is pain, not for itself to be desired, but ill; or else to strive or to subdue the will alike were graceless; and of Evil this alone is deadly certain: Evil is.[164]	Ja! Wir erdenken 'wunscherfüllende Träume', täuschen damit unsere furchterfüllten Herzen und bekämpfen Sorgen. Doch woher kam der Wunsch, woher kam die Kraft zu träumen, oder dass manche Dinge schön, andere hässlich erscheinen? Nicht alle Wünsche sind müßig, nicht vergeblich erhoffen wir die Erfüllung – Schmerz ist Schmerz, nicht um seiner selbst willen erhofft, denn schlecht; Den Willen anzustrengen oder zu unterdrücken ist gleichermaßen schamlos; und über das Böse ist eines tödlich sicher: Das Böse existiert.

Auf was sich das bekräftigende „Ja!" am Beginn der sechsten Strophe genau bezieht, ist nicht ganz eindeutig herauszulesen. Zum einen könnte es eine Bekräftigung des Vorhergesagten sein und somit das in der vorhergegangenen Strophe behandelte Recht des Menschen unterstreichen, als Zweitschöpfer tätig zu sein. Wahrscheinlicher dagegen ist, dass es als eine Art Eingehen auf den Standpunkt des Mythengegners zu lesen ist. Dieser ist der Meinung, dass Mythen grundsätzlich Lügen sind. Denn gleich auf das zustimmende „Ja!" folgt das Eingeständnis des Mythenliebhabers, dass sich der Mensch in seinen Träumereien selbst täuscht. Was in den Zeilen danach zum Ausdruck kommt, könnte dann im Sinne eines „Ja, aber ..." gelesen werden.

Als Gegenargument führt der Mythenliebhaber die Frage ins Feld, wo denn der Ursprung der Träume liegt. Die Frage ist eine rein rhetorische, denn eine Antwort darauf braucht er nicht zu geben. Aus dem Kontext des Gedichts geht hervor, dass auch die Träume von außerhalb kommen müssen. Platon scheint an dieser Stelle wiederum präsent, wenn davon die Rede ist, dass die Vorstellung von Schönheit oder ihrem Gegenteil irgendwoher stammen muss.

Um die positive Funktion solcher Träumereien hervorzuheben, finden sich in den Worten des Mythenliebhabers Anklänge an zwei wichtige Funktionen phantastischer Geschichten: „Flucht" und „Trost". Wie Tolkien es in Über Märchen darlegt, sieht er in der „Flucht" etwas Positives, da sich darin die Sehnsucht nach einer besseren Welt widerspiegelt.

Eng mit „Flucht" hängt die Funktion „Trost" zusammen. Phantastische Geschichten können über die Zustände der Primärwelt hinwegtrösten. Gleichzeitig kann die Phantasie fehlgeleitet werden, wie bereits in der vorhergegangenen Strophe angedeutet, und Schmerz hervorru-

---

164 MYTH, VI 71–80.

fen. Deswegen kann beides falsch sein, nämlich entweder den Willen bzw. die Phantasie anzustrengen und damit Schlechtes hervorzubringen oder diesen andererseits zu unterdrücken und damit in einer trostlosen Situation zu verbleiben. Eine andere Alternative gibt es für den Menschen nicht. Beide Varianten sind nicht vollkommen und die Entscheidung darüber, welchen Weg der Mensch wählt, bleibt ihm letztlich selbst überlassen.

Die Feststellung zum Ende der Strophe, dass die Existenz des Bösen ganz sicher angenommen werden muss, wird vom Mythenliebhaber im ganz bewussten Kontrast zu dem zuvor Gesagten gestellt. Es entsteht der Eindruck, besonders aufgrund des augenscheinlichen Bruchs im Gedicht, dass eine besonders deutliche Warnung abgegeben werden soll. Vor dem Hintergrund der genannten Entscheidung, nämlich die Phantasie entweder zu benutzen oder es eben sein zu lassen, soll der Mensch stets mitbedenken, dass es das Böse tatsächlich gibt.

Der Mythenliebhaber zeigt durch sein „Ja, aber ..." auf, dass phantastische Geschichten zwar den Anschein erwecken, Lügen zu sein, aber eben gerade keine sind. Sie sind eigenständige Zweitschöpfungen, die wesentlich zur Bewältigung des Alltags beitragen. Sie gehören zum Wesen des Menschen unweigerlich dazu und können deswegen keine Lügen sein. Die Strophe kann somit als ermutigende Aufforderung zum Träumen gelesen werden.

Blessed are the timid hearts that evil hate,	Gesegnet die furchterfüllten Herzen, die das Böse hassen,
that quail in its shadow,	mutlos angesichts seines Schattens,
and yet shut the gate;	aber trotzdem das Tor schließen;
that seek no parley, and in guarded room,	die nicht verhandeln, und in bewachten Räumen,
though small and bare, upon a clumsy loom	klein und kahl, auf schwerfälligem Webstuhl
weave tissues gilded by the far-off day	Stoffe weben, vergoldet weil ein weit entfernter Tag
hoped and believed in under Shadow's sway.[165]	herbeigesehnt und geglaubt im Angesicht des Schattens.

Die Strophen VII–IX beginnen mit „Blessed are", womit Assoziationen zu den biblischen Seligpreisungen hervorgerufen werden (Mt 5,3–12; Lk 6,20–22). Tolkien lässt den Mythenliebhaber nun als eine Art predigenden Messias auftreten. In der vorangegangenen Strophe war bereits die Rede von furchterfüllten Herzen, die mittels Zweitschöpfung ihre Sorgen bekämpfen. In der siebenten Strophe stehen die Herzen pars pro toto für den gesamten Menschen.

---

165 MYTH, VII 81–86.

2.2 Der Herr der Ringe – Ein von Grund auf religiöses Werk

Es werden jene seliggepriesen, die sich nicht mit dem Bösen einlassen, selbst wenn sie angesichts von dessen scheinbarer Überlegenheit noch so mutlos werden. Genau solche Situationen, wie sie der Mythenliebhaber hier beschreibt, finden wir besonders ausgeprägt in Tolkiens *Legendarium*. Dass dieses Böse nicht nur bloße Einbildung der Menschen ist, wurde bereits am Ende der letzten Strophe vom Mythenliebhaber auffällig betont. Das gilt gleichermaßen für Tolkiens literarisches Werk, in dem das Böse kein bloßes Hirngespinst ist, sondern eine stets lauernde Gefahr in Form einer Vielzahl dämonischer Gestalten.

Als Sinnbild für dieses Böse wird der Schatten gewählt, er findet sich bei Tolkien als stets wiederkehrendes Motiv des Bösen, so symbolisiert er beispielsweise die Gegenwart und den Einfluss der beiden großen Antagonisten Melkor/Morgoth und Sauron.[166] Mit diesem Schatten soll nicht verhandelt werden oder zumindest soll auf seine Bedingungen nicht eingegangen werden, man denke hierbei an die Verhandungen vor der Endschlacht in DER HERR DER RINGE, bei der die Bedingungen des Bösen ausgeschlagen werden.[167]

Um die schwierigen Situationen angesichts dieser stets lauernden Bedrohung zu bewältigen, arbeiten die Menschen auf ihren Webstühlen, womit metaphorisch nur die Herstellung von Zweitschöpfungen gemeint sein kann. Ein erneuter Anklang an die Werte „Phantasie", „Flucht" und „Trost" aus der sechsten Strophe ist damit gegeben. Parallel dazu gibt es für den gläubigen Menschen ein Hoffen und Glauben an einen ganz konkreten Tag endgültiger Erlösung, allerdings handelt es sich um einen weit entfernten Tag.

---

166 Vgl. Foster, Schatten, in: Mittelerde Lexikon, 616f. Vgl. Shippey, Weg nach Mittelerde, 184f. In diesem Zusammenhang scheint erwähnenswert, dass für die ursprünglich geplante Fortsetzung von DER HERR DER RINGE der Titel THE NEW SHADOW vorgesehen war. Was Tolkien begonnen, aber nie vollendet hat, ist uns in der HISTORY OF MIDDLE-EARTH erhalten; vgl. HoME XII, 409–421. Vgl. Carpenter, Biographie, 259. Im einleitenden Gedicht zu DER HERR DER RINGE heißt es: „Im Lande Mordor, wo die Schatten drohn." HdR I, 7. Als Untertitel für Band I (DIE GEFÄHRTEN) und II (DIE ZWEI TÜRME) schlug Tolkien zuerst DIE RÜCKKEHR DES SCHATTENS und DER SCHATTEN WIRD LÄNGER vor. Vgl. Carpenter, Briefe, Nr. 139.
167 Vgl. HdR III, 198f.

| Blessed are the men of Noah's race that build their little arks, though frail and poorly filled, and steer through winds contrary towards a wraith, a rumour of a harbour guessed by faith.[168] | Gesegnet die Menschen aus Noahs Geschlecht, sie erbauen ihre kleinen Archen, wenngleich fragil und ärmlich befüllt, steuern durch entgegensetzte Winde, zu einem Gespenst, das Gerücht von einem Hafen, erhofft durch den Glauben. |

In der achten Strophe findet sich ein Anklang an die biblische Erzählung von der Sintflut (Gen 6,1–9,29). Das Bild der Arche dient dabei als Symbol für die Mythen, die im Laufe der Zeit von den Menschen erdacht worden sind.

Diese sind keine perfekten Schöpfungen und doch steuern sie trotz aller Fragilität auf ein Ziel zu. Als ein solches Ziel wird ein Hafen genannt, also ein sicherer Ankerpunkt, für dessen Existenz es jedoch keine gesicherten – gemeint sind wohl empirische – Beweise gibt. Durch den Vergleich mit einem Gespenst gewinnt diese unsichere Fahrt den Charakter von Seemannsgarn, vielleicht ein Hinweis auf Vorwürfe aus dem Bereich der Religionskritik. Man denke zudem an die eingangs vorgebrachte Verdächtigung, dass es sich bei Mythen um nichts weiter als „durch Silber gehauchte Lügen" handle.

Ein sicherer Hafen scheint in weiter Ferne und die Fahrt wird dadurch zu einem Abenteuer mit unsicherem Ausgang, wie es sich auch in Tolkiens Erzählung von Earendils Seefahrt wiederfindet.[169]

Die Strophe kann durchaus als Analogie auf das Leben gelesen werden. Mythen sind demnach als die Archen der Menschen zu verstehen, die hoffen, dass diese Schiffe sie letztlich zur Erlösung führen. Gesicherte Beweise gibt es dafür allerdings nicht, es braucht die Hoffnung, die der in der letzten Zeile erwähnte Glaube schenkt.

Gesegnet sind für den Mythenliebhaber daher jene Menschen, die sich ohne gesicherte Beweise, nur gestützt auf ihren Glauben, auf das Abenteuer einlassen. Die Worte Jesu an den ungläubigen Thomas, die ebenso wie die vorliegende Strophe als Seligpreisung angelegt sind, scheinen im Hintergrund mitzuschwingen: „Jesus sagte zu ihm: Weil du mich gesehen hast, glaubst du. Selig sind, die nicht sehen und doch glauben." (Joh 20,29)

Das Gottvertrauen auf einen letztendlich guten Ausgang ist der Konnex zu Noah, der ohne zu widersprechen Gott gehorcht und seine Arche baut, ohne das genaue Ziel seiner Reise zu kennen.

---

168 MYTH, VIII 87–90.
169 Vgl. Kap. 3.7 Earendil – Der Seefahrer.

2.2 Der Herr der Ringe – Ein von Grund auf religiöses Werk

Blessed are the legend-makers with their rhyme
of things not found within recorded time.
It is not they that have forgot the Night,
or bid us flee to organized delight,
in lotus-isles of economic bliss
forswearing souls to gain a Circe-kiss
(and counterfeit at that, machine-produced,
bogus seduction of the twice seduced).
Such isles they saw afar, and ones more fair,
and those that hear them yet may yet beware.
They have seen Death and ultimate defeat,
and yet they would not in despair retreat,
but oft to victory have turned the lyre
and kindled hearts with legendary fire,
illuminating Now and dark Hath-been
with light of suns as yet by no man seen.[170]

Gesegnet die Legendendichter mit ihren Reimen
über Dinge, die man in schriftlicher Zeit nicht findet.
Sie haben die Nacht nicht vergessen,
sie bieten nicht an sich zu verlieren in organisierter Lust,
auf Lotus-Inseln ökonomischer Seligkeit
abschwörende Seelen zur Erlangung eines Circe-Kusses
(dadurch täuschen, maschinenproduziert,
durch betrügerische Versuchung aufs doppelte verführt).
Solche Inseln sahen sie in der Ferne, und noch schönere,
wer auf sie hört möge auf der Hut sein.
Sie haben Tod und endgültiges Verderben gesehen,
und doch verlieren sie sich nicht in Verzweiflung,
denn oft wurde zum Sieg die Laute gespielt
und Herzen entflammt mit legendärem Feuer,
das Hier und Jetzt erleuchtet und Dunkelheit vertrieben
mit Licht von Sonnen, wie noch von niemandem gesehen.

Die neunte Strophe ist als Seligpreisung der Dichter angelegt, die durch ihr Wirken besonderes Wissen festhalten. Dieses Wissen lässt sich in schriftlicher Zeit nicht mehr finden. Das damit nur die modernen Zeiten (Abfassung des Gedichts 1931) gemeint sein können, lässt sich besonders gut im Rückblick auf die zweite Strophe belegen. Dort wird darauf hingewiesen, dass durch vielerlei Gekritzel die eigentliche Wahrheit überdeckt wird. Dieses Gekritzel stellt die materialistische Weltsicht mit ihrem Glauben an die Naturwissenschaft dar, deren Methoden in einer Art Monopolstellung über alle anderen Formen der Erkenntnis gesetzt werden und damit für sich alleine Wahrheit beansprucht.

Ein zweiter Hinweis zur Erklärung der nichtschriftlichen Zeiten findet sich in den beiden folgenden Bildern. In ihnen werden Gefahren beschrieben, die anhand zweier Szenen aus der griechischen Mythologie poetisch erläutert werden. Beide sind Homers Odyssee entnommen, deren Verschriftlichung eine lange bestehende mündliche Tradition vorausgeht.[171]

---

170 MYTH, IX 91–106. In der mir vorliegenden Ausgabe von Tree and Leaf (2001) ist diese Strophe in zwei Teile geteilt. Mit „Such isles [...]" beginnt eine neue Strophe. Ich folge in meiner Zählung Weinreich, der die beiden Teile zu einer einzigen Strophe zusammenfügt, was inhaltlich passend scheint.

171 Es kann angenommen werden, dass der Philologe Tolkien über die sogenannte „Homerische Frage" Bescheid wusste, die sich mit der Entstehungsgeschichte der Ilias und der Odyssee auseinandersetzte. Es war ihm sicher auch bewusst, dass sich Homers Werke aufgrund ihres Aufbaues besonders gut für eine mündliche Weitergabe eigneten.

Ein Zusammenhang zur vorangegangenen Strophe besteht durch das dominierende Bild der Seefahrt. Auch in dieser Strophe ist von einer Art Irrfahrt die Rede, nämlich jener des Odysseus. So erzählt das erste dieser Bilder von zwei Männern des Odysseus, die dem glückselig machenden Lotus auf der Insel der Lothophagen erliegen. Nur mit Gewalt können sie zurück auf das Schiff gebracht werden. Das zweite Bild ist angelehnt an das Abenteuer auf der Insel der Zauberin Circe, auf der die Rückkehr nach Ithaka beinahe gescheitert wäre.[172] Beides sind Geschichten von Versuchungen, die auf die Menschen warten und eine Ankunft am angepeilten Ziel verhindern. Diese Versuchungen sind, mit Blick auf die vorangegangenen Strophen, nur als Versuchen des Bösen zu verstehen.

Die Dichter wissen um diese Gefahr und es ist nicht nur ihre Aufgabe, dieses Wissen zu hüten, sondern sie sollen durch ihr Wirken die Menschen warnen. Die letzten Verse der neunten Strophe beschreiben diesen Vorgang in ausdruckstarken Bildern.

I would that I might with the minstrels sing and stir the unseen with a throbbing string. I would be with the mariners of the deep that cut their slender planks on mountains steep and voyage upon a vague and wandering quest, for some have passed beyond the fabled West. I would with the beleaguered fools be told, that keep an inner fastness where their gold, impure and scanty, yet they loyally bring to mint in image blurred of distant king, or in fantastic banners weave the sheen heraldic emblems of a lord unseen.[173]	Ich wünschte, ich könnte mit den Barden singen und Ungesehenes mit schlagender Saite bewegen. Ich wünschte, ich wäre mit den Seefahrern der Tiefe, die auf Steilhängen ihre schmalen Planken schneiden, zu reisen auf einer unsicheren und unbestimmten Irrfahrt, manche von ihnen reisten noch weit hinter den sagenhaften Westen. Ich wünschte, man zählte mich zu den umlagerten Narren, die ihre innere Echtheit bewahren, wohin sie ihr Gold, schmutzig und kärglich, doch treu bringen, ein schemenhaftes Bild eines fernen Königs zeichnend, oder mit wundervollen Bannern die Vorstellung zu weben von den heraldischen Emblemen eines ungesehenen Lords.

Der Mythenliebhaber wünscht sich in der zehnten Strophe einer von jenen Dichtern zu sein, die zuvor gepriesen worden sind. Dabei wird wieder an das bereits bekannte Bild der Seefahrt angeknüpft. Der Sprechende will jedoch nicht nur davon berichten, sondern wünscht sich selbst, Teil der erzählten Geschichte zu werden und auf Abenteuerfahrt zu gehen. Die Kunst der Zweitschöpfung erreicht genau in diesem Punkt ihre Vollendung, wenn sie es schafft, solches Begehren zu erwecken. In diesem Zusammenhang könnte man von gelungener „Identi-

---

172 Vgl. Hom. Od. IX 82ff. u. ebd. X 210ff.
173 MYTH, X 107–118.

fikation" bzw. gelungenem „sich Hineinversetzen" sprechen, was der „willentlichen Aussetzung des Unglaubens" folgt.

Das Bild von der Seefahrt und dem sagenhaften Westen ist ein deutlicher Anklang an keltische bzw. irische Jenseitsvorstellungen und die darauf basierenden Motive nordeuropäischere Literatur. Dort finden sich häufiger Bilder von sagenhaften Inseln, auf denen die Bewohner im Jenseits glücklich leben. Der Zutritt ist gewöhnlichen Sterblichen zumeist vermehrt, nur in Ausnahmefällen schaffen es einzelne Reisende dorthin.[174] Aus Tolkiens *Legendarium* ist die Adaption dieser Vorstellung bekannt: Die Insel Aman, auch Unsterbliche Lande oder Segensreich[175] genannt, ist eine Art paradiesischer Ort im Westen. Die Reise dorthin ist Teil der Erzählung von Earendils sagenhafter Seefahrt, zugleich bildet der Aufbruch zu diesen im Westen gelegenen Land einen der Schlusspunkte in DER HERR DER RINGE Trilogie.

Im zweiten Teil der zehnten Strophe wird wieder von den Dichtern berichtet. Diese werden identifiziert mit umlagerten Narren. In diesem Bild spiegelt sich sicher Tolkiens eigene Erfahrung, dessen literarisches Wirken nicht nur Anhänger fand, sondern von vielen Seiten kritisiert und als Spinnerei oder Narretei abgetan wurde.

Zugleich kann darin wieder ein Hinweis auf den akademischen Diskurs herausgelesen werden, in welchem der Mythos teils als eine Art primitiven Gegenstücks zur Wissenschaft abgekanzelt wurde. Die Beschreibung erweckt außerdem Assoziationen zu Vorstellungen über Barden des Mittelalters. Dieses mittelalterliche Bild findet seine Fortsetzung in der Erwähnung von Bannern und Emblemen. Tolkiens eigene Begeisterung für heraldische Motive schwingt an dieser Stelle mit, immerhin sind solche mehrfach in seinen Werken beschrieben, einige hat er sogar selber gezeichnet.[176]

I will not walk with your progressive apes, erect and sapient. Before them gapes the dark abyss to which their progress tends – if by God's mercy progress ever ends, and does not ceaselessly revolve the same unfruitful course with changing of a name. I will not treat your dusty path and flat,	Ich werde nicht mit deinen fortschrittlichen Affen gehen, aufrecht und klug. Vor ihnen klafft der dunkle Abgrund, in dem ihr Fortschritt endet – wenn bei Gottes Gnade Fortschritt jemals endet, und sich nicht unablässig dreht im gleichen ergebnislosen Kurs, nichts weiter als den Namen ändernd. Ich werde deinen staubigen Pfad und Ebene nicht betreten,

---

174 Vgl. Simek, Mittelerde, 44ff. Vgl. Shippey, Autor des Jahrhunderts, 339.
175 Vgl. Foster, Aman, in: Mittelerde Lexikon, 38f.
176 Einen Einblick in dieses künstlerische Schaffen liefert das Kap. „Muster, Motive und Wahrzeichen" bei Hammond/Scull, Künstler, 186–199.

denoting this and that by this and that, your world immutable wherein no part the little maker has with maker's art. I bow not yet before the Iron Crown, nor cast my own small golden scepter down.[177]	dieses und jenes benennen durch dieses und jenes, deine Welt ist unveränderlich und hat keinen Platz für den kleinen Schöpfer in seiner schöpferischen Art. Ich beuge mich noch nicht nicht der Eisernen Krone, noch werfe ich mein eigenes kleines goldenes Zepter weg.

In der vorletzten Strophe finden wir erneut einen Seitenhieb auf die Evolutionstheorie Darwins, der er diesmal völlig klar entgegentritt. Der Glaube an die Abstammung des Menschen vom Affen steht erneut stellvertretend für den blinden Glauben an die Naturwissenschaft, die mit ihrem Gekritzel alles andere überdeckt. Gerade die Erwähnung der Evolutionstheorie ist ganz bewusst gewählt. Die Kirche und viele Gläubige sahen darin einen direkten Angriff auf Überzeugungen der christlichen Religion. Die Theorien Darwins werden damit den geoffenbarten christlichen Glaubenswahrheiten als nicht vereinbar gegenübergestellt. Somit prallen zwei unterschiedliche Weltbilder aufeinander, das der Religion auf der einen Seite und das der Naturwissenschaft auf der anderen Seite.

Der Mythenliebhaber stellt seinem Gesprächspartner den Abgrund vor Augen, in dem ein Festhalten an einer entzauberten Welt mit ihrer materialistischen Weltanschauung unweigerlich enden muss. Generell ist Tolkien für seine kritische Haltung gegenüber dem (technischen) Fortschritt bekannt, die an dieser Stelle ein Stück weit durchscheint.[178] In den Versen spiegelt sich aber zugleich die Hoffnung auf ein göttliches Eingreifen wider, welches am Ende der Zeit allen Fortschritt enden lässt. Für den gläubigen Christen Tolkien besteht kein Zweifel daran, dass es am Ende eines solchen überirdischen Eingreifens bedarf, was sich auch in seinem *Legendarium* widerspiegelt.

Die restliche Strophe ist geprägt von der ablehnenden Haltung des Sprechenden gegenüber der Sicht des Mythengegners. Diese wird noch einmal aufgegriffen, indem der Vorgang der Erkenntnis kritisiert wird: Dinge oder Sachverhalte werden mithilfe anderer Dinge oder Sachverhalte benannt. Der Mythenliebhaber verweist damit auf Induktion und Deduktion als wichtige Erkenntnismethoden empirischer Wissenschaft. Dadurch ist es möglich, wie in der ersten Strophe beschrieben,

---

177 MYTH, XI 119–130.
178 Vgl. Weinreich, Zweitschöpfung, 45.

einen Stern als Stern zu benennen und ihn als ballförmige Materie näher zu kategorisieren.[179]

Solche Vorgehensweise ablehnend, gipfelt die elfte Strophe in den letzten beiden Versen in einer Art Bekenntnis, in dem die „Eiserne Krone", markant hervorgehoben durch die Großschreibung, dem klein geschriebenen goldenen Zepter gegenübergestellt wird. Diese Schreibweise könnte als Hinweis auf regierende Machtverhältnisse gedeutet werden: Die Naturwissenschaft hat die Deutungshoheit über die Welt gewonnen.

Dass eine Krone aus Eisen nichts Gutes verheißt, lässt sich aus Tolkiens SILMARILLION ablesen, wo sie als Kopfschmuck des Bösen dient: Melkor/Morgoth trägt eine solche Krone, er ist der Ursprung des Bösen in Tolkiens *Legendarium*. Sie findet sich ebenso in DER HERR DER RINGE am Haupt des Fürsten der Nazgûl.[180]

Mit dem im Vers zuvor genannten kleinen Schöpfer ist der Mensch in seiner Funktion als Zweitschöpfer gemeint. Für ein goldene Zepter findet sich im *Legendarium* keine Entsprechung.

In Paradise perchance the eye may stray	Im Paradies mag das Auge vielleicht umherirren
from gazing upon everlasting Day	starrend auf den unvergänglichen Tag,
to see the day-illumined, and renew	um den Tag erhellt zu sehen, und erneuert
from mirrored truth the likeness of the True.	von gespiegelter Wahrheit zum Abbild der Wahrheit.
Then looking on the Blessed Land 'twill see	Auf das gesegnete Land blickend erkennt es,
that all is as it is, and yet made free:	dass alles ist wie es ist, und doch befreit.
Salvation changes not, nor yet destroys,	Erlösung verändert nicht, noch zerstört sie,
garden nor gardener, children nor their toys.	weder Garten noch Gärtner, weder Kinder noch ihr Spielzeug.
Evil it will not see, for evil lies	Böses wird es nicht sehen, für böse Lügen
not in God's picture but in crooked eyes,	ist kein Platz in Gottes Abbild, nur in unehrlichen Augen,
not in the source but in malicious choice,	nicht im Ursprung, nur in verderblicher Wahl
and not in sound but in the tuneless voice.	und nicht in Geräuschen, nur in tonloser Stimme.
In Paradise they look no more awry;	Im Paradies werden sie nicht mehr falsch sehen;
and though they make anew, they make no lie.	und obwohl sie neuerlich schaffen, keine Lüge entsteht.
Be sure they still will make, not being dead,	Sei dir sicher sie schaffen weiter, sie sind nicht tot,
and poets shall have flames upon their head,	und Dichter werden Flammen auf ihren Köpfen haben,
and harps whereon their faultless fingers fall:	und Harfen, worauf sie mit fehlerlosen Fingern spielen:
there each shall choose for ever from the All.[181]	dort wird jeder wählen für immer aus dem All.

Die zwölfte und zugleich letzte Strophe bietet einen Ausblick auf den künftigen Paradieszustand. Zu diesem wird der Mensch, nach christlicher Hoffnung, wieder zurückkehren. Dieser Zustand ermöglicht eine

---

179 Vgl. Weinreich, Zweitschöpfung, 45.
180 Vgl. Foster, Eisenkrone, in: Mittelerde Lexikon, 199. Vgl. HdR III, 134.
181 MYTH, XII 131–148.

neue vollkommene Art der Anschauung, die gespiegelte Wahrheit hinter sich zurücklassend.

Im Lichte antiker Philosophie gelesen, könnte der Text an das platonische Höhlengleichnis angeschlossen werden. In einem Dialog aus Platons POLITEIA trägt Sokrates dieses vor.[182] Es wird erzählt, dass einige Menschen in einer Höhle gefesselt sitzen und dabei auf eine Wand blicken. Sie sehen Schatten an dieser Wand vorüberziehen, die für sie ihre ganze bekannte Wirklichkeit bilden. Die Schatten stammen von Gegenständen, die von anderen Menschen vorbeigetragen werden. Ein Ausgang ist den Gefesselten nicht bekannt. Könnte sich einer von ihnen befreien und es schaffen, die Höhle zu verlassen, würde er jedoch die ganze Wahrheit erkennen. Was der Mensch in seinem jetzigen Zustand sieht, sind nur Abbilder der Wahrheit. Sind es in Platons Höhlengleichnis die Philosophen, die sich von ihren Fesseln befreien und die Wahrheit erkennen, so sind es bei Tolkien die Dichter. In einen christlichen Deutungshorizont gesetzt und in Zusammenschau mit der fünften Strophe gelesen, wird die nur allzu materialistische und damit defizitäre Anschauung der gefallenen Welt im Paradies endgültig überwunden.

Die Dichter, die zuvor seliggepriesen wurden, hören auch im Paradies nicht auf zu erzählen. Ähnlich den lobpreisenden Engelscharen der christlichen Vorstellungswelt werden im Gedicht auch die Dichter mit Harfen ausgestattet. Ihre Werke sind jedoch nun vollkommen von jeder Lüge (oder milder: Unschärfe) befreit. Die Wahrheit liegt nun, im Sinne Tolkiens gesprochen, nicht mehr nur auf einer sekundären Ebene. Die Dilemma-Situation mit ihrem „Ja, aber..." aus Strophe VI ist damit endgültig aufgelöst.

Auf den Köpfen der Dichter sind Flammen, ein aus der christlichen Ikonographie bekanntes Bild. Die Flammen stehen für die Erleuchtung durch den Heiligen Geist, wovon das Pfingstereignis berich-

---

182 Vgl. Plat. Pol. VII 514a ff. Weinreich geht in seiner Interpretation noch ein Stück weiter und erkennt in der letzten Strophe Anklänge an das plantonische Sonnen- und Liniengleichnis. Vgl. Weinreich, Zweitschöpfung, 46f. Er sieht im ganzen Gedicht die Philosophie Platons sehr dominant vertreten und stellt resümierend fest: „Die in *Mythopoeia* steckenden Ansichten und ihre Verbildlichung sind purer Platonismus! Das ganze Gedicht ist eine Art poetische Kürzestfassung der Erkenntnistheorie von *Phaidon* und *Politeia*. *Mythopoeia* ist sozusagen das Höhlengleichnis des romantischen Dichters." Ebd., 48.

tet (Apg 2,1-13). Die Erwähnung des Weltalls zum Ende des Gedichts bleibt in seiner Bedeutung verborgen, vielleicht schließt der Autor damit nur die Klammer zu seinen ersten Versen, dort ist die Rede von den Kugeln des Universums.

In MYTHOPOEIA wird auf poetische Weise dargelegt, was Tolkien später in seiner Vorlesung an der Universität von St. Andrews und dem daraus entstehenden Essay ÜBER MÄRCHEN für ein fachwissenschaftliches Publikum ausführen wird. Mit der Kenntnis dieses Textes ist das Gedicht in vielen Bereichen zugänglich, manche Teile allerdings sind derartig verschlüsselt, dass sie Anlass zu Spekulationen in verschiedene Richtungen geben können.

Sicher ist, dass Tolkien sich selbst als der sprechende Mythenliebhaber versteht, der mit dem Mythengegner einem fiktiven Gesprächspartner gegenübertritt. Hinter diesem verbirgt sich, wie einleitend erwähnt, aller Wahrscheinlichkeit nach Lewis. Dabei geht es dem Sprechenden darum, sein Gegenüber vom Wahrheitsgehalt des Mythos zu überzeugen. Diese Wahrheit liegt auf einer zweiten Existenzebene, auf die Mythen nicht nur verweisen, sondern von der sie auch Wahrheit erhalten. Eine rein materialistische Weltsicht dagegen muss dieser Ansicht nach defizitär bleiben. Darin scheint die wesentlichste Grundaussage von MYTHOPOEIA zu liegen: „Mit der materiellen Weltsicht stimmt offensichtlich etwas nicht."[183]

Für den gläubigen Autor deuten Mythen auf den christlichen Schöpfergott hin. Zugleich kann das Gedicht auch als eine Art Glaubensbekenntnis des Autors gelesen werden, der sich für ein christliches Weltbild stark macht in einer Zeit, in der Mythen häufig als irrationales Gegenstück zur Wissenschaft verstanden werden und die Schöpfungslehre gegenüber den Naturwissenschaften ins Hintertreffen gerät. In einem seiner Briefe beklagt er sich darüber, dass die Schöpfungserzählung selbst von vielen Christen mittlerweile nicht mehr geglaubt wird:

> Nun zu Eden. Ich glaube, die meisten Christen, bis auf die s. einfachen und ungebildeten oder die auf andere Weise geschützten, sind nun seit mehreren Generationen von den angeblichen Wissenschaftlern ganz schön herumgeschubst worden, und sie haben die Schöpfungsgeschichte irgendwie in die geistige Rumpelkammer gesteckt, wie ein nicht mehr

---

183 Weinreich, Zweitschöpfung, 47.

ganz schickes Möbel, für das man sich ein bißchen schämt, daß es immer noch im Haus ist [...].[184]

Es darf dabei jedoch nicht fälschlicherweise angenommen werden, dass Tolkien ein Anhänger des Kreationismus war. Ganz im Gegenteil, der Schöpfungsbericht der Genesis unterliegt für ihn einer anderen Art der Historizität wie die Erzählungen des NEUEN TESTAMENTS.[185] Es ist somit auch in der Genesis eine Wahrheit verborgen, die auf einer dahinterliegenden Ebene liegt.

In seiner Argumentation holt der Mythenliebhaber noch ein Stück weiter aus. Er tritt jenen entgegen, die diese Art der Literatur als eskapistisch belächeln und abwerten. Vielmehr, so lässt sich interpretieren, sind Mythen ein wichtiger Teil menschlicher Lebensgestaltung und -bewältigung. Sie ermöglichen einen Blick auf die Dinge, die eine rein materialistische und naturwissenschaftliche Anschauung nicht ermöglicht.

Geschickt verwebt der Autor in seinem Gedicht antike Philosophie und Mythologie mit christlichen Elementen zu einem apologetischen Text. Damit kann belegt werden, dass Tolkien sich schon sehr früh als Zweitschöpfer sieht, der sein literarisches Wirken als religiösen Vollzug versteht.

2.2.5 BLATT VON TÜFTLER – Zur Geschichte gewordene Theorie

Tolkiens Überzeugung vom Wahrheitsgehalt des Mythos und dem Recht des Menschen, zweitschöpferisch tätig zu sein, findet ihren Wiederhall in seiner Geschichte BLATT VON TÜFTLER, die zugleich mit ÜBER MÄRCHEN als ein Plädoyer für die Macht der Phantasie gelesen werden kann. Die Geschichte ist außerhalb des Mittelerde-Universums angesiedelt, in sich abgeschlossen und eigenständig und nicht Teil des *Legendariums*.

Inhaltlich knüpft die Geschichte, wie bereits das Gedicht MYTHOPOEIA, eng an ÜBER MÄRCHEN an. Folgerichtig sind beide Teile, Essay und Geschichte, gemeinsam in BAUM UND BLATT abgedruckt worden.

---

184 Carpenter, Briefe, Nr. 96.
185 Vgl. Carpenter, Briefe, Nr. 96.

Dieses enge Verhältnis betont Tolkien in seinem Vorwort: „[...] beide berühren sie auf je verschiedene Weise dasjenige, was in dem Essay »Zweitschöpfung« genannt wird."[186] BLATT VON TÜFTLER illustriert somit Tolkiens Mythen-Theorie, allerdings sollte man sie nicht einzig darauf reduzieren.[187]

Kurz zusammengefasst geht es in der Geschichte um einen Künstler namens Tüftler, der damit beginnt, einen großen Baum zu malen. Doch im Zuge dieser Tätigkeit eröffnen sich ihm immer weitere Perspektiven, so dass sein Gemälde immer größer und größer wird. Es ergeben sich Landschaften um den Baum herum, eine Leinwand nach der anderen wird zusätzlich angebracht. Der Baum selbst wird allerdings nicht fertig. Eines Tages muss Tüftler unfreiwillig eine große Reise antreten, von der er wusste, dass er sie nicht hinauszögern kann. Als man Tüftler abholt, ist er dennoch überrascht. Besonders traurig macht ihn, dass sein Bild nicht fertiggeworden ist. Die Reise führt ihn zunächst mit dem Zug in einen dunklen Tunnel, bald darauf landet er in einer Art Krankenanstalt, welche eher an ein hartes Arbeitslager erinnert. Als Tüftler von dort entlassen wird, setzt er seine Reise fort und kommt in eine ihm gut bekannte Gegend. Es stellt sich heraus, dass es sich genau um die von ihm auf Leinwand festgehaltene Landschaft handelt. Dort findet er dann auch genau jenen Baum, den er begonnen hat zu malen.

Es gibt unterschiedliche Deutungen der Geschichte[188], in einem Punkt sind sich allerdings alle Interpreten einig: Es fällt nicht weiter schwer, in der kurzen Geschichte starke autobiographische Züge zu erkennen. Man kann Tom Shippey nur zustimmen, der eine „persönliche Apologie und Selbstkritik"[189] wahrnimmt. Deutlich spiegelt sich Tolkiens eigenes Leben, der analog zu seiner Figur Tüftler stets an seiner (Zweit-)Schöpfung und ihren vielen Verästelungen gearbeitet – um

---

186 BuB, 9.
187 Vgl. Petzold, Tolkien, 58.
188 Einem Überblick über diese widmet sich der Artikel von Krüger, Leaf by Niggle, 147–165.
189 Shippey, Autor des Jahrhunderts, 322. Für eine ausführliche Deutung der Geschichte als autobiographische Allegorie vgl. ebd., 321–332. Vgl. Garth, Tolkien und der Erste Weltkrieg, 293.

nicht zu sagen „getüftelt" – hat, ohne sein eigentliches Hauptwerk zu vervollständigen.
Unzweifelhaft steht die Reise für den Tod und die Landschaft am Ende für das Jenseits. Dort findet Tüftler seinen Baum, den er zu Lebzeiten unvollständig zurücklassen musste. Allerdings steht dieser nun in perfekter und vollkommener Form vor ihm:

> Vor ihm stand der Baum, sein *Baum*, fertig. Wenn man das von einem lebenden Baum sagen kann, dessen Blätter sich entrollen, dessen Äste wachsen und sich im Wind biegen, was Tüftler so oft gespürt oder geahnt und so oft nicht hatte einfangen können. Er starrte auf den *Baum*, hob langsam die Arme und breitete sie weit aus.
> »Es ist eine Gabe!« sagte er. Damit meinte er seine Kunst und auch das Ergebnis; aber er gebrauchte das Wort ganz buchstäblich.[190]

Von wem diese Gabe kommt, bleibt offen. Liest man die Geschichte in Verbindung mit ÜBER MÄRCHEN, so wird deutlich, dass Tolkien den Ursprung bzw. den Grund für diese Gabe in der Abstammung des Menschen vom Schöpfergott sieht. Gott kommt allerdings in der Erzählung nicht explizit vor.

Wie Tüftlers Landschaftsgemälde sich als wahr erweist, so meint Tolkien auch in Mythen einen Wahrheitsgehalt zu erkennen und nicht nur, wie der aus MYTHOPOEIA bekannte Mythengegner behauptet, durch Silber gehauchte Lügen. Der Schlusssatz aus ÜBER MÄRCHEN könnte genauso gut auch an das Ende von BLATT VON TÜFTLER gesetzt werden:

> Alle Geschichten sollen wahr werden, und doch werden sie am Ende, nach ihrer Einlösung, den Formen, die sie von uns erhalten hatten, so ähnlich oder unähnlich sein wie der endlich erlöste Mensch dem gefallenen, den wir kennen.[191]

Für die christliche Rezeptionsgeschichte ist erwähnenswert, dass BLATT VON TÜFTLER von seinen unterschiedlichen Interpreten als „christlich" bezeichnet wird, ohne dass diese näher darauf eingehen würden.[192]

Ausgangspunkt für eine solche Betrachtungsweise liefert der Umstand, dass die Geschichte erstmals Anfang 1945 in der Zeitschrift

---

190 BuB, 98.
191 BuB, 71.
192 Vgl. Krüger, Leaf by Niggle, 150f.

Dublin Review erschienen ist, nachdem der Herausgeber Tolkien um eine Geschichte bat, die „ein wirksamer Ausdruck katholischer Menschlichkeit"[193] sein sollte. Allerdings muss einschränkend bemerkt werden, dass Tolkien die Geschichte nicht eigens für diese Anfrage geschrieben hat. BLATT VON TÜFTLER entstand schon weit früher, laut Vorwort in den Jahren 1938/39.[194] Dennoch muss es Tolkien zu dem genannten Thema passend erschienen sein.

Als Argument für eine christliche bzw. katholische Deutung wird vor allem der Handlungsstrang ins Feld geführt, dieser „entspricht [...] in der Abfolge aus Alltag, unfreiwilliger Abreise, Läuterung und Idylle auffällig den christlichen Jenseitsvorstellungen – oder spezifischer: deren katholischer Variante, denn nur der Katholizismus kennt ein Fegefeuer."[195] Dieses wird, folgt man der Deutung, durch die Krankenanstalt symbolisiert. Dort erwarten Tüftler Gefängnis, Einsamkeit und harte Arbeit.

> Die Behandlung gefiel ihm überhaupt nicht. Die Medizin, die sie ihm gaben, war bitter. Die Beamten und Krankenwärter waren unfreundlich, schweigsam und streng; und niemals sah er irgend jemanden außer einem sehr grimmigen Arzt, der gelegentlich Visite machte. Eigentlich war es eher, als ob er im Gefängnis und nicht im Krankenhaus wäre. Zu bestimmten Stunden mußte er schwer arbeiten: graben, schreinern und kahle Bretter alle in einer Farbe anstreichen. Niemals durfte er nach draußen, und die Fenster waren alle von innen verriegelt. Stundenlang hintereinander ließen sie ihn im Dunkeln, »um ein bißchen nachzudenken«, sagten sie.[196]

Auf den ersten Blick ist eine Interpretation nach katholischem Topos nicht unbedingt naheliegend. Folgende Punkte sprechen allerdings dafür:

---

193 Shippey, Autor des Jahrhunderts, 321. Vgl. Carpenter, Briefe, Nr. 84 u. 98.
194 Vgl. BuB, 9. Wobei diese Zeitangabe bei Tolkien selbst variiert; vgl. Carpenter, Briefe, Nr. 98. Die Geschichte wird irgendwann zwischen 1938 und 1943 entstanden sein; vgl. Krüger, Leaf by Niggle, 158.
195 Geier, Leaf by Tolkien, 129. Vgl. Shippey, Autor des Jahrhunderts, 330. Vgl. Petzold, Tolkien, 58f.
196 BuB, 92f.

– Das stärkste Argument liefert der Autor selbst. In einem Brief bezeichnet Tolkien BLATT VON TÜFTLER als „»Purgatoriums«-Geschichte"[197], ohne jedoch weiter darauf einzugehen.
– Konstitutiv für die katholische Lehre vom Fegefeuer ist die Vorstellung, dass der Mensch auch nach seinem Tod noch Verantwortung für seine zu Lebzeiten begangenen (Un-)Taten trägt und die individuell angehäufte Schuld in Form einer Sühneleistung aufzuarbeiten hat. Es handelt sich demnach um einen postmortalen Zustand der Reinigung.[198] Tüftler durchlebt einen solchen Prozess in der Krankenanstalt, indem er sich viele Gedanken zu seiner Vergangenheit macht. Die verschiedenen ihm auferlegten Arbeiten könnten als eine Art der Sühneleistung verstanden werden.
– Aus dem Fegefeuer soll die Seele geläutert hervorgehen. Bereits die in der Geschichte verwendeten Begriffe Krankenhaus, Ambulanz, Krankenstation, Medizin, Krankenwärter und Arzt weisen darauf hin, dass es eigentlich um einen Heilungs- bzw. Besserungsprozess geht. Ein solcher findet auch tatsächlich statt, da Tüftler mit seiner Vergangenheit abschließen kann, was in der Geschichte vor allem durch den streng durch Arbeits- und Ruhezeiten strukturierten Alltag bewirkt wird. Tüftler wird ruhiger, als er es noch zu Lebzeiten war. Das Gefühl von Hetze kennt er nicht mehr.
– Dieser Heilungsprozess ist nach katholischer Lehre kein besonders angenehmes Unterfangen, vielmehr eine Art schmerzhafter Prozess. Tüftlers von allerlei Mühsal geprägter Aufenthalt entspricht einer solchen Vorstellung.
– Gilt das Fegefeuer nur als Zwischenzustand bzw. Durchgangsstadium hin zur Anschauung Gottes, im allgemeinen Sprachgebrauch üblicherweise als Himmel bezeichnet, so ist Tüftlers Aufenthalt in ähnlicher Weise begrenzt und nur eine Zwischenstation auf seiner Reise in eine idyllische Landschaft.
– Erbrachte Werke der Nächstenliebe sollen die die Dauer des Aufenthalts im Fegefeuer verkürzen. Eine derartige Anrechnung guter Taten findet sich auch in Tolkiens Geschichte. In Tüftlers Kranken-

---

197 Carpenter, Briefe, Nr. 153. Vgl. Geier, Leaf by Tolkien, 129.

akte ist positiv vermerkt, dass er vor Antritt der Reise einer ganzen Menge von Bitten entsprochen hat, ohne dafür eine Gegenleistung oder auch nur Dankbarkeit zu verlangen. Diese Eintragungen werden bei einer Beurteilung des Patienten zu seinen Gunsten hervorgehoben, was dann in weiterer Folge zu seiner Entlassung führt.
– Nach katholischer Lehre ist die private Fürbitte für einen Verstorbenen eine hilfreiche Unterstützung in dessen Läuterungsprozess. Tüftler legt gegen Ende seines Aufenthalts ein gutes Wort für seinen ehemaligen Nachbarn ein. Die Bitte bewirkt, dass dieser dann tatsächlich früher entlassen wird.

Die Fegefeuer-Deutung ist demnach gut belegbar, weitere christliche Anklänge scheinen dann allerdings höchstens in Form von Spurenelementen vorhanden. So scheint etwa der Versuch, die beiden in der Heilanstalt auftauchenden Stimmen als Gottvater und Jesus zu deuten, schon recht unscharf.[199]

Möglicherweise könnte man in der zum Ende der Geschichte auftauchenden Figur des Mannes, „der wie ein Schäfer aussah"[200], einen Anklang an ein bekanntes christliches bzw. biblisches Gottesbild erkennen: Man denke etwa an den Hirtenpsalm (Ps 23) oder an die Selbstbezeichnung Jesu als „guter Hirt" (Joh 10,11). In der christlichen Ikonographie findet sich die Darstellung Jesu als Hirt jedenfalls häufig. Gerade Ende des 19. und frühen 20. Jahrhunderts – und damit zu Lebzeiten Tolkiens – waren solche Motive in der englischen Glasmalerei sehr beliebt.[201]

Neben der äußeren Erscheinungsform kann als weiteres Indiz für eine derartige Parallelisierung noch auf die Funktion des Schäfers hingewiesen werden. Dieser bietet sich Tüftler als Führer in die ihm unbekannten Gebiete außerhalb seines Landschaftsgemäldes an und damit als eine Art Begleiter in bzw. durch das Jenseits. Ähnlich kann das aus der spätantiken Ikonographie bekannte Hirtenmotiv gedeutet werden:

---

198 Vgl. hierfür, wie auch für die nachstehenden Punkte dieser Aufzählung: Müller, Fegefeuer. III. Historisch-theologisch, in: LThK 3, 1205–1207. Vgl. ders., Fegefeuer. IV. Systematisch-theologisch, in: ebd., 1207f.
199 Vgl. Geier, Leaf by Tolkien, 129.
200 BuB, 101. Vgl. Shippey, Autor des Jahrhunderts, 332.
201 Vgl. Nitz, Hirt. IV. Ikonographie, in: LThK 5, 158.

Als Führer ins Paradies wurde das Hirtenbild aus der paganen in die christliche Vorstellungswelt übernommen und dort zum ältesten und häufigsten Motiv christlicher Katakomben-Grabkunst.[202]

Hinreichende Beweise für eine von Tolkien bewusst geschaffene Entsprechung zwischen dem Schäfer und dem bekannten christlichen Motiv können letztlich nicht eindeutig geliefert werden. Die Indizien sprechen allerdings eher dafür. Gerade mit Blick auf die Fegefeuer-Interpretation, die immerhin von Tolkien selbst angestoßen wurde, erscheint der Versuch verlockend, die auf die Läuterung folgende Anschauung Gottes mit der am Ende auftauchenden Schäfergestalt in Einklang zu bringen. Am Schluss der Geschichte wirkt Tüftler glücklich, wohl Ausdruck von Tolkiens christlicher Hoffnung auf ein gutes Weiterleben nach dem Tod.

2.2.6 Allegorie versus Anwendbarkeit

Immer wieder finden sich in Tolkiens Briefen Verknüpfungen zwischen den Begebenheiten in Mittelerde und den Ereignissen, die zur Zeit der Abfassung des *Legendariums* gerade in der Welt vor sich gingen. Tolkien erkennt aber auch, dass es deutliche Unterschiede gibt. Mehrmals wehrt er sich in Briefen und Gesprächen dagegen, dass sein Werk als Allegorie, egal welcher Art, ob „moralisch, politisch oder zeitgenössisch"[203], verstanden wird.

Eine *fairy-story* dürfe nicht als absichtliche Allegorie geschaffen und verstanden werden, da sie ansonsten einen zu starken Bezug zur real existenten Welt haben würde. Wohl auch deswegen steht Tolkien, wie bereits gezeigt, dem Interpretationszugang mittels der Biographie des Autors skeptisch gegenüber.

Es gibt nach dem ersten Erscheinen von DER HERR DER RINGE zahlreiche Anfragen, die sich diesem Thema widmen, woraufhin Tolkien in einem Vorwort zur überarbeiteten Ausgabe von DER HERR DER RINGE von 1966 feststellt:

---

202 Vgl. Zelinka, Hirt. III. Theologie- u. frömmigkeitsgeschichtlich, in: LThK 5, 157f.
203 Carpenter, Briefe, Nr. 181. Vgl. ebd., Nr. 163, Nr. 165, Nr. 199 u. Nr. 215. Vgl. Carpenter, Biographie, 112.

> Was die tiefe Bedeutung oder »Botschaft« des Buches angeht, so hat es nach Absicht des Autors keine. Es ist weder allegorisch, noch hat es irgendeinen aktuellen Bezug. [...] Geschichte, ob wahr oder erfunden, mit ihrer vielfältigen Anwendbarkeit im Denken und Erleben des Lesers ist mir viel lieber. Ich glaube, dass »Anwendbarkeit« mit »Allegorie« oft verwechselt wird; doch liegt die eine im freien Ermessen des Lesers, während die andere von der Absicht des Autors beherrscht wird.[204]

In der Sekundärliteratur zu Tolkiens Werk werden diese einleitenden Worte unterschiedlich aufgenommen. Die Bandbreite reicht dabei von pauschaler Ablehnung als belanglos bis hin zu einer differenzierteren Betrachtung, die davon ausgeht, Tolkien wende sich vor allem gegen extreme Interpretationen und mahne damit zur Mäßigung im literarischen Untersuchungsprozess.[205]

Betonen zu wollen scheint Tolkien allerdings vor allem, dass sein DER HERR DER RINGE (und in weiterer Folge das gesamte *Legendarium*) keine absichtlich geschaffene Allegorie ist. Eine solche Absichtslosigkeit schließt das Einfließen des Glaubenshorizontes und Lebenskontextes des Autors jedoch nicht aus, beides ist deutlich herauszulesen und nachweisbar. Die Antwort auf die Frage nach der Anwendbarkeit des Buches legt Tolkien in die Hand des Lesepublikums.

> Aber natürlich, wenn man sich vornimmt, »Erwachsene« (psychisch Erwachsene jedenfalls) anzusprechen, so wird man sie nicht erfreuen, erregen oder bewegen können, wenn es nicht bei dem Ganzen, oder den Vorfällen, um etwas zu gehen scheint, was bemerkenswert wäre, mehr z.B. als bloß Gefahr und Davonkommen: es muß eine gewisse Relevanz für die »menschliche Situation« (zu allen Zeiten) dasein. Darum wird unvermeidlich etwas von den Überlegungen und »Werten« des Erzählers selbst miteingearbeitet werden.[206]

Tolkien scheint es wichtig zu betonen, dass sein literarisches Werk zunächst der Unterhaltung dienen soll: „Jedenfalls hat der *Herr der Ringe* den meisten Leuten, denen er gefallen hat, in erster Linie als eine spannende Geschichte Eindruck gemacht; und so wurde er auch geschrieben."[207] Und an anderer Stelle schreibt er: „*Gefallen* ist das Schlüssel-

---

204 HdR I, 11f. Vgl. Carter, Tolkiens Universum, 125ff.
205 Vgl. Van de Bergh, Mittelerde, 23f.
206 Carpenter, Briefe, Nr. 181.
207 Carpenter, Briefe, Nr. 163.

wort. Denn er wurde zur *Belustigung* (im höchsten Sinne) geschrieben: lesbar zu sein."[208]

Das gelingt laut Tolkien jedoch nur dann, wenn das Gelesene in einer bestimmten Beziehung zur real existenten Welt steht. Genau diese Beziehung will er durch den Begriff der „Anwendbarkeit" darstellen. Dabei mag unser deutsches Wort „Anwendbarkeit", welches das engl. Original „applicability" wiedergibt, ein gutes Stück weit irreführend sein. Es verleitet dazu zu glauben, dass Tolkien damit gemeint hätte, das Lesepublikum könne aus seinen Erzählungen Regeln für das alltägliche Leben destillieren.[209] Diesen Eindruck wollte er mit Sicherheit vermeiden, was nicht heißt, dass sich aufgrund der Anwendbarkeit nicht dennoch ein gewisser „Mehrwert" ergibt. Denn stünde das Gelesene in gar keiner Beziehung zur real existenten Welt und hätte damit keine „lebenspraktische" Relevanz, dann kann das erwachsene Lesepublikum nicht erreicht werden. Er geht deswegen davon aus, dass es in jeder „erzählenswerten Geschichte" eine „Moral" gibt.[210]

Tolkiens Ausführungen wirken ein Stück weit widersprüchlich. Einerseits lehnt er Anfragen zu seiner Biographie ab, zugleich aber schreibt er aber in seinen Briefen immer wieder von Erlebnissen, die ihm als Inspiration für einzelne Passagen dienten. Ein ebenso ambivalentes Verhältnis könnte man ihm in Bezug auf sein Verhältnis zu Allegorien attestieren, die er, obwohl er selbst immer wieder Parallelen herstellt, vehement abzulehnen scheint.[211]

Der Schlüssel zur Auflösung dieser Gegensätze scheint in der Unterscheidung zwischen bewusster und unbewusster Allegorie zu liegen. In anderen Worten ausgedrückt: „Es entstehen sozusagen natürliche

---

208 Carpenter, Briefe, Nr. 181.
209 Zur Vermeidung dieses Missverständnisses behält Petzold bewusst das engl. Wort „applicability" im deutschen Text bei, vgl. Petzold, Tolkien, 64, Anm. 13. Bei Shippey findet sich die gut passende Beschreibung von Anwendbarkeit als „Gültigkeit auch in bezug auf moderne Verhältnisse". Shippey, Autor des Jahrhunderts, 219.
210 Vgl. Carpenter, Briefe, Nr. 109.
211 Ganz konsequent ist er in dieser ablehnenden Haltung nicht, wenn er etwa in einem Brief schreibt: „Die besondere Sehnsucht der Elben von Eregion – eine »Allegorie«, wenn Sie so wollen, für die Liebe zu Maschinen und technischen Verfahren – wird auch symbolisiert durch ihre enge Freundschaft mit den Zwergen von Moria." Carpenter. Briefe, Nr. 153.

Allegorien anstelle von künstlichen (intendierten)."²¹² Tolkien behauptet, keine bewussten Allegorien geschaffen zu haben, er ist sich aber sehr wohl bewusst, dass sowohl er als Autor als auch sein Lesepublikum im Nachhinein solche entdecken können. Dafür prägt er den Begriff der „Anwendbarkeit".²¹³

Schlussendlich darf nicht vergessen werden, dass Tolkien mit seiner ablehnenden Haltung gegenüber Allegorien und der damit einhergehenden Prägung des Begriffs der Anwendbarkeit in erster Linie erreichen wollte, dass der Blick auf ein vergnügliches Lesen nicht verstellt wird. Die Freude am Lesen bzw. am Gelesenen, weniger dessen Deutung, sollte im Vordergrund stehen.

2.2.7 Zusammenfassung

Man kann festhalten, dass Tolkien davon überzeugt gewesen ist, mit seiner literarischen Schöpfung auch eine Art religiöses Werk geschaffen zu haben, dessen Kern eine *Frohe Botschaft* enthält. Das lässt sich im Hinblick auf seine eigenen Wortmeldungen vor allem für DER HERR DER RINGE gut belegen. Darüber hinaus wird der Akt des Schreibens selbst zu einer Art des religiösen Vollzugs, indem der Autor sich als Schöpfer sekundärer Wahrheit versteht. Diese Mythen-Theorie ist eng an seinen persönlichen Glauben an den biblischen Schöpfergott angebunden, dem der Mensch aufgrund seiner Gottebenbildlichkeit nacheifert.

Die gerne bemühte „Moral von der Geschicht'", wie man sie am Ende vieler Erzählungen findet, ist auch bei Tolkien vorhanden. Es muss sie geben, sonst wäre das Werk im Sinne des Autors nicht lesenswert. Das Buch ist jedoch nicht als Moralpredigt konzipiert worden, um damit das Publikum zu belehren. In einem Brief wehrt er sich dagegen und schreibt: „Aber ich kann nicht verstehen, warum ich als »Anhänger moralischer Belehrung« etikettiert werden sollte. [...] Das

---

212 Geier, Leaf by Tolkien, 141.
213 Eine Betrachtung von Tolkiens Verhältnis zu Biographie und Allegorie in seinem Werk liefert der Artikel Geier, Leaf by Tolkien, 129–146.

ist jedenfalls das genaue Gegenteil meines Verfahrens im *Herrn der Ringe*. Ich predige nicht und belehre nicht."[214]

Diese „Absichtslosigkeit" gilt ganz allgemein auch für eine Beschäftigung mit christlichen Elementen in Tolkiens *Legendarium*, wie sie in den nachfolgenden Ausführungen bearbeitet werden. Wenn also beispielsweise das Lesepublikum Marienanalogien bei Tolkien ausgemacht, dann sind diese – glaubt man dem Autor – nicht absichtlich als solche konzipiert worden. Das *Legendarium*, so muss deutlich festgestellt werden, verfolgt keine vom Autor intendierte religiöse Agenda.

2.3 Andere mythologische (nichtchristliche) Beeinflussungen

Neben einem deutlich feststellbaren christlichen Einfluss in Tolkiens Werk spielen noch andere nichtchristliche Elemente eine tragende Rolle, die vor allem aus der keltischen und aus der germanischen Mythologie stammen. Eine religionswissenschaftliche Spurensuche in Tolkiens Werk erschöpft sich nicht alleine in der Suche nach christlichen Elementen. Es würde den Umfang dieser Arbeit jedoch bei Weitem sprengen, würde man neben diesen, zusätzlich auch anderen dem Werk zugrundeliegenden Motiven nachgehen. An dieser Stelle können sie, wie auch in den nachfolgenden Ausführungen, nur kurz angedeutet werden.[215]

Den starken Einfluss altnordischer Texte auf Tolkiens Werk illustriert Rudolf Simek, Professor für Ältere Germanistik an der Universität Bonn, anhand eines Textausschnitts aus der *Völsunga saga*. Diese Saga aus dem 13. Jh. beruht auf den Heldenliedern der *Lieder-Edda*:

> Hjördis ging nun in der Nacht nach der Schlacht auf das Feld der Gefallenen und kam dorthin, wo König Sigmund lag, und fragte ihn, ob er zu heilen sei. Er aber antwortete: »Viele überleben, obwohl wenig Hoffnung besteht, aber mein Glück hat mich verlassen, so daß ich mich nicht heilen

---

214 Carpenter, Briefe, Nr. 329.
215 An dieser Stelle sei auf die Arbeiten zweier österreichischer Forscher, des Keltologen Birkhan und des Altnordisten Simek, verwiesen: Birkhan, Helmut: Kap. Die Keltenrezeption bei Tolkien und die modernen Elfen. Das Weltendrama Tolkiens, in: ders.: Nachantike Keltenrezeption. Projektionen keltischer Kultur, Wien: Praesens 2009, 529–540. Simek, Rudolf: Mittelerde. Tolkien und die germanische Mythologie, München: C.H. Beck 2005.

2.3 Andere mythologische (nichtchristliche) Beeinflussungen

lassen will. Odin will nicht, daß ich das Schwert ziehe, nachdem es nun zerbrochen ist. Ich habe Schlachten geschlagen, solange es sein Wille war.«
Sie sprach: »Es schiene mir sehr dringend, daß du geheilt wirst und meinen Vater rächst.« Der König sagte: »Das ist einem Anderen bestimmt. Du bist mit einem Knaben schwanger: zieh ihn gut und vorsichtig auf, und dieser Knabe wird der erste und vornehmste unseres Geschlechts sein. Paß auch gut auf die Teile des Schwerts auf: Daraus wird ein gutes Schwert gemacht werden, es soll Gram heißen, und unser Sohn wird es tragen und damit viele Großtaten vollbringen.«[216]

Er lässt sich feststellen, dass der im Text erwähnte König Sigmund Tolkiens König Théoden ähnelt, welcher in der Schlacht auf den Pelennor-Feldern stirbt, ehe seine Nichte Éowyn hinzukommt, deren Schwert im Kampf mit dem Fürsten der Nazgûl zerbricht.[217] Die Erwähnung eines zerbrochenes Schwertes, welches einst für große Taten neu geschmiedet wird, erinnert dabei an Elendils zerbrochenes Schwert Narsil, das von den Elben für Aragorn neu geschmiedet wird. Dieser führt es dann unter dem Namen Andúril in die Schlacht.[218]

Tolkien kennt die Motive aus der germanischen Mythologie und Heldensage und wird davon beeinflusst.[219] Dabei ist es weniger die Mythologie im Sinne von Götterdichtung oder Religion, die in sein Werk einfließt, als vielmehr Gestalten und Wesenheiten aus dem Volksglauben. Tolkien entlehnt Elemente aus diesen Geschichten und gestaltet sie neu.[220]

Dabei bleibt festzuhalten, dass sich die einzelnen Motive nicht mit chirurgischer Präzession trennen lassen. So lässt sich beispielsweise für die Gestalt Gandalfs sagen, dass sich Tolkien sowohl von Vorstellungen der nordischen Gottheit Odin hat beeinflussen lassen als auch zugleich eine Erlösergestalt christlicher Prägung im Hinterkopf hatte. Tolkien hat somit beides zusammengebracht, seine Leidenschaft für nordisch-mythische Überlieferungen mit seinem christlichen Weltbild und den damit verbunden biblischen und ikonographischen Traditionen.

---

216 Simek, Mittelerde, 22ff.
217 Vgl. HdR III, 133ff.
218 Vgl. HdR I, 361.
219 Vgl. Simek, Mittelerde, 22ff.
220 Vgl. Simek, Mittelerde, 11f.

3. Christlich-religiöse Elemente

Das folgende Kapitel widmet sich in ausgewählten Themenbereichen der Repräsentation von Religion im *Legendarium*. Es wird gezeigt, dass vorkommende Personen, aber auch Handlungsstränge, einer real existierenden Religion, in diesem Fall der christlichen bzw. ihrer katholischen Ausformung, entsprechen. Manches ist recht eindeutig zuordenbar und doch kann nicht häufig genug betont werden, dass Tolkiens Werk keine religiöse Agenda verfolgt, genausowenig wie die filmische Umsetzung. Es würde dem Willen des Autors deutlich widersprechen, verstünde man das *Legendarium* einzig und alleine als theologische Ressource.

3.1 Marienanalogien bei Tolkien

Tolkien war als glühender Katholik ein Verehrer Marias, in dessen Gebetsleben die Mutter Gottes nicht nur eine zentrale Stellung einnahm[221], sondern der sich durchaus auch mit mariologischen Fragestellungen auseinandersetzte.[222] Inwieweit genau diese Verehrung und Beschäftigung ihm gleichzeitig als Inspiration für die Gestaltung seiner Figuren Galadriel und Elbereth diente, lässt sich heute nicht mehr mit Sicherheit feststellen. Fakt ist jedoch, dass gerade die Analogie zwischen der Elbenkönigin Galadriel und der Mutter Jesu bereits vor dem offiziellen Erscheinen von DER HERR DER RINGE aufgekommen ist.

In einem Brief an Tolkien verglich der Jesuitenpater Robert Murray, einer von Tolkiens engsten Freunden, der DER HERR DER RINGE zur Kritik noch vor Erscheinen gelesen hatte, die Figur Galadriel mit

---

221 „Ich gebrauche sie oft (auf Lateinisch): [...] das Magnificat; auch die Litanai von Loretto (mit dem Gebet Sub tuum praesidium). Wenn du diese auswendig kannst, wird es dir an Worten der Freude nie fehlen." Carpenter, Briefe, Nr. 54.
222 Etwa in einer längeren Anmerkung zu einem seiner Briefe, vgl. Carpenter, Briefe, Nr. 212.

der Jungfrau Maria. In seinem Antwortschreiben kommentiert Tolkien diesen Vergleich nur kurz, indem er darauf hinweist, dass seine eigene „Wahrnehmung des Schönen, hinsichtlich Majestät sowohl wie Schlichtheit"[223], auf der Mutter Gottes beruhe. Damit gesteht Tolkien mit Zurückhaltung ein, dass Maria zumindest unbewusst Vorbild gestanden hat für die Herrin von Lothlórien. Bei eingehender Betrachtung lassen sich zwischen der Darstellung Galadriels und der ikonographischen Darstellung Marias manche Parallelen finden. Der Briefwechsel ist jedenfalls ein deutlicher Beleg dafür, dass die christliche Rezeptionsgeschichte von Tolkiens Werk schon sehr früh einsetzt.

Knapp 20 Jahre nach dem Brief an Murray schreibt Tolkien an eine gewisse Mrs. Ruth Austin. Sie hat, wie der Jesuitenpater vor ihr, Parallelen zwischen Maria und Galadriel entdeckt:

> Besonders haben mich Ihre Bemerkungen über Galadriel interessiert ... Ich denke, es stimmt, daß ich bei dieser Figur der katholischen Lehre und Vorstellung über Maria viel verdanke, aber eigentlich war Galadriel eine Büßerin: in ihrer Jugend war sie eine Anführerin der Rebellion gegen die Valar (die engelhaften Mächte). Am Ende des Ersten Zeitalters wies sie die Vergebung [...] stolz von sich.[224]

Erneut erwähnt Tolkien, dass er Anleihen bei Maria genommen hat. In der Formulierung dieser Erkenntnis bleibt er jedoch abermals eher zurückhaltend, indem er keine konkreten Details nennt. Er scheint wiederum die Ikonographie in den Mittelpunkt zu rücken, indem er seine „Vorstellung über Maria" betont.

Die katholische Lehre erwähnt er zwar, erteilt einer allzu dogmatischen Deutung jedoch eine sofortige Absage, indem er Galadriel als Figur charakterisiert, die keinesfalls frei von jeder Schuld erdacht worden ist.[225]

Wenige Jahre später, kurz vor seinem Tod, scheint Tolkien seine Ansicht über Galadriel noch einmal geändert zu haben. In einem weiteren Brief, allerdings nicht an P. Murray oder Mrs. Austin gerichtet,

---

[223] Carpenter, Briefe, Nr. 142.
[224] Carpenter, Briefe, Nr. 320.
[225] Colbert meint darin den Einfluss einer weiteren biblischen Maria zu erkennen: „She is like a famous penitent in the Bible, Mary Magdalene, a sinner who came to accept Christ and accompanied him in his final days. And like Mary Magdalene, Galadriel is forgiven by the Valar when they see she refuses Frodo`s offer." Colbert, The Lord of the Rings, 46.

sondern diesmal an einen gewissen Lord Halsbury, wird aus der führenden Aufständischen gegen die guten Mächte plötzlich eine Figur, die, sehr zu ihrem eigenen Leidwesen, zur falschen Zeit am falschen Ort war und damit unschuldig in die Verbannung gerät:

> Galadriel war »unbefleckt«: Sie hatte keine bösen Taten begangen. Sie war eine Feindin Feanors. Sie erreichte Mittelerde nicht zusammen mit den anderen Noldor, sondern selbstständig. Ihre Gründe, warum sie nach Mittelerde gehen wollte, waren legitim, und die Reise wäre ihr erlaubt worden, wäre nicht unglücklicherweise vor ihrem Aufbruch die Revolte Feanors ausgebrochen, worauf sie von Manwes verzweifelten Maßnahmen und der Verbannung aller Ausgewanderten mitbetroffen wurde.[226]

Mit der erwähnten Unbefleckheit, gemeint ist in diesem Fall die Freiheit von jeder Art von Schuld, streift Tolkien an einer der vier dogmatischen Lehraussagen über Maria an, die für das Marienverständnis des Katholizismus grundlegend sind.[227] Ein näherer Blick auf diese mariologischen Grundaussagen verdeutlicht, dass Galadriel und Maria zwar ikonographisch viele Gemeinsamkeiten haben, sich aber ansonsten deutlich voneinander unterscheiden:

- So formulierte etwa das Konzil von Ephesos (431), dass Maria als Mutter Gottes verehrt werden kann. Galadriel dagegen hat zwar ein Kind (Celebrían), abgesehen davon, dass es sich nicht um einen Sohn, sondern um eine Tochter handelt, spielt dieses im *Legendarium* keine besonders bedeutende Rolle.
- Die Jungfräulichkeit Marias, wie sie auf den Konzilien von Nizäa (325) und Konstantinopel (381) festgesetzt wurde, wird für Galadriel an keiner Stelle erwähnt.
- Pius IX. erklärte feierlich (1854), dass Maria von Beginn ihres Lebens an frei von jeder Schuld war. Von Galadriel wird solches nicht behauptet. Ganz im Gegenteil, sie die trägt die „Erbschuld" der Elben mit.
- Einzig das zuletzt verkündete Mariendogma von Pius XII. (1950), welches die Aufnahme Marias in den Himmel behandelt, erinnert im entfernten Sinn an die Verabschiedung Galadriels aus Mittelerde. Sie kehrt dem Kontinent am Ende der Trilogie den Rücken und

---

226 Carpenter, Briefe, Nr. 353.
227 Vgl. Beinert, Maria. III. Systematisch-theologisch, in: LThK 6, 1323f.

verlässt Mittelerde in Richtung der Grauen Anfurten. Ihr Weggang aus Mittelerde ist jedoch nicht als eine Art besonders exklusives und nur wenigen zuteilwerdenden Ereignis zu verstehen, wie etwa im Falle der Gottesmutter. Vielmehr reist Galadriel gemeinsam mit anderen, wie schon viele zuvor, ab. Mit einer Entrückung in den Himmel hat das wenig gemeinsam.

– Somit bleibt ein Letztes, nämlich der Glaube an Maria als Fürsprecherin der Menschen bei Gott. Wenngleich nicht dogmatisch festgesetzt, so gehört diese Vorstellung dennoch unbestreitbar zum katholischen Glaubensgut.[228] Für Galadriel lässt sich eine solche Rolle nicht belegen. Obwohl Interpretationsansätze bestehen, die davon überzeugt sind, Tolkien habe „ein wichtiges marianisches Element auf Galadriel übertragen: Die Funktion als ‚Mittlerin' aller Gnaden. In der Mariolatrie wird der Gottesmutter die Eigenschaft zugewiesen, dass sie ‚im Himmel den Menschen die Gnaden erbitte.'[229] Eine derartige Behauptung erscheint sehr gewagt, denn die fürbittende Funktion Galadriels ist eher eine Randnotiz, noch dazu befindet sich Galadriel nicht in himmlischen Sphären, wie dies für Maria und die Heiligen angenommen wird.

Angesicht dieser doch recht deutlichen Unterschiede stellt sich die Frage, inwiefern eine marianische Interpretation Galadriels, abgesehen vom ikonographischen Ansatz, überhaupt adäquat ist. Tolkiens Zurückhaltung in den zitierten Briefen kann als Warnung und Richtschnur gegen vorschnelle Interpretationen dienen.

3.1.1 Galadriel – Die „Lichtbekränzte Maid"

Ein Streifzug durch mittelalterliche und neuzeitliche Mariendarstellungen[230] zeigt, was Tolkien wohl zu seinen Aussagen bezüglich Galadriel bewogen hat. Die erste Begegnung der Gefährten mit Galadriel schildert er folgendermaßen:

---

228 Vgl. LG 8.
229 Meyer, Tolkien, 256. Vgl. Carpenter, Briefe, Nr. 296 [Anm. zu Galadriel].
230 Vgl. Nitz, Maria. XI. Ikonographie, in: LThK 6, 1331f.

3. Christlich-religiöse Elemente

> Den Raum erfüllte ein sanftes Licht; die Wände waren grün und silbern, die Decke golden. [...] Vor dem Baumstamm auf zwei Thronsesseln, mit einem lebenden Zweig als Baldachin darüber, saßen Celeborn und Galadriel Seite an Seite. [...] Sehr groß waren sie beide, [...], sehr schön und würdevoll. Gekleidet waren sie ganz in Weiß; das Haar der hohen Frau war wie dunkles Gold [...]. Kein Zeichen ihres Alters war zu erkennen, es sei denn in der Tiefe ihrer Augen, die scharf blickten wie Lanzen im Sternenschein und doch unergründlich waren, Brunnen uralter Erinnerung.[231]

Schon aus dieser ersten kurzen Einführung Galadriels geht hervor, dass es sich um eine mit übernatürlicher Schönheit und uralter Weisheit ausgestatte Figur handelt. Im Laufe der weiteren Handlung werden gerade diese beiden Eigenschaften noch öfter betont. Mehrere marianische Bildtypen bzw. aus der christlichen Ikonographie bekannte Versatzstücke können aus dieser ersten Begegnung herauskristallisiert werden:

- Die Typen *Sedes sapientiae* (lat. Sitz der Weisheit) und *Königin* betonen beide die Erhabenheit der Mutter Gottes, die wie Galadriel auf einem Thron sitzend gezeigt wird. Wird Maria zuweilen mit Gefolge dargestellt, so ist auch Galadriel in dieser ersten Begegnung von anderen Elben umgeben. Maria wird als Sitz der Weisheit bezeichnet, eine Anspielung auf das Jesuskind in ihrem Arm, während Galadriels Weisheit sich in ihren Augen zu offenbaren scheint. Beide tragen bodenlanges Gewand. Galadriels Kleid ist weiß, wie es auch von Darstellungen der Mutter Gottes bekannt ist. Die Farbe symbolisiert Reinheit und Jungfräulichkeit, wobei Galadriel als Mutter einer Tochter keine Jungfrau mehr ist.
- Die Schönheit Galadriels erinnert an die *Schönen Madonnen* mit ihren makellosen Gesichtszügen und ihrer zierlichen Gestalt.
- Dazu kommt das Bildmotiv des *Hortus conclusus* (lat. abgeschlossener Garten), welches Maria verschlossen in einem (Paradieses-)Garten zeigt, wobei der Garten in diesem Bildmotiv häufig nur angedeutet und somit nicht immer auf den ersten Blick erkennbar ist. Galadriel lebt ebenso abgeschottet in ihrem Wald, ein lebendiger Zweig bildet ihren Baldachin. Ein Vordringen in diese Sphäre

---

231 HdR I, 461.

ist ohne ihren Willen nicht möglich. Florale Motive spielen in diesem Bildtypus, wie auch in anderen Mariendarstellungen, eine wichtige Rolle. So wird Maria gerne mit einer Lilie abgebildet, die in der christlichen Ikonographie für Jungfräulichkeit steht, oder einer Rose, ebenso Symbol jungfräulicher Reinheit, zugleich auch Symbol für ihren Schmerz.

- In all diesen diversen Arten der Darstellung umgibt Maria häufig ein Heiligenschein unterschiedlichster Ausgestaltung. Auffallend ist, dass der Name Galadriel in der von Tolkien erdachten Kunstsprache Sindarin soviel wie „Lichtbekränzte Maid"[232] bedeutet.
- Neben diesen augenscheinlichen Parallelen, die Tolkien wie bereits angemerkt hinsichtlich Schönheit, Schlichtheit und Majestät Galadriels inspiriert haben, ist noch ein weiterer Bildtyp zu nennen, der auf eine Funktion der Gottesmutter hinweist. In der *Schutzmantelmadonna* nimmt Maria ihre Schutzfunktion wahr, wie auch die Elbenfürstin ihren Wald und ihr Volk vor den Mächten des Bösen in Schutz nimmt.

Besonders in der filmischen Inszenierung sticht die christliche Ikonographie hervor. Galadriel, verkörpert von Cate Blanchett, ist eine Frau jüngeren bis mittleren Alters voller Anmut und Eleganz. Ihr Gesicht ist von makelloser Schönheit mit langen blond gelockten Haaren. Nicht nur ihr Antlitz und ihre Haare, auch ihr bodenlanges weißes Kleid mit zartem Faltenwurf und weißem Kopftuch erinnert an so manche Mariendarstellung. Weiß symbolisiert wie keine andere Farbe Reinheit, Unschuld, Vollkommenheit und Sieg.[233] Maria wird daher oft in diese Farbe gekleidet.

Die Szeneeinstellungen, die Galadriel immer wieder in diffuses überirdisches Licht tauchen, lassen sie geradezu majestätisch wirken. Statt der Krone, die Maria oft auf Darstellungen trägt, schmückt Galadriels Haupt ein Diadem. Zur Komplimentierung eines christlichen Marienstandbildes fehlt einzig ein blauer Umhang, dieser wird jedoch

---

232 Vgl. Foster, Galadriel, in: Mittelerde Lexikon, 282. Weniger naheliegend ist dagegen die Gleichsetzung Galadriels mit einer germanischen Lichtgottheit; vgl. Petzold, Tolkien, 111.
233 Vgl. Seibert, Farbensymbolik, in: Lexikon christlicher Kunst, 112.

3. Christlich-religiöse Elemente

im Film bereits von Arwen getragen. Sie ähnelt aufgrund ihrer Inszenierung durchaus ebenso manchem Marienstandbild.

Abbildung 2: Das weiße Kopftuch Galadriels in DER HERR DER RINGE: DIE GEFÄHRTEN *ist Bestandteil vieler Mariendarstellungen.*

In DER HOBBIT: EINE UNERWARTETE REISE ist Galadriels Auftritt gleich einer übernatürlichen Erscheinung, umrahmt von mystischer Musik. Im Hintergrund leuchtet der Sichelmond, ein stellares Motiv Marias, bekannt von Darstellungen der *Maria Immaculata*[234] (lat. Unbefleckte Maria). Ganz langsam dreht sich Galadriel zum Publikum, was den Ausdruck ihrer Majestät zusätzlich verstärkt. Ihre Stimme klingt nicht wie von dieser Welt und ihre Fähigkeiten erweisen sich als übermenschlich. Sie vermag nicht nur mit Gedankenkraft zu kommunizieren[235], sondern gibt kurz vor ihrem Abgang an Gandalf das Versprechen, jederzeit helfend einzugreifen, wenn nach ihr gerufen wird.

---

234 Dazu heißt es in Offb 12,1: „Dann erschien ein großes Zeichen am Himmel: eine Frau, mit der Sonne bekleidet; der Mond war unter ihren Füßen und ein Kranz von zwölf Sternen auf ihrem Haupt." Die genannte Frau wird nach katholischer Lesart mit Maria assoziiert und die stelaren Attribute in gängigen *Maria Immaculata* Darstellungen verwendet.

235 Vielleicht eine Reminszenz auf eine Szene aus DER HERR DER RINGE, in der Galadriel, Celeborn, Elrond und Gandalf beisammenstehen: „Wäre ein Wanderer zufällig vorübergekommen, hätte er kaum etwas gesehen oder gehört [...]. Denn sie rührten sich nicht und sprachen auch nicht mit dem Munde, sondern gaben ein-

Besonders spektakulär ist ihr Abgang, denn sie entschwindet von einem auf den anderen Augenblick spurlos im Nichts. Diese Inszenierung erinnert an so manche plötzlich auftauchende und wieder verschwindende Erscheinung in diversen Marienwallfahrtsorten. Noch kurz zuvor steht Galadriel eine Weile vollkommen unbewegt da, gleich einer Marienstatue, im Hintergrund ist es mittlerweile Tag geworden und helles Licht umstrahlt ihren Körper. Die Inszenierung erinnert erneut an *Maria Immaculata* und das häufig mit Sonnenstrahlen versehene leuchtende Gewand.

Abbildung 3: *Ein Sichelmond leuchtet bei Galadriels Auftritt in* Der Hobbit: Eine unerwartete Reise *und erinnert an Darstellungen der Maria Immaculata.*

ander Einblick in ihr Inneres, und nur ihre Augen blitzten und funkelten, wenn ihre Gedanken vom einen zum andern gingen." HdR III, 317.

3. Christlich-religiöse Elemente

Abbildung 4: Ikonische Inszenierung Galadriels als übernatürliche, statuenhafte Erscheinung in DER HOBBIT: EINE UNERWARTETE REISE.

Wenn Tolkien sich in seiner Darstellung Galadriels von Maria beeinflussen lies, so scheint das für Regisseur Peter Jackson gleichermaßen zu gelten. Jedenfalls entspringt die Szene mit Galadriel seinen eigenen Vorstellungen, in Tolkiens DER HOBBIT kommt sie nicht vor.

3.1.2 Elbereth – Die „Sternkönigin"

Im *Legendarium* gibt es eine weitere Frauengestalt, an der in der Sekundärliteratur marianische Züge festgestellt werden: Elbereth, der Name bedeutet soviel wie „Sternkönigin"[236]. Schon die Übertragung des Namens ins Deutsche erinnert entfernt an die christliche Ikonographie der *Maria Immaculata* (lat. Unbefleckte Maria), deren Haupt mit Sternen bekränzt dargestellt wird. Während Elbereth jedoch ihren Titel der Erschaffung von Sternen verdankt, wobei nur ein Teil der Sterne von ihr in den Himmel gesetzt wurden, verweist Marias sternenbekränztes Haupt auf die apokalyptischen Zeichen aus der Offenbarung des Johannes (Offb 12,1).[237]

---

[236] Vgl. Foster, Elbereth, in: Mittelerde Lexikon, 204.
[237] „Nun begann sie ein großes Werk, das größte der Valar, seit sie nach Arda gekommen. Sie nahm den Silbertau aus den Kübeln unter Telperion, und daraus machte

Betrachtet man die an das stelare Attribut geknüpfte „Funktion" der beiden Frauengestaltung näher, kann eine deutliche Parallele entdeckt werden. So wird Maria in der katholischen Tradition als *Stella Maris* (lat. Meerstern) angerufen.[238] Der Stern, in diesem Fall Maria, leuchtet zum Schutz der Menschen. Die Gottesmutter wird in dieser Funktion nicht nur in Liedern gepriesen, sie wird von den Menschen in Not angerufen. Beides gilt ebenso für Elbereth, was bei ihrer Einführung im SILMARILLION bereits deutlich wird:

> Von all den Großen, die in dieser Welt wohnen, ist Varda den Elben die Höchstgeehrte und Meistgeliebte. Elbereth wird sie genannt, und die Elben rufen ihren Namen an aus dem Schatten von Mittelerde und lassen ihn in Liedern beim Aufgang der Sterne erklingen.[239]

Gerade im Schatten, der wie auch bereits aus MYTHOPOEIA bekannt, stellvertretend für die Dunkelheit und das damit verbundene Böse steht, vertraut man auf den Schutz Elbereths. Das gilt auch in Todesnot, in der die weiße Frau Elbereth angerufen werden kann, die schon alleine durch diese Farbgestaltung – analog zu Galadriel – einen merklichen Kontrast zum Schatten bildet: „*O Elbereth Sternentfacherin, [...], zu dir rufe ich nun im Schatten (in der Angst) des Todes. O blicke zu mir, du Immerweiße!*"[240]

Dieser Ausschnitt eines Elbereth-Hymnus, den Tolkien in einem seiner Briefe zitiert, erinnert an jene Passage des Ave Maria, in der es heißt: Heilige Maria, Mutter Gottes, bitte für uns jetzt und in der Stunde unseres Todes.[241]

---

    sie neue Sterne, hellere, für die Ankunft der Erstgeborenen; weshalb sie [...] genannt wurde, die Sternenkönigin." SIL, 69.
    „Bei Manwe wohnte [...] Elbereth [...], die Bildnerin der Sterne;" SIL, 55.
    „Dann erschien ein großes Zeichen am Himmel: eine Frau, mit der Sonne bekleidet; der Mond war unter ihren Füßen und ein Kranz von zwölf Sternen auf ihrem Haupt." Offb 12,1.
238 Exemplarisch sei an dieser Stelle der bekannte Marienhymnus „Ave maris stella" genannt und die Enzyklika „Spe Salvi" von Papst Benedikt XVI., in welcher er dem letzten Kapitel den Titel „Maria, Stern der Hoffnung" gibt. Der Stern als Symbol Marias fand auch Eingang in die kirchliche Heraldik, etwa in Bischofswappen.
239 SIL, 35.
240 Carpenter, Briefe, Nr. 211.
241 Vgl. Meyer, Tolkien, 126.

3. Christlich-religiöse Elemente

In ihrer Schutzfunktion kommt Elbereth in DER HERR DER RINGE mehrmals vor, wenngleich ihre Erwähnung immer nur eine Randbemerkung zu sein scheint, so ist sie dennoch für den Verlauf der Geschichte von ganz entscheidender Bedeutung. An manchen Stellen wird sie explizit erwähnt, wenn etwa ihr Name genannt wird, manchmal dagegen indirekt, wenn der Anblick eines Sternes am Himmel den Helden Hoffnung schenkt. Und bereits zu Beginn der Reise wird Frodos Weg vom Elben Gildor mit den Worten „Elbereth beschütze dich!"[242] unter ihren Schutz gestellt.

Besonders deutlich wird ihre Macht, als Frodo und seine Begleiter auf der Wetterspitze angegriffen werden. Reflexartig ruft er aus: „O Elbereth! Gilthoniel!"[243] Diese Anrufung scheint ihre Wirkung nicht zu verfehlen, die Gegner ziehen sich zurück und die Gefährten überleben allesamt den Angriff. Bleibt vorerst unklar, warum die Gegner so plötzlich ablassen, denn eigentlich hätte man nicht viel gegen den überlegenen Feind ausrichten können, so führt Aragorn dies zu einem späteren Zeitpunkt auf Frodos Hilferuf zurück.[244]

In DER HERR DER RINGE findet sich ein Lied, in dem Elbereth als Königin besungen wird, ganz ähnlich einem Lobpreis Marias:

O Königin, schneeweiß und fern
Jenseits des Westmeers, hohe Frau!
Hell leuchtest du uns Wanderern
In unsre Wälder wirr und grau.

O Elbereth! Gilthoniel!
O reiner Hauch, o lichter Quell!
Schneeweiße, unser Lied erhör`
Aus fernem Lande übers Meer!

O Sterne sonnenloser Zeit,
Von deiner Hand einst ausgestreut,
In hohen Lüften sie noch stehen
Und silbern durch die Wolken wehn.

---

242 HdR I, 119.
243 HdR I, 259. Gilthoniel ist ein Beinahme Elbereths, er bedeutet „Sternenentfacherin"; vgl. Foster, Gilthoniel, in: Mittelerde Lexikon, 299. Vgl. HdR III, 224 und 227f.
244 Vgl. HdR I, 262.

> O Elbereth! Gilthoniel!
> In fernem Land, in dunklem Hain
> Bleibt noch Erinnerung uns hell
> Ans Westmeer unterm Sternenschein.[245]

Michael Hageböck parallelisiert das Lied direkt mit dem marianischen Antiphon „Salve Regina".[246] In Bezug auf die ähnliche Funktion, nämlich eine Art Lobpreis zweier „himmlischer" Frauen, die Anrede „Königin" und die Hoffnung auf eine gute Zukunft, die hier wie dort mitschwingt, mag das zutreffen. Eine direkte Zuordnung an das „Salve Regina" bleibt letztlich steinbruchartig.

Deutlicher dagegen lässt sich der marianische Hymnus „Hail, Queen of Heaven" darin entdecken. Neben Funktion, Königstitel, marianischen Meerstern-Motiv und dem Flehen um Erhörung findet noch dazu die zweite Zeile mit der Bitte um Hilfe für uns „Wanderer" ein Echo in Tolkiens Gedicht:[247]

> Hail, Queen of Heaven, the ocean Star,
> Guide of the wanderer here below,
> Thrown on life's surge, we claim thy care,
> Save us from peril and from woe.
> Mother of Christ, Star of the sea,
> Pray for the wanderer, pray for me.[248]

Es ist offenkundig, dass eine gewisse Parallelisierung zwischen Elbereth und Maria durchaus ihre Berechtigung hat, die allerdings schnell an ihre Grenzen kommt. Im großen Unterschied zu Maria ist Elbereth keine Fürsprecherin in Sinne Marias oder der katholischen Heiligen, sondern hilft mittels eigener Kraft. Sie ist somit selbst eine Person mit großer Machtfülle, wirkt damit eher wie eine Art subalterne Gottheit, wenngleich sie keine Göttin ist, sondern vielmehr eine Art engelhaftes Wesen.

Die dogmatischen Grundaussagen der Mariologie treffen weder auf Galadriel, wie bereits festgestellt, noch auf Elbereth wirklich zu. Wenn man sich die Frage stellt, ob Tolkien sich, ähnlich wie bei Gal-

---

245 HdR I, 113.
246 Vgl. Hageböck / Kuby: Harry Potter – Der Herr der Ringe, 173f.
247 Vgl. Burns, Mothers, 251.
248 Burns, Mothers, 251.

adriel, auch bei Elbereth von der Darstellung Marias beeinflussen hat lassen, so kann dies mit großer Wahrscheinlichkeit angenommen werden. In einem Brief aus dem Jahre 1958 erwähnt Tolkien, dass ein Kritiker ihm geschrieben hätte, dass die Anrufungen Elbereths eine deutliche Beziehung zur katholischen Marienverehrung aufweisen würden.[249] Tolkien bleibt auch in diesem Fall zurückhaltend. Er bestätigt es nicht, weist es aber auch nicht von der Hand.

Gegen eine solche Parallelisierung würde sprechen, wenn die Anrufung nicht als Gebet, sondern als eine Art von Zauber verstanden würde. Immerhin bestünde auch diese Interpretationsmöglichkeit, denn in Tolkiens *Legendarium* spielt Zauberei eine große Rolle. Deutlich dagegen spricht sich Hageböck aus, auf dessen katholische Lesart im Folgenden noch näher eingangen wird: „Elbereths Anrufung ist kein Zauberspruch – es ist ein Gebet: aber keine Anbetung, sondern die Bitte um Fürsprache."[250]

Seine Wortwahl rückt Elbereth nun ganz deutlich in die Nähe der Fürsprecherin Maria. Hageböck bekräftigt diese Deutung im Zuge eines Interviews, welches anlässlich der bevorstehenden Filmpremiere von DER HOBBIT auf dem katholischen Online-Nachrichtenportal *kath.net* unter dem Titel „Wie katholisch ist der Hobbit?" veröffentlicht worden ist. Hageböck wird gefragt, was er von den bisherigen Tolkien Verfilmungen hält. Generell attestiert er ihnen eine „agnostische Färbung" und zur Anrufung Elbereths sagt er: „Wirklich geärgert hat mich, dass die Anrufungen Elbereth zensiert wurden, meines Erachtens Anrufungen von mariologischem Charakter. Dafür wurde Zauberei hinzugefügt, die es so im Buch nicht gibt."[251]

3.1.3 Maria bei Tolkien – Ein Beispiel für die katholische Rezeptionsgeschichte

Für die christliche Rezeptionsgeschichte katholischer Provenienz scheint beachtenswert, dass dem Thema „Maria bei Tolkien" ein Vor-

---

249 Vgl. Carpenter, Briefe, Nr. 213.
250 Hageböck / Kuby: Harry Potter – Der Herr der Ringe, 170.
251 http://www.kath.net/news/38225 [abgerufen am 10.08.2018].

trag anlässlich der 25. Jahrestagung des *Internationalen Mariologischen Arbeitskreises Kevelaer* (IMAK) 2006 gewidmet war. Zielsetzung dieses Arbeitskreises ist die weltweite Förderung der Marienverehrung, die mittels theologischer Forschung, der Pflege des Volksbrauchtums und der Volksfrömmigkeit erreicht werden soll.[252]

In einer der Publikation des IMAK, dem halbjährlich erscheinenden Marianischen Jahrbuch SEDES SAPIENTIAE, widmet sich der Vortragende Michael Hageböck 2011 erneut dem Thema. Hageböck hat bereits zuvor im katholischen *Fe-Medienverlag* ein Buch herausgegeben, welches sich unter anderem der christlichen Theologie in Mittelerde widmet.[253]

In seinem Beitrag für das Marianische Jahrbuch geht er besonders auf die Zeitangaben ein, die in DER HERR DER RINGE zwar nicht immer explizit Erwähnung finden, aber der Zeittafel in ANHÄNGE UND REGISTER entnommen werden können.[254] Er führt darin detailreich aus, dass alle Datumsangaben auf bedeutende kirchliche Feiertage fallen, was ihn zu der Schlussfolgerung führt:

> Der Schriftsteller befasste sich akribisch mit jedem Detail seiner Geschichte und nach zwölf Jahren Intensivarbeit am Text halte ich es für ausgeschlossen, dass eine konsequente Übereinstimmung der Daten von Buch und Kirchenfesten rein zufällig sein soll. Vielmehr scheint es mir als schlüssig nachgewiesen, dass in der veröffentlichten Fassung vom Aufbruch in Hobbingen (Vorabend zum 24. September) bis zur Ringvernichtung im folgenden Jahr (25. März) alle relevanten Marienfeste in der Geschichte Berücksichtigung finden.[255]

---

252 Vgl. http://www.imak-kevelaer.de [abgerufen am 10.08.2018].
253 Vgl. Hageböck / Kuby: Harry Potter – Der Herr der Ringe. Ziel des *Fe-Medienverlages*, dessen katholische Ausrichtung bereits im Leitspruch „Medien, die die Welt katholisch sehen" deutlich zum Ausdruck kommt, ist es durch sein Angebot, den Menschen zu helfen, sich in Gesellschaft und Kirche besser orientieren zu können. Vgl. http://www.fe-medien.de [abgerufen am 10.08.2018].
254 Vgl. AuR, 76–98.
255 Hageböck, Maria, 149. Die Datumsangaben werden vielfach als bewusst gewählt interpretiert, so etwa auch der Aufbruch aus Bruchtal: „Tolkien carefully chose the date that the Felloship begins its mission to overthrow Sauron: December 25, the same day Christians celebrate the Virgin Mary giving birth to Jesus." Colbert, The Lord of the Rings, 44. Vgl. AuR, 89. Dass Sam nach seiner Rettung an einem 25 März aufwacht, deutet Shippey „als Zeichen persönlicher Piätet", immerhin „ist nach der alten englischen Tradition der 25. März das Datum der Kreuzigung, des ersten Karfreitags." Shippey, Autor des Jahrhunderts, 260.

3. Christlich-religiöse Elemente

Hageböck interpretiert DER HERR DER RINGE damit eindeutig christlich bzw. katholisch. Bereits in der Entstehungsgeschichte des Werkes sieht er einen deutlichen Einfluss des „marianischen Jahrhunderts"[256]. Er ist der festen Überzeugung, dass Tolkiens religiöse Sozialisation stark durch den zeitgeschichtlichen Kontext besonderer Marienfrömmigkeit geprägt war. Natürlich war dem glühenden Katholiken Tolkien die Marienverehrung nicht fremd, eine bewusste Komposition von DER HERR DER RINGE rund um katholische (Marien-) Feiertage bleibt zumindest insofern fraglich, als dass Tolkien in seinen Briefen zwar einräumt, Anleihen in Bezug auf die Darstellung bei der Gottesmutter genommen zu haben, die Datumsangaben dabei jedoch keine Rolle spielen.

Eine kritische Analyse von Hageböcks Deutungen kommt zu dem Ergebnis, dass manches ganz einfach nicht zu beweisen ist, zugleich aber auch nicht gänzlich von der Hand zu weisen: So parallelisiert er beispielsweise den in einer Nacht zum 7. Oktober stattfindenden Kampf auf der Wetterspitze mit der Anrufung Elbereths mit dem Jahrestag der durch die Fürsprache der Gottesmutter gewonnenen Seeschlacht von Lepanto.[257] Diese Interpretation kann man richtigerweise als „problematisch" bezeichnen, wie dies etwa Fornet-Ponse macht, der auch Gegenargumente anführt.[258] Ohne die Möglichkeit der Autorenbefragung muss allerdings eingeräumt werden, dass eine vollstände Widerlegung von Hageböcks Behauptung, Tolkien hätte das Datum bewusst mit Blick auf Lepanto gewählt, schlicht und einfach nicht möglich ist.

Ebenso problematisch erscheint Hageböcks marianische Interpretation von Tolkiens DER HOBBIT, dessen Handlungsstrang er vom „Marienmonat" Mai umrahmt sieht. Dagegen spricht die Entstehungsgeschichte des Werkes, das als organisch gewachsene Erzählung für seine Kinder geschaffen wurde.[259] Tolkien erzählte „drauflos" und webt die Handlung ohne allzu strenge Vorausplanung Stück für Stück

---

256 Hageböck, Maria, 152.
257 Vgl. HdR I, 259. Vgl. AuR, 89. Vgl. Hageböck, Maria, 144f.
258 Vgl. Fornet-Ponse, Tolkien zw. christl. Instrumentalisierung und theol. Rezeption, 59f.
259 Vgl. Carpenter, Briefe, Nr. 163. Wobei natürlich an dieser Stelle nicht zu vergessen ist, dass auch DER HOBBIT, wenn auch nicht gleich von Beginn an, im größe-

immer weiter. Mit weit größerer Wahrscheinlichkeit scheint daher ein Zusammenfallen mit dem sogenannten „Marienmonat" zufällig zu sein. Was würde, so müsste man sich angesichts dieser Deutung fragen, Tolkien damit zum Ausdruck bringen wollen? Wollte er ein besonderes Zeichen seiner Frömmigkeit setzen? Wohl kaum, wenngleich es eine endgültige Klärung auch hier nicht geben kann, denn Tolkien hat uns dazu nichts Schriftliches hinterlassen.

3.2 Der „gute" Kampf – Ein christliches Weltbild

In Tolkiens *Legendarium* geht es über weite Strecken um den Konflikt zwischen den Mächten des Guten mit den Mächten des Bösen, der weniger mit Worten als vielmehr mit äußerst brutaler Waffengewalt ausgefochten wird. Auf den folgenden Seiten werden die christlichen Motive dieser Auseinandersetzung herausgearbeitet, angefangen bei der grundlegenden Frage nach der Beeinflussung des Autors: Denn warum schreibt ein so tiefgläubiger Katholik wie Tolkien Werke, in denen der Kampf, oder mehr noch, der Krieg, eine so zentrale Rolle einnimmt?

Auf den ersten Blick könnte man meinen darin einen Widerspruch zur jesuanischen Ethik der viel zitierten „Feindesliebe" (Mt 5,43ff; Lk 6,27.32ff) erkennen. Bei näherem Hinsehen fällt auf, dass in der Betrachtung dieses Konflikts deutlich christliche Elemente zu Tage treten, wiederum auch solche, die aus der christlichen Ikonographie bekannt sind. Dabei kann nur exemplarisch auf einzelne ausgewählte Figuren des *Legendariums* eingegangen werden, alles andere würde den Umfang bei Weitem sprengen. Außerdem wird in diesem Kapitel der Frage nachgegangen, inwieweit Tolkiens Werk ein religiöser Dualismus zu Grunde liegt.

Angefangen bei der Frage nach der Beeinflussung, können zwei Motive als zentral herausgearbeitet werden. Zum einen war Tolkiens Leben geprägt von den Erfahrungen des Ersten Weltkrieges, in dem er als Soldat diente und etwa die Schlacht an der Somme hautnah miter-

---

ren Kontext von Tolkiens Mythologie entstanden ist; vgl. Carpenter, Briefe, Nr. 19 u. 163 und die Vorbemerkungen zu Carpenter, Briefe, Nr. 165. Vgl. Carpenter, Biographie, 204.

leben musste. Dort, in einer der blutigsten Auseinandersetzungen dieses Krieges, verlor er zwei seiner besten Freunde. Im Vorwort zu DER HERR DER RINGE schreibt er: „1918 waren alle meine guten Freunde tot, bis auf einen."[260] Und während noch der Erste Weltkrieg tobte, begann er damit, sein Fantasy-Universum zu erschaffen.

Jahre nach den eigenen Kriegserfahrungen ziehen seine beiden Söhne Michael und Christopher in den Zweiten Weltkrieg. Mit ihnen bleibt Tolkien postalisch in Verbindung und zittert mit ihnen mit, betet, dass sie nur ja wieder heil nach Hause zurückkehren mögen. Aus einem solchen Brief an seinen Sohn Christopher könnte man folgern, dass Tolkiens literarisches Schaffen durchaus als eine Art Bewältigungsstrategie der verheerenden Kriegserlebnisse verstanden werden kann:

> In all deinen Leiden (von denen manche bloß körperlich sind) spüre ich ein Verlangen, Dein *Gefühl* für Gut und Böse, Schön und Scheußlich irgendwie zu äußern: es zu rationalisieren und nicht einfach vor sich schwären zu lassen. In meinem Falle sind daraus Morgoth und die History oft the Gnomes erwachsen. Große Teile [...] wurden in schmutzigen Kantinen geschrieben, beim Unterricht im kalten Nebel, in Kasernen voller Flüche und Zoten, bei Kerzenlicht in den Rundzelten und manchmal sogar in den Gräben unter Beschuß. Natürlich war das nicht gut für Geistesgegenwart und praktischen Sinn, und ich war kein guter Offizier ... [261]

Mit Blick auf diese Erfahrungen kann man feststellen, dass das *Legendarium* ein Kind des Krieges ist. Im Krieg kann überhaupt einer der wesentlichen Auslöser für sein phantastisches Schaffen gefunden werden. John Garth, der Tolkiens Kriegserfahrungen eine eigene Publikation gewidmet hat, schreibt diesen eine besonders hohe Bedeutung zu:

> Hätte Tolkien nicht das Bedürfnis verspürt, sein Entsetzen über den Kriegsausbruch zum Ausdruck zu bringen, wäre ihm die eigene Sterblichkeit nicht in aller Deutlichkeit bewusst geworden und wären ihm die

---

260 HdR I, 12.
261 Carpenter, Briefe, Nr. 66. So kommt etwa auch Hugh Brogan zu dem Schluss, dass Tolkiens Schaffen u.a. »Therapie für einen, durch den Krieg ziemlich erschütterten Geist war [...].« Garth, Tolkien und der Erste Weltkrieg, 409. „Brian Rosebury geht soweit, den »Herrn der Ringe« als letztes Werk der ›First-World-War-Literature‹ zu bezeichnen, das eben erst 40 Jahre nach Kriegsende veröffentlicht wurde." Waack, Mittelerde, 14.

3.2 Der „gute" Kampf – Ein christliches Weltbild

Schrecken der technisierten Kriegsführung nicht zuwider gewesen, dann hätte er sich vermutlich der Fantasy überhaupt nicht zugewandt.²⁶²

Ob es wirklich so gekommen wäre, darüber lässt sich nicht mit Gewissheit urteilen. Sicher aber hätten die Geschichten anders ausgesehen, denn die Kriegsgeschehnisse haben merkbare Spuren hinterlassen. Tolkien, der ja, wie bereits erwähnt, Rückschlüsse aus der Biographie des Autos auf sein literarisches Schaffen ablehnte, tat dies im Übrigen auch hinsichtlich der Einflussnahme des Krieges auf die Handlung seines Werkes:

> Persönlich glaube ich nicht, dass einer der beiden Kriege ... Einfluss auf die Handlung oder die Art ihrer Abwicklung hatte. Vielleicht in der Landschaft. Die Totensümpfe und Zugänge zum Morannon haben etwas von Nordfrankreich nach der Schlacht an der Somme.²⁶³

Gerade Tolkiens Beschreibung der Totensümpfe in DER HERR DER RINGE lässt erahnen, wie sehr sich das Schlachtfeld in sein Gedächtnis eingegraben hat, denn ganz deutlich zeichnen sich die Parallelen ab. Die offensichtlichste Entsprechung ist, dass es sich bei den Totensümpfen ebenso um ein Schlachtfeld handelt. Der Sumpf erinnert an die im Schlamm versinkenden Soldaten, die giftigen Nebel an die Schrecken des Gaskrieges und da wie dort sind es die vielen Toten, die den Boden überziehen und den Totensümpfen erst ihren Namen geben.²⁶⁴

Doch neben dem von Tolkien eingeräumten Einfluss auf die Landschaftsbeschreibung lassen sich auch noch andere Verbindungen aufzeigen. Die erstmals an der Somme zum Einsatz gebrachten Panzer spiegeln sich wieder in den panzerähnlichen Drachen beim Angriff auf Gondolin, die im Verlauf der Schlacht gemachte Erfahrung fehlender militärischer Koordination mit den damit verbundenen Konsequenzen finden ihre Entsprechung im SILMARILLION in der fünften Schlacht der Kriege von Beleriand.²⁶⁵ Selbst in DER HOBBIT ist die Erfahrung des Veteranen spürbar, man denke an die Organisation bei der Bekämpfung des Drachen Smaug: „Die ganze Szene, obwohl in die Epoche von Pfeil und Bogen versetzt, mutet eher wie ein Gefecht aus dem

---

262 Garth, Tolkien und der Erste Weltkrieg, 414.
263 Garth, Tolkien und der Erste Weltkrieg, 433.
264 Für die Durchquerung der Totensümpfe vgl. HdR II, 281ff.
265 Vgl. SIL, 293ff. Vgl. Garth, Tolkien und der Erste Weltkrieg, 417.

Ersten Weltkrieg an, [...], als wie eine sagenhafte Schlacht des frühen Mittelalters."[266]

Noch viele weitere Parallelen könnten aufgezeigt werden, eine aber scheint ganz besonders hervorzustechen und erwähenswert, da ihr Einfluss auf die Handlung äußerst bedeutsam ist: Die überaus loyale Haltung Sams zu Frodo, die letztlich für das Gelingen des Unternehmens zwingend notwendig ist, ist der Beziehung eines Offiziers zu seinem Burschen geschuldet.[267]

Neben den eigenen leidvollen Erfahrungen ist, als weiterer wesentlicher Faktor zur Beantwortung der eingangs gestellten Frage, Tolkiens Faszination für antike und mittelalterliche Heldenepen und Sagen zu nennen. Hinzurechnen könnte man wohl auch so manche Heiligenlegende[268]. So verwundert es kaum mehr, dass in DER HOBBIT, vielmehr aber noch in DER HERR DER RINGE und im SILMARILLION, die Auseinandersetzung zwischen Gut und Böse ein zentrales Motiv der Erzählung ist.

Tolkien verarbeitet demnach nicht nur die eigenen Kriegserfahrungen, sondern ergänzt sie durch seine aus der Literatur gewonnenen romantischen Vorstellungen des heroischen Heldentums. Dort findet sich der in beispielloser Selbstüberwindung geführte Kampf für das Gute. Selbst wenn dieser noch so aussichtslos erscheint, geben die Helden nicht auf und bleiben in ihrem Tun geradezu vorbildlich. Die Helden müssen also nicht nur auf der richtigen Seite stehen, sondern sich zugleich durch tugendhaftes Verhalten bewähren.

Ihre bösen Widersacher dagegen bevorzugen eine grausame Art des Krieges, die keine Rücksicht auf Unschuldige nimmt, weit entfernt von Tolkiens Idealvorstellungen. Ein Sieg wird durch Nutzung aller zur Verfügung stehenden Mittel angestrebt. Ein Vorteil, der den Guten nicht zur Verfügung steht.

Ein besonderes Motiv nimmt dabei die Gegenüberstellung des ritterlichen Kampfes, gegen das mit grausamen Maschinen geführte Gefecht ein, derer sich die Mächte des Bösen bedienen.[269] Die aus diesem blutigen Konflikt zwischen Mensch gegen Maschine kommende Bitter-

---

266 Shippey, Autor des Jahrhunderts, 82. Vgl. HOB, 273ff.
267 Vgl. Carpenter, Biographie, 99.
268 Etwa jene des Hl. Brendan, vgl. Kap. 3.8.2 St. Brendans wundersame Seefahrt.
269 Vgl. Meyer, Tolkien, 44f.

keit drückt sich auch in Tolkiens Briefen aus, in denen er mehrmals die Technisierung des Krieges bedauert, wenn er beispielsweise die Luftwaffe oder die Entwicklung der Atomwaffe kritisiert.[270] Kurz, aber umso deutlicher, nimmt er dazu in einem Brief an seinen Sohn Christopher Stellung:

> „Jedenfalls scheint der erste Krieg der Maschinen seinem unschlüssigen letzten Kapitel entgegen zu gehen – wonach leider jedermann nur ärmer ist, viele in Trauer oder verstümmelt und Millionen tot, und nur eines triumphiert: die Maschinen. Da die Knechte der Maschinen zur privilegierten Klasse werden, vermehrt die Macht der Maschinen sich ungeheuer. Welches ist ihr nächster Schritt?"[271]

In diesen wenigen Zeilen offenbart sich eine besondere Dystopie, die an so manchen Film der Gegenwart erinnert, in der die Menschen den Maschinen weichen mussten.[272] In diesen wenigen Zeilen drückt sich in merklich bedrückender Weise die Erfahrung des Kriegsveteranen aus, der die Materialschlachten des Krieges deutlich vor Augen hat. Mit dieser Art des Kampfes weiß Tolkien nichts anzufangen, er ächtet ihn zutiefst und generiert in seinen Werken stattdessen einen Gegenentwurf, indem er das romantische Bild des Kämpfers für das Gute zeichnet, wie er aus der christlichen Religionsgeschichte und Ikonographie bekannt ist.

3.2.1 Exkurs: Ursprünge der *Militia Christi*

In Tolkiens Vorstellungswelt scheint der gute Kampf inspiriert vom christlichen Entwurf der *Militia Christi*, der Soldaten Christi, einem von religiös-kirchlichen Ideen beeinflussten Idealbild, das vor allem das Rittertum des Hochmittelalters prägt. Diese Anschauung scheint, wie bereits eingangs zu diesem Kapitel erwähnt, auf den ersten Blick nichts mit der Lehre Christi und ihrem Aufruf zu absolutem Gewaltverzicht gemeinsam zu haben. Die Idee des christlichen Soldaten ist je-

---

270 Vgl. Carpenter, Briefe, Nr. 100 u.102.
271 Carpenter, Briefe, Nr. 96.
272 Exemplarisch sei an dieser Stelle auf den populären Film TERMINATOR (engl. Original: THE TERMINATOR, Regie: James Cameron, US/GB 1984) verwiesen, dem inzwischen vier weitere Kinoteile folgten.

doch keine Erfindung des Mittelalters, in der sie zwar eine ganz eigene Ausprägung bekommt, ihre Wurzeln reichen zurück bis ins frühe Christentum, wie in den nun folgenden Ausführungen kurz skizziert wird.

In den ersten drei Jahrhunderten schien der Kriegsdienst mit dem Evangelium noch vollkommen unvereinbar, basierend auf den Worten Jesu.[273] Das kommt besonders in der Bergpredigt zum Ausdruck (Mt 4,25–5,1), wenngleich neben den dominierenden Aufrufen zur Gewaltlosigkeit das NEUE TESTAMENT durchaus auch kriegerisch anmutende Worte Jesu kennt (Mt 10,34[274]), die in der heutigen Exegese jedoch meist nicht als solche verstanden werden.

Aus dem Kriegswesen entlehnte Bilder werden in der Frühkirche dagegen häufig verwendet, so bedienen sich die Paulinischen Briefe gerne dieser Sprache. Besonders deutlich sind die Zeilen an die Epheser, in der Einheitsübersetzung sogar mit „Aufruf zum Kampf" (Eph 6,10–20) überschrieben. Dort findet sich gleich eine ganze Fülle von Begriffen aus dem Militärwesen:

> [10] Und schließlich: Werdet stark durch die Kraft und Macht des Herrn! [11] Zieht die Rüstung Gottes an, damit ihr den listigen Anschlägen des Teufels widerstehen könnt. [12] Denn wir haben nicht gegen Menschen aus Fleisch und Blut zu kämpfen, sondern gegen die Fürsten und Gewalten, gegen die Beherrscher dieser finsteren Welt, gegen die bösen Geister des himmlischen Bereichs. [13] Darum legt die Rüstung Gottes an, damit ihr am Tag des Unheils standhalten, alles vollbringen und den Kampf bestehen könnt. [14] Seid also standhaft: Gürtet euch mit Wahrheit, zieht als Panzer die Gerechtigkeit an [15] und als Schuhe die Bereitschaft, für das Evangelium vom Frieden zu kämpfen. [16] Vor allem greift zum Schild des Glaubens! Mit ihm könnt ihr alle feurigen Geschosse des Bösen auslöschen. [17] Nehmt den Helm des Heils und das Schwert des Geistes, das ist das Wort Gottes.

---

273 Ich folge in meiner Darstellung Von Harnack, Adolf: Militia Christi. Die christliche Religion und der Soldatenstand in den ersten drei Jahrhunderten, Darmstadt: Wissenschaftliche Buschgesellschaft 1963.

274 „Denkt nicht, ich sei gekommen, um Frieden auf die Erde zu bringen. Ich bin nicht gekommen, um Frieden zu bringen, sondern das Schwert." Im Kontext gelesen und neben Lk 12,49–53 gestellt, werden die Worte Jesu als ein Hinweis auf die Entzweiung in den Familien verstanden, die als Folge der Verkündigung ungewollt auftreten können. Vgl. Von Harnack, Militia Christi, 4 Anm. 1.

Die Bilder von Rüstung, Gurt, Panzer, Schild, Helm und Schwert werden geistlich verstanden. Daran lässt Paulus keinen Zweifel aufkommen. Besonders deutlich, wenn er an anderer Stelle davon spricht, dass die von den frühen Missionaren genutzten Waffen nicht irdischer Natur sind (2Kor 10,3f).[275] Zu besiegen gilt es in diesem geistlichen Kampf an erster Stelle nicht andere Menschen und deren „Gedankengebäude" (2Kor 10,5), sondern vielmehr Dämonen. Bei aller Militärrhetorik erscheint es daher wenig verwunderlich, dass Paulus sich wohl selbst als Soldat Christi versteht, seine Mitarbeiter bezeichnet er wohl nicht ohne Grund als „Mitstreiter" (Phil 2,25; Phlm 1,2). Die expliziete Anrede als Soldat Gottes findet sich in den Pastoralbriefen, dort ermutigt Paulus den Timotheus, mit ihm mitzuleiden als Soldat Christi (2Tim 2,3). Zusammengefasst lässt sich feststellen: „So spricht nur Einer, der gewohnt ist, sich als Krieger zu empfinden und sein Werk als Feldzug zu betrachten."[276]

Dieser aus dem Militärwesen entlehnten Bildersprache bedienen sich außerhalb des NEUEN TESTAMENTS auch andere frühchristliche Zeugnisse. An dieser Stelle kann nur exemplarisch darauf eingegangen werden. Für die Entwicklung des *Militia Christi*-Gedankens sind der Erste Clemensbrief und der Polykarpbrief des Ignatius von Antiochien bedeutend, die beide um 100 n. Chr. abgefasst wurden.[277]

Waren es bei Paulus noch die Apostel und Missionare, die als Soldaten Christi gesehen wurden, so wird die *Militia Christi* nun auf alle Christen ausgeweitet. Denn alle Gläubigen sollen sich bemühen, gute Soldaten zu sein, so Clemens in seinem Brief: „Laßt uns also, Männer, Brüder, den Kriegsdienst leisten mit aller Beharrlichkeit unter seinen untadeligen Befehlen."[278]

---

275 Weitere Bilder aus dem Militärwesen finden sich etwa in Röm 6,13; 13,12. Dort spricht Paulus von den Waffen der Gerechtigkeit bzw. des Lichts, in 2Kor 6,7 finden sich ebenso die Waffen der Gerechtigkeit, in 1Kor 9,7 ist die Rede vom Kriegsdienst und Sold, Panzer und Helm finden sich außerdem noch in 1Thess 5,8 und eine Aufforderung zum guten Kampf findet sich 1Tim 1,18.
276 Von Harnack, Militia Christi, 15.
277 Die Datierung von 1 Clem ist nicht ganz sicher, angenommen wird jedoch kurz vor 100; vgl. Lindemann, Apostolische Väter, 77. Die Abfassung des Polykarpbriefes fällt vermutlich in die Regierungszeit Trajans, also zw. 110–117. Vgl. Paulsen, Briefe, 4.
278 1 Clem 37,1. Übersetzung nach Lindemann / Paulsen, Apostolische Väter, 121.

3. Christlich-religiöse Elemente

Als oberster Kriegsherr fungiert Christus, unter dessen Befehl alle Christen stehen. Ignatius schreibt: „Gefallt eurem Kriegsherrn, von dem ihr ja auch Sold erhaltet. Keiner von euch soll sich als Fahnenflüchtiger erweisen."[279]

In ihrer Sprache lehnen sich die frühen Texte oftmals an Paulus an, besonders an den zitierten Epheserbrief, jedoch kommen noch zusätzliche Begriffe aus dem Militärwesen hinzu, etwa das Kreuz als Feldzeichen.[280] Eines haben alle diese Zeugnisse gemeinsam, sie verstehen den Kampf immer noch geistlich.

Das tut auch einer der bedeutendsten Theologen der Frühkirche, nämlich Origenes, am Anfang des 3. Jhds. Er entwickelt das Bild der *Militia Christi* jedoch ein entscheidendes Stück weiter, indem er den Begriff wieder ein Stück weit einengt. Vor dem Hintergrund einer zunehmenden Verweltlichung der christlichen Gemeinde sind es nun vor allem die Asketen, die als Soldaten im Kampf gegen die ständig heranströmenden Versuchungen des Bösen stehen. Sie bilden, um in der Sprache des Militärs zu bleiben, die Speerspitze des Kampfes. Der Grundstein für die im Mittelalter entstehenden Kreuzzugsorden ist damit gelegt. Diese sind, entgegen so manchen heute verbreiteten Vorstellungen, tatsächlich als geistliche Ordensgemeinschaften angelegt gewesen.

Tertullian, der wie Origenes am Beginn des 3. Jhds. wirkt, bedient sich ebenso einer Fülle von militärischen Bildern. Als Sohn eines römischen Offiziers nutzt er etwa den Begriff „sacramentum", der sich bis heute in den kirchlichen Sakramenten erhalten hat, um damit eine Parallelisierung zum militärischen Fahneneid zu schaffen: Die Taufe als Eingliederung ins Christentum ist somit zugleich heiliges Zeichen der Zuwendung Gottes, wie auch eine militärische Verpflichtung geistiger Natur. Der Getaufte wird zum Soldaten, indem er – analog zum Heer – einen Eid leistet, der nicht gebrochen werden darf.

> In dem nächsten Jahrhundert nach Tertullian sind die Predigten und die Ermahnungen in der abendländisch-lateinischen Kirche angefüllt von den militärischen Bildern des Soldatendienstes, der militärischen Disziplin und des Kampfes. Man darf geradezu sagen, dass dieses Schema und diese Bilder die häufigsten unter allen waren, und dass besonders Cypri-

---

279 Ign. Pol. 6,2. Übersetzung nach Lindemann / Paulsen, Apostolische Väter, 239.
280 Vgl. Ign. Sm. 1,2.

an, dessen Traktate und Briefe mehr gelesen wurden als die heiligen Schriften, sie vollends eingebürgert hat.[281]

Nach der konstantinschen Wende kam es langsam aber sicher zu einer Änderung des Verständnisses der *Militia Christi*. Der geistig verstandene Kampf entwickelte sich mehr und mehr hin in Richtung realer kriegerischer Auseinandersetzungen. Schon Konstantin ließ der Legende nach das Christusmonogramm auf den Feldzeichen anbringen, um seinen Gegenspieler Maxentius in der Schlacht an der Milvischen Brücke (312) in die Knie zu zwingen.[282] Die Konzeption des geistig verstandenen Kampfs bleibt zwar weiterhin erhalten, wird nun aber ergänzt durch eine reale militärische Komponente.

Das frühkirchliche Verständnis der geistigen Soldatenschaft bedeutet freilich nicht, dass es nicht auch unter Soldaten im römischen Heer Christen gegeben hätte. Schon im NEUEN TESTAMENT sind uns Soldaten überliefert, die sich dem Christentum zuwenden, etwa der Hauptmann von Kafarnaum (Mt 8,5–13). Auch ein unter dem Kreuz stehender Hauptmann ist überliefert, in der Tradition erhält er den Namen Longinus, der Jesus als Sohn Gottes preist (Mt 27,54). Ein weiterer Hauptmann namens Kornelius begegnet uns in der Apostelgeschichte, er wird als besonders gottesfürchtig geschildert (Apg 10,1–48). Zu keinem von den Genannten wird gesagt, dass der Beruf aufzugeben wäre.

Sehr wohl aber wird auch von ihnen ein gottesfürchtiger Lebenswandel erwartet, wie es aus einer Antwort von Johannes dem Täufer hervorgeht, der zu Soldaten spricht (Lk 3,14) und ihnen einen kurzen Moralkodex auferlegt: „Auch Soldaten fragten ihn: Was sollen denn wir tun? Und er sagte zu ihnen: Misshandelt niemand, erpresst niemand, begnügt euch mit eurem Sold!"

Gerade diese Antwort spricht dafür, dass ein Austritt aus der Armee nicht gefordert wurde. Tugendhaftes Leben im (früh-)christlichen Sinne war also sehr wohl auch als Soldat möglich. Selbiges war sicher die Meinung des Paulus, der die Gläubigen dazu auffordert, in ihrem jeweiligen Stand zu bleiben (1Kor 7,17–24).

---

281 Von Harnack, Militia Christi, 40f.
282 Die christlich gefärbte Legende ist überliefert bei Eusebius von Cäsarea; vgl. Eus. vita Const. 1,27–32.

Anzunehmen ist dennoch, dass sich Christen angesichts einer im Regelfall fehlenden allgemeinen Wehrpflicht nicht freiwillig zum Soldatendienst meldeten. Ganz frühe Quellen haben wir dazu nicht. Erst für das letzte Drittel des 2. Jhds. lässt sich deutlich belegen, dass die Christen aufgrund ihrer religiösen Überzeugung einen Eintritt in die Armee scheuten bzw. davon abgehalten wurden. So erbost sich etwa Celsus, ein überzeugter Kritiker des Christentums, dass durch das Fernbleiben der Christen in der Armee das Reich den anstürmenden Barbaren nicht die nötigen Truppen entgegenstellen könne.[283] Ein völlig christenfreies Heer ist jedoch auszuschließen, wie auch andere Quellen belegen. So hebt etwa Tertullian hervor, um Kritikern des Christentums den Wind aus den Segeln zu nehmen, dass diese sehr wohl in der Armee dienen.[284] Zugleich aber verurteilt er in einer anderen Schrift, die sich nun wiederum an ein christliches Lesepublikum wendet, diese Tatsache aufs Schärfste, wie dies im Übrigen auch Origenes tut.[285] Durch dieses Zeugnis Tertullians kommt die besondere Ambivalenz des Themas gut zum Ausdruck. Je nach Adressat wird die entsprechende Argumenation bzw. Botschaft gewählt. Es scheint jedenfalls ein durchaus kontrovers geführter Diskurs gewesen zu sein.

Das Beispiel Tertullians spiegelt wohl die Realität wider. Einerseits werden Christen von der Kirche abgehalten, als Soldaten zu dienen, andererseits gibt es aber Christen, die dennoch im Heer dienen. Würde es diese christlichen Soldaten nicht geben, existierten wohl nicht so viele Erzählungen über Soldatenmärtyrer. Die bekannteste unter ihnen ist wohl jene der Thebaischen Legion gegen Ende des 3. Jhds. Die Legende erzählt, dass sie nur aus Christen bestand, die alle aufgrund ihres religiösen Bekenntnisses den Märtyrertod fanden. Wenngleich dieser Bericht wohl dem Reich der Legenden angehört, so scheint er doch ein Beleg dafür zu sein, dass es sehr wohl Soldaten mit christlichem Bekenntnis gab und dass diese Zahl mit der Zunahme von Christen in der Bevölkerung auch weiter anstieg.

Mit der Konstantinischen Wende und der damit verbundenen Anerkennung des Christentums änderte auch die Kirche ihre Einstellung zum Soldatendienst. So kam diese dem Kaiser entgegen, indem sie nun

---

283 Vgl. Orig. c. Cels. 8,68.
284 Vgl. Tert. apol. 37,4.
285 Vgl. Tert. idol. 19. Vgl. Orig. c. Cels. 8,73

Schritte setzte, um die Soldaten bei der Stange zu halten: Das Konzil von Arles (314) legte bei Androhung des Ausschlusses von der Kommunion fest, dass kein Soldat die Waffen beiseitelegen dürfe (canon III).[286]

Konstantin seinerseits entschädigte großzügig jene Soldaten, die aufgrund ihres christlichen Bekenntnisses Nachteile erlitten hatten.[287] Die Christen schlugen sich fortan gerne auf die Seite der christlichen Kaiser. Somit war mit der Anerkennung des Christentums im 4. Jh. gleichzeitig der Weg freigegeben für ein neues Verständnis der christlichen Soldatenschaft: Die geistige *Militia Christi* wird zur bewaffneten *Militia Christi*.

3.2.2 Tolkiens *Militia Christi*

Tolkiens Kämpfer basieren, wenngleich nicht aussließlich, so doch zu einem guten Teil auf dem Konzept der *Militia Christi*. Der geistige Kampf wider die Mächte des Bösen, in der Antike vor allem die Vorstellung vom Kampf mit Dämonen, welche die Menschen zur Sünde hinführen, ist den Soldaten in DER HERR DER RINGE nicht fremd. Dieser geistige innere Kampf ist ein Konflikt mit unterschiedlichsten Versuchungen. Die schlimmste unter ihnen, der es unbedingt zu widerstehen gilt, ist der Ring selbst. Um den Sieg zu erringen, gilt es, verschiedene Tugenden an den Tag zu legen.

Eine solche soldatische Tugend beispielhaft herausgegriffen, die zugleich zu den evangelischen Räten zählt und somit bis heute vor allem für Ordensgemeinschaften charakteristisch ist, wäre der Gehorsam. Schon für Paulus war es wichtig zu betonen, dass jeder Mensch auf seinen ihm bestimmten Platz gestellt wurde und sich dem zu fügen hat (1Kor 7,17–24). In besonderer Weise gilt dies für das Heereswesen und seine strenge hierarchische Rangordnung. Es wird erwartet, dass sich jeder gehorsam eingliedert und den Befehlen der Oberen nicht zuwiderhandelt. Das gilt in gleicher Weise bereits für die frühe Verfasstheit der *Militia Christi* im 1. Jh.:

---

286 Vgl. Von Harnack, Militia Christi, 87ff.
287 Vgl. Eus. vita Const. 2,33.

3. Christlich-religiöse Elemente

> Laßt uns diejenigen beobachten, die für ihre Herrschenden Kriegsdienst leisten – wie wohlgeordnet, wie willfährig, wie gehorsam sie die Anordnungen vollziehen. Nicht alle sind Befehlshaber, auch nicht Führer von Tausendschaften, von Hundertschaften, von Fünfzigschaften und so weiter; sondern jeder vollzieht auf seinem eigenen Posten das vom König und von den Herrschenden Angeordnete.[288]

Den vielen namenlosen Soldaten in Tolkiens Werk kommt es gar nicht erst in den Sinn zu desertieren, trotz der immer wieder betonten Übermacht des Gegners. Pflichterfüllung und Gehorsam scheinen oberste Devise zu sein.

Insubordination kommt bei Tolkien zwar vor, allerdings nur auf der Seite des Bösen vor bzw. bei bereits vom Bösen korrumpierten Figuren. Unter den Guten kommt es dagegen höchstens zu „harmlosen" Einzelfällen von Befehlsverweigerung, wie etwa bei Éowyns Täuschungsmanöver oder Pippins Verrat durch den Diebstahl des Palantírs. Dieser Fall ist „letztlich als ein Akt kindlichen Mutwillens und Trotzes"[289] zu lesen. In diesem Zusammenhang sind noch die Entscheidungen der beiden Hobbits Marry und Pippin zu erwähnen, die zwar gegen bestehende Befehle handeln, was allerdings nicht aus Eigennutz geschieht und letztlich positiv zu bewerten ist.[290] Und Boromir, der auf einen Abweg gerät, sühnt sein Vergehen mit dem (Helden-)Tod.

Ganz anders dagegen die Motive für Insubordination auf Seiten des Bösen mit tödlichem Ausgang. Mehrfach und besonders deutlich wird diese Art des Ungehorsams und des Zanks untereinander bei den Orks beschrieben. Exemplarisch sei auf eine geradezu idealtypische Szene zwischen zwei Orks verwiesen, die Tolkien bereits mit den Worten „Wie üblich waren sie am Streiten [...]" einleitet. Der Konflikt endet tödlich:

---

288 1 Clem 37,2f. Übersetzung nach Lindemann / Paulsen, Apostolische Väter, 121. Clemens greift in seiner weiteren Argumentation zurück auf Paulus und dessen Allegorie vom Körper. Alle Glieder haben dabei die ihnen auferlegte Aufgabe zu erfüllen (1Kor 12,12-26). Die strenge Hierarchie, die Clemens an dieser Stelle einfordert, ist bis heute für die Katholische Kirche prägend geblieben.
289 Pesch, Mythenschöpfer, 71. Zwar ist Pippin bereits 29 Jahre alt, für einen Hobbit fehlen ihm allerdings noch vier Jahre auf seine Volljährigkeit. Vgl. ebd.
290 Vgl. Petzold, Tolkien, 82. Vgl. Van de Bergh, Mittelerde, 99.

»Du kommst sofort zurück!« brüllte der Soldat. »Oder ich mache Meldung.«
»Bei wem denn? Nicht bei deinem lieben Schagrat. Der ist die längste Zeit Hauptmann gewesen.«
»Ich mach' über dich Meldung mit Namen und Dienstnummer beim Nazgûl«, sagte der Soldat und senkte seine Stimme zu einem Zischen. »Einer von *denen* hat jetzt im Turm das Kommando.«
Der andere blieb stehen, wütend und ängstlich zugleich. »Du verdammter petzender Strauchdieb!« schrie er. [...]
Der große Ork setzte ihm nach, den Spieß in der Hand. Aber der Fährtensucher sprang hinter einen Stein und schoss ihm einen Pfeil ins Auge, als er angerannt kam. Krachend fiel er zu Boden. Der andere rannte durchs Tal davon.[291]

Frodo, der die beiden aus einem Versteck heraus gemeinsam mit Sam beobachtet hat, kommentiert: „So geht es zu bei den Orks, schon immer, wenn sie unter sich sind; so jedenfalls heißt es in allen Geschichten."[292] Daraus scheint zu resultieren, dass Streit und das damit verbundene gewalttätige Verhalten geradezu Teil der Ork-DNA ist.

Diesem Verhalten gänzlich entgegengesetzt ist das Verhältnis bzw. der Umgang der beiden verborgenen Beobachter miteinander. Sam war bereits im Auenland Frodos Angestellter, genauer gesagt sein Gärtner. Er versucht erst gar nicht, sich auf der gemeinsamen Reise aus dieser Hierarchie zu lösen und Gleichberechtigung anzustreben. Sam scheint eine solche auch gar nicht zu wollen, vielmehr bleibt er ein durch alle Unwägbarkeiten hindurch ergebener Diener und nennt Frodo oftmals „Chef"[293]. In dieser unverbrüchlichen Treue besteht gerade die Besonderheit dieser Beziehung, deren Opferbereitschaft sogar so weit geht, dass Sam bereit wäre, den eigenen Tod in Kauf zu nehmen: „Er hatte keinen Zweifel mehr, was nun seine Pflicht war: den Chef zu retten oder bei dem Versuch umzukommen."[294]

---

291 HdR III, 241f. Für andere Zwistigkeiten mit tödlichem Ausgang vgl. HdR I, 56f, HdR III, 212 und ebd., 240f.
292 HdR III, 242.
293 Im engl. Original „master", Krege übersetzt mit „Chef" und Carroux mit „Herr".
294 HdR III, 205.

3. Christlich-religiöse Elemente

Diese Treue gründet jedoch nicht alleine auf einer Arbeitgeber-Arbeitnehmer-Beziehung. Sam leistet zusätzlich eine Art Treueschwur.[295] Gerade in diesem Versprechen scheint ein weiteres soldatisches Motiv zu liegen, das entfernt an einen Fahneneid erinnert. In der Beziehung der beiden Figuren spiegelt sich deutlich Tolkiens eigene Erfahrung wieder, wie er Jahre nach dem Krieg schreibt. Damit wird deutlich, wie eingangs zu diesem Kapitel festgestellt, wie sehr das Werk auch als ein „Kind des Krieges" gesehen bzw. gelesen werden kann: „Mein »Sam Gamdschie« ist in der Tat ein Bild des englischen Soldaten, der Gemeinen und Burschen, wie ich sie im Krieg von 1914 kennengelernt und als mir selbst so hoch überlegen erkannt habe."[296]

Tatsächlich ist es Sam, der seinem Herrn insofern überlegen scheint, als dass er den Versuchungen des Ringes besser trotzt. Für kurze Zeit wird er selbst zum Ringträger[297], kann sich aber von dessen Macht wieder lösen. Woran es nun genau liegt, dass neben ihm auch manche andere Figuren dem Einfluss des Ringes besser widerstehen als andere, bleibt offen. Die einfachste Erklärung wäre der Vergleich mit einer Art von Sucht: Desto länger jemand den Ring besitzt und gleichzeitig gebraucht, desto tiefer schlittert derjenige in die Abhängigkeit und somit in die Misere.[298] Bei Sam scheinen aber wohl auch noch sein einfaches, bescheidenes Gemüt und die bereits genannte Loyalität zu seinem Herrn verstärkend hinzuzukommen:

> In dieser Stunde der Versuchung war es vor allem die Treue zu seinem Chef, die ihn standhalten ließ; aber auch sein solider Hobbitverstand war noch nicht ganz zertrümmert. […] Das kleine Stück Garten für einen freien Gärtner war alles, was er brauchte und was ihm zustand, nicht ein zur Größe eines Königreichs ausgewucherter Garten; und mit den eigenen Händen wollte er arbeiten, nicht anderer Leute Hände befehligen.[299]

Frodo dagegen ist bereits zu Beginn des Abenteuers der Macht des Ringes ausgeliefert. Das scheint besonders deutlich zu werden, als Gandalf ihn noch vor Beginn der Abreise dazu auffordert, den Ring

---

295 Beispielsweise schon ganz zu Beginn des Abenteuers gegenüber der Elbengruppe rund um Gildor, denen er in großen Worten verspricht, seinen Chef Frodo niemals zu verlassen. Vgl. HdR I, 122.
296 Carpenter, Biographie, 99.
297 Vgl. HdR II, 429ff.
298 Vgl. Shippey, Autor des Jahrhunderts, 166.
299 HdR III, 210.

ins Feuer zu werfen. Frodo scheitert daran und nimmt so bereits die spätere Entscheidung am Schicksalsberg vorweg:

> Zögernd wog er den Ring in der Hand [...] dann raffte er all seinen Willen zusammen und holte aus, als ob er ihn weit wegwerfen wollte – und merkte gleich darauf, dass er ihn wieder in die Tasche gesteckt hatte. Gandalf lachte grimmig. »Siehst du? Auch du, Frodo, kannst schon nicht mehr ohne weiteres von ihm lassen oder ihn willentlich beschädigen.«[300]

Zusätzlich zum inneren geistigen Kampf gegen das Böse, symbolisiert durch den Ring, kommt nun auch der äußere Kampf mit Waffengewalt. Hierbei scheint nun das Bild der *Militia Christi* prägend, wie es nach der Konstantinischen Wende maßgeblich wurde und dann im Mittelalter zur vollen Entfaltung kam. Vor allem das Rittertum des Hochmittelalters wurde vom Selbstverständnis geprägt, Soldaten im Dienste Gottes zu sein. Diese starke religiöse Aufladung kommt besonders in der Ritterweihe und der Schwertweihe zum Ausdruck. Beide liturgischen Handlungen waren zu Tolkiens Zeiten sogar noch Teil des römischen Pontifikale und bleiben es bis zum II. Vatikanischen Konzil (1962–1965).[301]

Im Mittelalter begrüßt die oberste kirchliche Autorität diese Entwicklung. Papst Urban II. predigt in seinem Kreuzzugsaufruf 1095, dass man erst durch die Teilnahme am Kreuzzug zum wahren Ritter werde. Wahrer Ritter kann nur werden, wer Soldat Gottes ist. In den Mittelpunkt der Aufgaben der *Militia Christi* treten nun der Kampf gegen die Ungläubigen und der Schutz der Kirche, verbunden mit der bereits aus der Antike bekannten strengen ethischen Forderung, dass der Soldat Christi Hilfe zu sein hat für alle Schutzbedürftigen, insbesondere der Witwen und Waisen.

Besonders gefördert wurde dieses Bild durch den bekannten Kreuzzugsprediger Bernhard von Clairvaux, dessen Schrift LIBER AD MILITES TEMPLI DE LAUDE NOVAE MILITIAE[302] die Bildung geistlicher Ritterorden rechtfertigte. Darin lobt er das neue Rittertum, das nicht mehr zu eigennützigen Zwecken zum Schwert greift, sondern zum Schutz der Kirche. Besonders populär wurde in dieser Zeit die Vereh-

---

300 HdR I, 89.
301 Vgl. Heinz, Schwertweihe, in: LThK 9, 350.
302 Buch an die Tempelritter, ein Lob auf das neue Rittertum.

rung von Soldatenheiligen, etwa des Hl. Georg oder des Hl. Mauritius, der der Legende nach angeblich die bereits genannte Thebaische Legion geführt haben soll.[303]

In DER HERR DER RINGE findet sich eine ganze Menge von Soldaten, die diesem mittelalterlichen Idealbild voll und ganz entsprechen würden. Tugendhaft, die Palette an romantischen ritterlichen Idealen wird dabei voll ausgeschöpft, kämpfen sie gegen das abscheuliche Böse. Dieses ist zumeist auch bereits rein äußerlich als solches erkennbar, das gilt ganz besonders für die Kinoversionen: Die grässlichen Fratzen und entstellten Gesichter lassen beim Publikum keinen Zweifel über die innere Gesinnung der gezeigten Figuren aufkommen.

Der bewaffnete Kampf gegen diese Feinde steht dabei nicht zwingend im Gegensatz zum christlichen Wertekanon. Er dient Tolkiens Helden letztlich nur der Verteidigung und ist nichts anderes als eine für das eigene Überleben notwendige Gegenreaktion auf die Initiative des Bösen. Die Anwendung von Gewalt könnte vom geneigten Lese- bzw. Filmpublikum durchaus als *Ultima Ratio* verstanden werden, womit die Gewaltanwendung des Gutes in einem ganz anderen Licht erscheint.

Die Frage, wie sie etwa schon bei den Kirchenvätern gestellt wurde, wann bzw. unter welchen Umständen Gewaltanwendung ein legitimes Mittel ist, stellt sich für Tolkiens Helden nicht. Für solcherlei philosophische Erörterungen bleibt keine Zeit, immerhin gilt es rasch auf die Bedrohung des Bösen reagieren. Ein Präventivschlag der Helden findet sich nicht, ihre Gegner haben den Kampf bereits eröffnet und so kommen sie erst gar nicht in den Verdacht, finstere Kriegstreiber zu sein.

Diese Unterscheidung war Tolkien wichtig, weswegen er sich „gewaltig ärgerte"[304], als kurz nach Erscheinen des ersten DER HERR DER RINGE Bandes der Rezensent des britischen Literaturmagazins *Times Literary Supplement* (TLS), Alfred Duggan, keine so eindeutige moralische Beurteilung im Handeln der Konfliktparteien treffen konnte. Vielmehr schienen ihm Gut und Böse zu sehr miteinander vergleichbar zu sein, da die Konfliktparteien eigentlich mit nichts anderem beschäftigt

---

303 Vgl. Rösener, Militia Christi, in: LThK 7, 259.
304 Shippey, Autor des Jahrhunderts, 182.

waren als sich gegenseitig umzubringen.[305] An anderer Stelle im TLS bringt er seine Position klar auf den Punkt: „Moralisch gibt es keinen Grund, sich für die einen oder die anderen zu entscheiden."[306] Dagegenzuhalten ist, dass Krieg in Tolkiens Werk per se nichts Erstrebenswertes ist, vielmehr wird er als ein notwendiges Übel verstanden. Die Taten des Bösen fordern eine Reaktion des Guten. Als Kriegspropaganda will der Autor sein Werk keinesfalls verstanden wissen, wenngleich eine gewisse Glorifizierung des Kampfes und eine damit einhergehende Schlachtlust, allerdings immer gegen eine finstere Bedrohung, durchaus auch auf der Seite der Guten zu finden ist.

Diese Art von „Verherrlichung" des Krieges führte bei Van de Bergh zu der Kritik, dass Tolkien zwar den Kampf der Bösen als brutal und abstoßend brandmarkt, auf der Seite der Guten dagegen auf eine gleichermaßen kritische Betrachtung verzichtet.[307] Dieses Urteil scheint dann doch ein Stück weit überzogen, denn bei aller Liebe Tolkiens zum romantisch verklärten Helden- bzw. Rittertum erlebte er den Krieg „jedoch überhaupt nicht abenteuerlich, verwegen oder heilig. Er fasste das Leben in den Schützengräben mit den Worten »animalisches Grauen« zusammen."[308] Daraus resultiert, dass die Anwendung von Gewalt für die Soldaten notwendig ist, sie ist erscheint allerdings nicht wünschenswert.[309]

---

305 Die Rezension ist im Original auf der TLS-Homepage nachzulesen: http://www.the-tls.co.uk/tls/public/article1124990.ece [abgerufen am 10.08.2018]. Vgl. Shippey, Autor des Jahrhunderts, 182.
306 Shippey, Autor des Jahrhunders, 182.
307 Vgl. Van de Bergh, Mittelerde, 72ff.
308 Garth, Tolkien und der Erste Weltkrieg, 405.
309 Anders sieht das Van de Bergh, der sich kritisch mit dem Thema Aggression, Gewalt und Krieg in DER HERR DER RINGE beschäftigt. Er unterstellt dem Reitervolk der Rohirrim eine gewisse blutlüsterne Freude am Töten: „Dass der Krieg gegen den destruktiven Aggressor Sauron, der die ganze Welt bedroht, im Roman als *notwendig* dargestellt wird, ist nicht Gegenstand der Kritik; wohl aber die Abschnitte, in denen dieser Krieg *wünschenswert* erscheint." Van de Bergh, Mittelerde, 74 Anm. 283. Eine problematische Verherrlichung von Gewalt auf Seiten der Guten sieht Van de Bergh zudem im Wettkampf zwischen Gimli und Legolas. Das ist grundsätzlich richtig, wenngleich seine Feststellung, dass sich die beiden am Leid und Tod der Gegner erfreuen, dann doch wieder überzogen ist. Vgl. ebd., 81f. Seinem Resümee ist wiederum voll zuzustimmen: „Der Vorwurf der unkritischen Gewaltverherrlichung ist bei Tolkien daher nicht erfüllt." Ebd., 83.

Die filmische Inszenierung weicht diesbezüglich deutlich von der literarischen Vorlage ab. Auf kritische Gegenansichten zur Gewaltanwendung verzichtet Jackson, Mitleid mit den Feinden spielt keine Rolle. Dazu kommt, dass stellenweise sogar deutlich übertrieben wird, wenn etwa Gandalf weitaus aggressiver als in der literarischen Vorlage auftritt oder die beiden friedliebenden Hobbits Merry und Pippin im starken Kontrast zur Romanvorlage geradezu kampflüstern und kriegsbegeistert dargestellt werden.[310]

3.2.3 Soldatenheilige und ihre himmlischen Helfer

Versatzstücke christlicher Ikonographie lassen sich bei Tolkiens Soldaten finden, das gilt in ganz besonderer Weise für die Verfilmungen. Analog zur Darstellung Galdriels gilt auch an dieser Stelle, dass die Leinwandversionen keine absichtliche religiöse Agenda verfolgen. Dennoch erinnern gerade die verschiedenen Anführer an christliche Soldatenheilige.

So werden beispielsweise der Hl. Martin und der Hl. Georg hoch zu Ross dargestellt. Wenngleich es auch davon abweichende alternative Darstellungen gibt, so sind diese jedoch weitaus weniger bekannt. Martin wird gerne als junger Soldat zu Pferd gezeigt, gerade seinen Mantel mit einem Schwert teilend, um damit einem Bettler zu helfen. Georg dagegen sieht man oft inmitten eines Kampfes mit einem Drachen, gegen den er eine Lanze führt. So dargestellt, inmitten des Kampfes gegen das Böse, fällt auf, dass es sich bei dem Pferd um einen Schimmel handelt. Gerade bei Heiligen inmitten von Kampfhandlungen findet sich eine besondere Häufung dieses Symbols. Neben dem Hl. Georg etwa bei Johanna von Orleans oder bei Jakobus dem Älteren im Kampf mit den Mauren.

Es verwundert daher nicht weiter, wenn Tolkiens Anführer auf weißen Pferden in den Kampf reiten, wenngleich dies kein vollkommen durchgängiges Motiv ist. Die Ringgeister als hohe Repräsentanten des Bösen erscheinen dagegen als dunkle Ritter auf – wie könnte es auch gegensätzlicher sein – schwarzen Pferden. Die Farben sind dabei

---

310 Vgl. Van de Bergh, Mittelerde, 109ff.

nicht zufällig gewählt. Wie bereits anhand der Mariendarstellungen festgestellt, symbolisiert weiß in der christlichen Ikonographie Reinheit, Unschuld, Vollkommenheit und Sieg. Schwarz dagegen, für Tod, Trauer und das Böse stehend, scheint bestens dazu geeignet, um den gegensätzlichen Wirkungsbereich darzustellen. Somit kommt bereits in den Farben deutlich zum Ausdruck, welche Seite von der jeweiligen Figur gewählt worden ist.

Bereits in der Antike galt der Schimmel als Zeichen für Macht und Sieg. Auf dieser Vorstellung beruht wohl auch die Darstellung Christi in der Offenbarung des Johannes. Der erste der sogenannten vier apokalyptischen Reiter, der nach katholischer Lesart gerne mit Christus assoziiert wird, reitet auf einem weißen Pferd voran und nimmt damit bereits symbolisch den Sieg über die teuflischen Mächte vorweg (Offb 6,2). Die mit ihm ziehenden Heere des Himmels bedienen sich ebenso weißer Pferde (Offb 19,11ff). Im Mittelalter ließen sich zahlreiche geistliche und weltliche Herrscher daher gern auf einem weißen Pferd abbilden.[311]

Exemplarisch für die Vielzahl von Führungsgestalten in Tolkiens *Militia Christi* sei König Théoden angeführt, der wie ein Soldatenheiliger bzw. wie ein christlicher Herrscher des Mittelalters inszeniert wird. Nach seiner Genesung, er befindet sich zuvor unter einem dunklen Einfluss, der wie ein eine Art Dämon erst aus ihm ausgetrieben werden muss, kämpft er voller Entschlossenheit den guten Kampf bis zu seinem bitteren Ende.

Den finsteren Einfluss auf ihn übt ein Mann namens Gríma aus, allerdings nennen ihn alle aufgrund seiner finsteren Einflüsterungen nur „Schlangenzunge". Dieses vom biblischen Sündenfall bekannte Motiv (Gen 3,1–24) wird sogar noch ein gutes Stück weitergeführt: Grímas Stimme ist zischend und Gandalf bezichtigt ihn des „Schlangenverstands".[312]

Die Befreiung aus dem Bann des Bösen stellt für den König eine Art von Bekehrungssituation dar, wie sie für Heiligenlegenden nicht untypisch ist. Zugleich wird dadurch deutlich, dass der König keinesfalls der Aggressor ist, sondern vielmehr auf eine dunkle Bedrohung

---

311 Vgl. Seibert, Pferd und Reiter, in: Lexikon christlicher Kunst, 253f. Vgl. ebd. Ritter, 266.
312 Vgl. HdR II, 143ff.

reagiert. Er tritt nun, befreit und körperlich genesen, mit Rüstung, Schwert und – wie sollte es auch anderes sein – einem prachtvollen weißen Ross auf. Das Wappentier Rohans ist ebenso ein weißes Pferd, es ziert somit auch König Théodens Banner. Eine Deutung dieses Banners nach christlicher Ikonographie ist allerdings nicht naheliegend.[313]

Getreu der ethischen Forderung nach Hilfe für die Schutzbedürftigen, liegen dem König besonders die Frauen und Kinder am Herzen. Immer wieder betont er seine Aufgabe als Beschützer seines Volkes. Der Glaube an einen guten Ausgang des Kampfes scheint ihm dabei nicht zu fehlen. Mit aller Entschlossenheit zieht er in die Schlacht und erleidet letztlich eine Art heldenhaften Märtyrertod im Kampf gegen einen übermächtigen Gegener.

Nur in der filmischen Inszenierung erlaubt sich Regisseur Peter Jackson, den alten König ein Stück weit weniger idealisiert darzustellen. Er lässt ihn zweifeln, ob es denn überhaupt noch Hoffnung gäbe angesichts der großen Übermacht des Feindes. Für das Publikum erhöhen diese Zweifel die Spannung, da sie die bedrückende Stimmung noch weiter steigern. Der König wirkt ohne die Überhöhung der literarischen Vorlage ein gutes Stück weit menschlicher.

Auf der anderen Seite scheinen die Filmemacher das Publikum davor bewahren zu wollen, an der körperlichen Stärke des neu zu Kräften gekommenen Königs zu zweifeln. Dazu wird mit Bernard Hill ein Schauspieler gewählt, der sich zur Entstehungszeit der Filme in den Mittfünfzigern befand. In der Romanvorlage dagegen stirbt König Théoden am Schlachtfeld mit 71 Jahren. Dadurch wird der fälschliche Eindruck eines altersschwachen und gebrechlichen Soldaten in der filmischen Inszenierung vermieden.

---

313 Wahrscheinlich ist das Wappentier eine Reminiszenz auf Weiße Pferd von Uffington; vgl. Shippey, Autor des Jahrhunderts, 136f. Vgl. ders., Weg nach Mittelerde, 155.

3.2 Der „gute" Kampf – Ein christliches Weltbild

Abbildung 5: Im dritten Teil der DER HERR DER RINGE-Verfilmung, DIE RÜCKKEHR DES KÖNIGS, sitzt Théoden auf seinem weißen Pferd Schneemähne.

Abbildung 6: In DIE RÜCKKEHR DES KÖNIGS ziert Théodens Zelt das Banner Rohans mit dem weißen Pferd.

In ihrem Kampf sind die Soldaten und ihre Anführer nicht alleine, sondern erhalten in entscheidenden Situationen Hilfe von oben. War bereits in der Antike der Gedanke verbreitet, dass Gott über eine himmlische Miliz verfügt, bestehend aus Engeln und Erzengeln[314], so sind es bei Tolkien die Adler, die immer wieder rettend eingreifen.

---

314 Daher trägt Gott im AT nicht grundlos den Beinahmen *Zebaot* (die Einheitsübersetzung gibt den Titel als „Herr der Heerscharen" wieder). In einem der bekanntesten Kirchenlieder, dem „Großer Gott, wir loben dich", ist der Titel noch erhal-

3. Christlich-religiöse Elemente

Exemplarisch sei auf ihr plötzliches Erscheinen in der Endschlacht in DER HERR DER RINGE hingewiesen, in der ihr Kommen durch einen erlösenden Ruf angekündigt wird. An diesem Punkt der Erzählung, an dem eigentlich bereits alles verloren scheint, bringt ihr Eingreifen die Schlachtenwende. Für das Lesepublikum von DER HOBBIT keine neue Situation, die Ähnlichkeit zu Bilbos Abenteuer greift Tolkien an dieser Stelle sogar auf:

»Die Adler kommen! Die Adler kommen!«
Einen Moment noch blieb Pippins Gedanke in der Schwebe. »Bilbo!« sagte er. »Aber nein! Das war doch in seiner Geschichte und ist lange, lange her. [...] «[315]

Gemeint ist wohl jene Stelle in DER HOBBIT:

»Die Adler!« schrie Bilbo. »Die Adler kommen!« Seine Augen täuschten sich selten. Die Adler kamen mit dem Wind, eine Fluglinie nach der anderen. Es war ein Heer, das sich aus allen Horsten des Nordens gesammelt haben musste. »Die Adler! Die Adler!« brüllte Bilbo begeistert, tanzte und schwenkte die Arme.[316]

Die Adler scheinen jedenfalls nicht zufällig gewählt, sondern wohl deswegen, weil diese Tiere in verschiedenen Religionssystemen der göttlichen Sphäre zugerechnet werden können. Auch in der christlichen Ikonographie spielen sie eine nicht unbedeutende Rolle. Sie finden sich bereits auf frühchristlichen Sarkophagen und Denkmälern als Zeichen für die Auferstehungshoffnung. In der Bibel sind sie vielfach präsent und in verschiedenen Heiligenlegenden tauchen sie als Helfer auf, etwa bei Vitus oder Adalbert von Prag.[317] Zugleich findet man

---

ten geblieben. Zu Beginn der dritten Strophe heißt es: „Heilig, Herr Gott Zebaot! Heilig, Herr der Himmelheere [...]" Im NT finden sich vor allem in der Offb Bilder streitbarer himmlischer Heere. Vgl. Von Harnack, Militia Christi, 30.

315 HdR III, 201.
316 HOB, 314. Schon an anderer, weit früherer Stelle dieses Abenteuers verdanken Bilbo und seine Begleiter ihr Leben dem Eingreifen der Adler, vgl. HOB, 122ff. Gandalf wird von einem Adler von Sarumans Turm gerettet, vgl. HdR I, 341f, in erwähnter Endschlacht bringen sie die Wende und Frodo und Sam retten sie vom Schicksalsberg, vgl. HdR III, 271-275. Auch Beren und Lúthien werden von Adlern gerettet, vgl. BuL, 230f. u. SIL, 283f. Nach der Niederlage Fingolfins im Zweikampf gegen Melkor/Morgoth wird sein Leichnam vor Schändung bewahrt, indem dieser von einem Adler fortgetragen wird, vgl. ebd. 201f. Adler retten Maedhros in SIL, 169.
317 Vgl. Pfleiderer, Attribute der Heiligen, 3.

einen Adler als Attribut bei diversen Heiligendarstellungen, auch bei den beiden zuvor Genannten. Zudem ist er Symbol des Evangelisten Johannes.

Als Tolkiens Adler die frohe Kunde vom Sieg über das Böse verbreiten, so ist die Bibel dafür stilistisches Vorbild. Psalmartig fordern sie die Menschen zum Jubeln auf (Ps 33) und berichten von der Zerstörung des Schwarzen Tores und der Durschreitung des Königs (Ps 24):[318]

> *Singet nun, ihr Menschen des Turms von Anor,*
> *Denn Saurons Reich ist für immer dahin*
> *Und der Dunkle Turm liegt in Trümmern.*
>
> *Singet und frohlocket, ihr Männer des Wachtturms,*
> *Denn nicht vergebens habt ihr gewacht.*
> *Das Schwarze Tor ist zerbrochen,*
> *Und euer König hat es durchschritten,*
> *Und er ist siegreich.*
>
> *Singet und seid froh, all ihr Kinder des Westens,*
> *Denn euer König kehrt wieder*
> *Und wird unter euch weilen*
> *Zeit eures Lebens.*[319]

[...]

Es ist freilich nicht Christus, von dem die Adler künden, sondern König Aragorn, der das Morannon, das Tor nach Mordor, durchschritten hat und siegreich wiederkehren wird.

Anzumerken ist, dass es bei den Adlern nicht um eine genuin christliche Symbolik handelt, vielmehr galten diese Tiere bereits in der vorchristlichen Antike als Symbole göttlicher Macht, zugeordnet etwa dem obersten griechischen Gott Zeus bzw. seinem römischen Gegenüber Jupiter.[320] Ebenso kennt die für Tolkien so prägende nordische Mythologie Adler. Gerade die tiefe Einbettung in verschiedene Religionssysteme macht die Adler zu Tolkiens idealer „himmlischer Ein-

---

318 Vgl. Shippey, Weg nach Mittelerde, 252ff.
319 HdR III, 289f.
320 Vgl. Seibert, Adler, in: Lexikon christlicher Kunst, 15f.

greiftruppe". Diese unterschiedlichen Einflüsse lassen sich dabei nicht mit chirurgischer Präzession auseinanderdividieren.³²¹

3.2.4 Krieg – Aufgabe der Männer

Bisher war immer von männlichen Helden die Rede, doch wo bleiben die Frauen? Konnten sie nach frühkirchlichem Verständnis ebenso die *Militia Christi* bilden, schließlich standen ja auch sie wie ihre männlichen Mitchristen in dem ständigen geistigen Kampf gegen die Sünde, so gilt dies nicht für das Hochmittelalter. Dort sind es die Männer, welche als Soldaten Christi in die kriegerischen Auseinandersetzungen ziehen. Zugleich sind es auch Männer, die als Soldatenheilige verehrt werden. Die bekannteste Frau im Harnisch ist Johanna von Orleans, sie wird jedoch erst am Beginn des 15. Jhds. geboren und erst sehr spät, nämlich 1920, heiliggesprochen.

In den vielen kriegerischen Auseinandersetzungen des *Legendariums* fällt deutlich auf, dass die Heldenfiguren fast durchwegs Männer sind. Frauen fehlen aber nicht nur auf den zahlreichen Schlachtfeldern, sie sind auch sonst unterrepräsentiert. Darauf wies ein Kritiker bereits nach Veröffentlichung des ersten Bands des DER HERR DER RINGE hin, indem er feststellte, dass es darin „im Grunde keine Frauen"³²² gäbe. Diese Kritik wird bei einer Gesamtbetrachtung von DER HERR DER RINGE noch bestätigt, denn ein rein qualitativer Befund zeigt deutlich die männliche Dominanz: „Ganze acht Frauen stehen einer Vielzahl

---

321 Dem entgegengesetzt kann Meyer in Bezug auf das rettende Eingreifen der Adler „keine lautere Verbindung zur christlichen Überlieferung" festmachen. Meyer, Tolkien, 173.
322 Carpenter, Biographie, 251. Der Vorwurf von Jack Walter Lambert erschien in der *Sunday Times*. Er steht damit nicht alleine da, Edwin Muir übertitelte seine Kritik im *Observer* vielsagend mit „A Boys´s Word"; vgl. Perarce, Man and Myth, 150. Diesen Befund teilt auch die bekannte Fantasy-Autorin Marion Zimmer Bradley: „Die Bücher sind sozusagen beinahe frauenlos." Pesch, Mythenschöpfer, 57. Heidler sieht für Frauen „wenige tragende Rollen", weist aber zugleich auf „starke Frauen wie die Elbin Galadriel" hin. Heidler, Zwischen Magie, Mythos und Monotheismus, 69.

männlicher Protagonisten gegenüber."³²³ Alleine die Gruppe der sogenannten Gefährten bzw. der Gemeinschaft des Rings besteht aus neun Männern und übersteigt damit bereits die acht Frauenfiguren, gar nicht zu sprechen von den vielen anderen männlichen Helden, die im Verlauf des Abenteuers noch auftauchen.

Doch warum fehlen die Frauen? Stellt man einen Bezug zwischen dem Werk und der Biographie des Autos her, so kann man wohl feststellen, dass Tolkiens eigenen Kriegserfahrungen nach Frauen als Soldatinnen am Schlachtfeld fehlten und als Kämpferinnen wohl unbekannt waren. Die Abwesenheit der Frauen jedoch alleine seiner Kriegserfahrung zuzuschreiben, wäre wohl zu wenig.

Besonders bedeutend scheint die Tatsache, dass Tolkien sich zeitlebens in Männerrunden wohlgefühlt hat, die bekanntesten wären die T.C.B.S. und die Inklings.³²⁴. Dazu kommt der Umstand, dass die Helden, wie wir sie etwa in klassischen Mythen finden und wie sie Tolkien gut kannte, gewöhnlich Männer sind. Und zu guter Letzt spiegelt diese Unterrepräsentation die den Frauen zugedachte Rolle zu Tolkiens Lebzeiten wider.

Mit Gleichberechtigung zwischen Mann und Frau nach unserem heutigen modernen Verständnis hatte Tolkien wohl nichts im Sinn. Das zeigt ein Blick in seine Biographie deutlich, so ist es etwa Edith, die aus Liebe konvertiert und somit die religiöse Gemeinschaft verlässt, in die sie gut eingebettet war. Der umgekehrte Fall wäre wohl nicht in Frage gekommen. Die Frau hat sich, Tolkien macht es in einem seiner Briefe rund um das Thema christliche Ehe deutlich, dem Mann unterzuordnen. Er betont, neben dem gegenseitigen Gelöbnis lebenslanger Treue, das Gehorsams-Gelöbnis der Frau.³²⁵ Im selben Brief schreibt er über die staatliche Ehe:

---

323 Brückner, Verkleidung und Essenz, 67. Gezählt wurden nur jene Frauengestalten, die über eine bloße Namensnennung hinausgehen: Éowyn, Galadriel, Goldbeere, Rose Kattun, Lobelia Sackheim-Beutlin, Ioreth, Kankra. Vgl. Ebd., 69.

324 T.C.B.S. („Tea Club – Barrovian Society") und Inklings waren Gruppen, die sich regelmäßig trafen, über Literatur diskutierten und in denen man sich gegenseitig die eigenen Werke vorlas. Frauen gab es unter den Mitgliedern keine. Zur Bedeutung der privaten Zirkel und Klubs für Tolkiens Leben und Werk vgl. Petzold, Tolkien, 19ff.

325 Vgl. Carpenter, Briefe, Nr. 49.

3. Christlich-religiöse Elemente

> [...] dann heirateten sie ein zweites Mal vor dem Staatsbeauftragten (einer Standesbeamtin – daß es in diesem Fall eine Frau war, steigerte in meinen Augen noch die Ungehörigkeit), unter Verwendung eines anderen Formelkanons und ohne Treue- und Gehorsamsgelöbnis.[326]

Mindestens ebenso aus der Zeit gefallen wirkt es heute, wenn Tolkien in anderen Briefen die Einführung von Frauenrechten verunglimpft oder sich darüber beklagt, dass Frauen im Gottesdienst in Hosen und mit unbedecktem Haar zur Kommunion gehen.[327]

Tolkien ist ein Kind seiner Zeit, von Emanzipation war noch nicht viel zu spüren und das spiegelt sich auf narrativer Ebene seines Werks wider.[328] So haben die wenigen in DER HERR DER RINGE vorkommenden Frauen kaum eigenen Text. In den direkten kriegerischen Auseinandersetzungen fehlen sie gänzlich, die einzige Ausnahme bildet hierbei Éowyn, die sich jedoch als Mann verkleiden und den Decknamen Dernhelm annehmen muss, um aus ihrer traditionellen Geschlechterrolle auszubrechen und an der Seite der Männer in die Schlacht ziehen zu können. Ihr Bruder Éomer bringt es in der Filmfassung von DIE RÜCKKEHR DES KÖNIGS auf den Punkt, als er ihr erst vorwirft, nichts vom Krieg zu verstehen, um es dann zu verallgemeinern: „Krieg ist die Aufgabe der Männer, Éowyn."

Erst am Schlachtfeld, als es für die Verkleidete in den direkten Kampf mit dem Anführer der Ringgeister geht, offenbart Éowyn ihre wahre Gestalt. Bis zu diesem Zeitpunkt bleibt sie in ihrer Verkleidung unerkannt, sogar für das Lesepublikum. In der Schlacht verliert sie ihren Helm und wird erkannt, „fassungslos" kommentiert ein Fürst: „Dies ist doch eine Frau?"[329] Im Gegensatz zur literarischen Vorlage weiht die Filmversion das Publikum von Anfang an in das Versteckspiel ein und die Zuseher wissen, welche Person tatsächlich hinter Dernhelm steckt. Zugleich tritt die „Fassungslosigkeit" weniger deutlich zu Tage.

---

326 Carpenter, Briefe, Nr. 49.
327 Vgl. Carpenter, Briefe, Nr. 53 u. Nr. 250.
328 Interessant ist in diesem Zusammenhang die These, dass Tolkiens Geschlechterkonzeption als „eine Angstreaktion auf die zunehmende Frauenemanzipation [...]" zu verstehen sein könnte, „von der er, wie seine Briefe zeigen, wenig begeistert war." Waack, Mittelerde, 34.
329 HdR III, 141.

Als eine emanzipierte Frau kann Éowyn dennoch nicht gelten.[330] Bis zu ihrer Verkleidung als Dernhelm bleibt sie eine hauptsächlich schweigende Gestalt, eine Art Statistin mit Namen. Selbst als König Théoden sie für die Zeit seiner Abwesenheit zur Fürstin der Eorlinger ernennt, schlichtweg aus Mangel an Alternativen, bleibt sie passiv. Sie erhält Schwert und Harnisch, Dinge, die in ihrem Fall allerdings mehr von symbolischem Charakter scheinen und ihre neue Stellung zum Ausdruck bringen.[331] Mit den Männern in den Krieg ziehen darf sie damit nicht. Immerhin spricht sie, obwohl sie bereits zuvor Auftritte hatte, erstmals einen kurzen Satz.[332] Einen eigenen Willen scheint sie dabei nicht zu haben, ganz im Gegenteil, es wird über ihren Kopf hinweg über ihre Funktion entschieden. Erst fügt sie sich ergeben in ihre Rolle, doch im weiteren Verlauf der Handlung stellt sich heraus, dass sie damit gänzlich unzufrieden ist. Sie will ausbrechen und hofft, dies mithilfe Aragorns verwirklichen zu können, der sie allerdings zurück an ihren Platz verweist:

> »Herr«, sagte sie, »wenn du denn diesen Weg nehmen musst, so lass mich in deinem Gefolge mitreiten! Denn ich bin es leid, mich in den Bergen zu verkriechen. Gefahr und Gefecht will ich sehen!«
> »Dein Platz ist bei deinem Volk!«, antwortete er.
> »Allzu oft habe ich schon gehört, wo mein Platz sei!« rief sie. » [...] Lange genug habe ich nun wackeligen Beinen als Stütze gedient. Jetzt, wo es scheint, dass sie nicht mehr wackeln, darf ich da nicht endlich mein Leben so zubringen, wie ich will? [...] Soll denn immer ich, wenn die Reiter ins Feld ziehen und sich einen Namen machen, zurückbleiben, um das Haus zu hüten und Essen und Betten zu bereiten, wenn sie heimkehren? [...] All deine Worte besagen nur: Du bist eine Frau, und dein Platz ist im Hause. [...] Ich kann reiten und die Klinge führen, und ich fürchte weder Schmerz noch Tod.«[333]

Aragorn lässt sich auch durch ihren zweiten Anlauf am nächsten Tag nicht erweichen. Er macht deutlich, dass sie selbst nicht über ihr weiteres Schicksal zu entscheiden hat. Dieses liegt in der Hand der Männer: »Denn das könnte ich dir nicht ohne Erlaubnis des Königs und deines

---

330 Ich widerspreche Schenkel: „Bis auf die Ausnahme Éowyn ist weibliche Emanzipation spurlos an dieser Welt vorübergegangen." Schenkel, Tolkiens Zauberbaum, 30.
331 Vgl. Brückner, Verkleidung und Essenz, 71.
332 Vgl. HdR II, 155.
333 HdR III, 62f.

Bruders gewähren;«[334] Selbst der darauffolgende flehende Kniefall ändert seine Entscheidung nicht. Somit bleibt ihr zur Verwirklichung ihres Anliegens nur ein Ausweg, nämlich die Verkleidung und die damit verbundene Annahme einer neuen männlichen Identität: Éowyn wird zu Dernhelm.

Der Ausflug auf das Schlachtfeld kostet sie beinahe ihr Leben. In den Heilhäusern lernt sie ihren zukünftigen Gatten Faramir kennen, der sie neu einkleidet: „Ein im Hinblick auf Éowyns frühere Verkleidung nicht unwichtiges Detail ist, dass sie ab jetzt »richtig« bekleidet wird: mit dem Umhang der Mutter Faramirs [...]. So wie Éowyn ihre »falsche« Identität anzog, soll sie nun ihre »richtige« tragen lernen."[335] Éowyn fügt sich letzten Endes in die für sie vorgesehene Rolle als Ehefrau und Mutter an der Seite eines Mannes. Es erweckt beinahe den Anschein, als wären damit mehrere Verletzungen kuriert worden: jene vom Schlachtfeld, zudem ihre Leidenschaft für den falschen Mann und nicht zuletzt ihr Wunsch nach einer „männlichen" Heldenkarriere.

Der Befund zu den fehlenden Frauen ändert sich auch nicht nach einem Blick in DER HOBBIT. Als Kämpferinnen fehlen sie dort gänzlich. Es verwundert daher kaum, dass sich Regisseur Peter Jackson und seine Mitautoren für ihre Leinwandversion etwas haben einfallen lassen: Sie erfanden die kämpfende Elbin Tauriel.

Die männlich dominierte Welt in DER HOBBIT bekommt damit in der filmischen Inszenierung ein weibliches Gegenstück. In Sachen Kampfkunst mit Pfeil und Bogen steht Tauriel ihrem männlichen Pendant Legolas um nichts nach. Außerdem, so die US-amerikanische Wochenzeitschrift *Entertainmaint Weekly*, wollten die Filmemacher die Geschichte rund um die Elben aus dem Düsterwald weiter ausbauen.[336] Dies wäre sicherlich auch ohne die Hinzufügung der amazonenhaften Tauriel möglich gewesen.

Aus marketingtechnischen Gründen wird diese Neuerung wohl ihren Sinn haben. Jedenfalls erhöht sich durch Tauriel die Frauenquote, wie dies auch durch Galadriels Auftreten geschieht, die in der literarischen Vorlage eigentlich keine Rolle spielt.

334 HdR III, 64.
335 Brückner, Verkleidung und Essenz, 83f. Vgl. HdR III, 287f.
336 Vgl. http://insidemovies.ew.com/2013/06/05/evangeline-lilly-hobbit-desolation-of-smaug/ [abgerufen am 10.08.2018].

Bereits zuvor, in den Verfilmungen von DER HERR DER RINGE, hat Regisseur Jackson die Frauenrollen deutlich ausgebaut, so lässt er beispielsweise Frodo an der Bruinen-Furt nach Bruchtal von der Elbenfürstin Arwen retten. In der literarischen Vorlage dagegen treffen Frodo und seine Begleiter auf den Elbenfürsten Glorfindel.[337] Arwen ersetzt diesen nicht nur, ihre Rolle wird noch zusätzlich ausgeweitet. Ist die Rettung des Ringträgers eigentlich Geschäft der Männer, so übernimmt Arwen nicht nur die Rolle Glorfindels, sondern gleichzeitig auch jene Elronds und Gandalfs. Sind es eigentlich die beiden Letztgenannten, die eine gewaltige Flut beschwören und die Gegner damit hinwegspülen[338], so geht diese im Film kurzerhand auf Arwens Konto.

Abbildung 7: Die Elbenfürstin Arwen mit gezücktem Schwert am Rücken eines weißen Rosses an der Bruinen-Furt gibt es in dieser Form nur in der Filmversion von DER HERR DER RINGE: DIE GEFÄHRTEN.

Im SILMARILLION gibt es mit Lúthien zwar eine deutlich aktivere Frau im Kampf gegen das Böse, allerdings unterscheiden sich die von ihr eingesetzten Mittel dann doch deutlich von jenen männlicher Heldenfiguren. Tolkiens „Waffen einer Frau" sind in diesem Fall List, gepaart mit ihrer lieblichen Gesangsstimme, ihrem anmutigen Tanztalent und schöne Haare, die einen Schlafzauber bewirken können.

---

337 Vgl. HdR I, 276–283.
338 Vgl. HdR I, 293f.

Ähnlich wie Éowyn muss auch sie sich erst über eine männliche Autorität hinwegsetzen, um ihren eigenen Willen zu bekommen. In ihrem Fall ist es Lúthiens Vater König Thingol, der eine Hochzeit seiner Tochter mit dem aus seiner Sicht viel zu geringen Beren ablehnend gegenübersteht. Aus diesem Grund versucht er, Lúthien am Fortgehen zu hindern, und lässt eigens zu diesem Zweck eine Art Gefängnis errichten.[339] Lúthien bricht aus und rettet ihren Geliebten, der mittlerweile in die Fänge des Bösen geraten ist und selbst eingesperrt wurde. Danach strebt die Erzählung die Versöhnung mit dem Vater an: „Daher gab er zuletzt seine Einwilligung, und Beren nahm die Hand Lúthiens vor dem Thron ihres Vaters."[340] Aus der tapferen Lúthien wird, parallel zu Éowyn, eine Ehefrau und Mutter.

Der Überblick zeigt, dass Frauenfiguren im *Legendarium* zumeist passive Gestalten mit einem ganz klaren traditionellen Rollenbild sind, Ausnahmen bilden nur „bis ins Göttliche überhöhte Idealgestalten"[341], wie beispielsweise Galadriel oder Lúthien. Als Protagonistin einer in sich abgeschlossenen Erzählung sticht Lúthien zwar deutlich hervor, der Krieg mit Waffen und die Ausübung von Gewalt bleiben aber davon unangetastet weiterhin Sache der Männer. Erstrebenswertes Ziel der Frauenfiguren ist die Einnahme der Rolle als Ehefrau und Mutter, selbst wenn dies bedeutet, Opfer bringen zu müssen: Éowyn kann sich nicht als Kriegerin verwirklichen, Arwen und Lúthien geben zugunsten ihres Geliebten sogar die eigene Unsterblichkeit auf. Was sich Tolkien noch nicht vorstellen konnte, wird in den Filmversionen neu hinzuerfunden oder ein Stück weit ergänzt bzw. angepasst.

3.2.5 Zusammenfassung

Viele verschiedene Fäden laufen zusammen, will man die unterschiedlichsten Einflüsse auf Tolkiens literarisches Wirken näher betrachten. Sie alle mit letztgültiger Sicherheit zu entflechten, ist unmöglich. Das gilt natürlich auch, wenn man sich der eingangs zu diesem Kapitel ge-

---

339 Vgl. SIL, 267. Vgl. BuL, 60.
340 SIL, 287.
341 Petzold, Tolkien, 22.

stellten Frage nähert, warum gerade der Krieg bzw. der heldenhafte Kampf eine so wesentliche Rolle in Tolkiens Werk einnimmt.

Mit Sicherheit lässt sich sagen, dass die Konzeption seiner kämpfenden Helden von den Vorstellungen einer *Militia Christi* inspiriert wurde. Natürlich gibt es gerade in der nordischen Mythologie eine ganze Reihe von Helden, mit denen sich Tolkien zeitlebens intensiv beschäftigt hatte und deren Einflüsse ebenso sichtbar sind. Nicht nur christliche Elemente haben ihre Spuren hinterlassen.[342] Der christliche Held scheint jedoch deutlich dominanter hervorzutreten als seine nordischen Pendants.

Einem tiefgläubigen Katholiken wie Tolkien, der sich noch dazu leidenschaftlich mit mittelalterlichen Texten beschäftigte, wird der Gedanke der *Militia Christi* nicht fremd gewesen sein und gerade das mittelalterliche Verständnis, wie es sich nach der Konstantinischen Wende herausgebildet hatte, schimmert durch eine Vielzahl der auftauchenden Helden hindurch. Dabei ist zu betonen, dass es sich dabei nicht um eine Eins-zu-eins-Bebilderung handelt. Denn versteht man die *Militia Christi* explizit als Soldaten Christi, so findet natürlich Christus in Tolkiens Werk keine Erwähnung. Das liegt umso klarer auf der Hand, da Religion auf der narrativen Ebene grundätzlich keine Rolle spielt und Christus somit gar keine explizite Erwähnung finden kann.

Die Parallelen liegen vielmehr in der Überzeugung, für das Gute zu streiten, sowohl im geistigen wie auch im militärisch-kriegerischen Sinn. Die *Militia* besteht dabei aus Männern, die ganz im paulinischen Sinne sowohl mit einer Vielzahl von Tugenden bewaffnet sind, die aber zugleich auch ganz den romantischen Vorstellungen mittelalterlichen Rittertums entsprechen, indem die Heldenfiguren bereit sind ohne Schonung des eigenen Lebens uneigennützig für das Gute zur Waffe zu greifen. Der Kampf gegen das Böse ist dabei einerseits ein Kampf mit sich selbst als auch ein Kampf gegen ganz reale Dämonen unterschiedlichster Natur.

Der Held wird dabei zum Beschützer der Schwachen, vor allem der Frauen und Kinder, deren Rollenbild zumeist darin besteht, alles duldend zu ertragen. Ein Ausbruch aus diesem Stereotyp bleibt eher

---

342 Vgl. Kap. 2.3 Andere mythologische (nichtchristliche) Beeinflussungen.

die Ausnahme oder muss, wie im Falle der Verfilmung von DER HOB-
BIT, für das heutige Publikum erst hinzuerfunden werden. Der Autor
ist dafür zu sehr Kind seiner Zeit, der sich aus seinen patriarchalen
Denkmustern nicht lösen kann. Für den HOBBIT gilt zusätzlich, dass er
als Kindererzählung für seine Söhne gedacht war und Frauengestalten
wohl auch deswegen ausgeblendet wurden.

Die Anführer werden dabei wie Soldatenheilige inszeniert, die voller Pathos den guten Kampf beschwören und für die Leinwandversion geradezu ikonisch ins Bild gerückt werden. Unterstützung erhalten diese zu Lichtgestalten hochstilisierten Krieger nicht nur von ihren allzeit treuen Soldaten, sondern zuweilen auch aus dem Himmel.

3.3 Repräsentanten des Bösen

Wo es auf der einen Seite eine Menge an guten Helden gibt, gibt es diesen entgegengesetzt zahlreiche finstere Feinde. Sind die Guten geradezu idealtypisch gezeichnet, so gilt dies in gleicher Weise auch für ihre Widersacher. Schon alleine durch deren äußeres Erscheinungsbild sind sie ganz deutlich als Gegenpart zu erkennen. Wie schon festgestellt, ist ihre äußere Gestalt häufig geprägt durch eine weitaus dunklere Farbgebung, teils handelt es sich um monströse und entstellte Figuren. Besonders deutlich wird dieser Umstand in der filmischen Inszenierung. Auch hier gilt, die Darstellung ist keine völlige Neuerfindung, sondern in ihrer Bildsprache von Vorstellungen der christlichen Ikonographie durchdrungen.

Dem obersten Bösen begegnet man in der Kosmologie von Tolkiens *Legendarium*, dem SILMARILLION, in der Gestalt Melkors/Morgoths[343]. Vieles an ihm erinnert an den christlichen Teufel. Dieser Ähnlichkeit scheint sich Tolkien selbst deutlich bewusst gewesen zu

---

343 „Als letzter ist der Name Melkors verzeichnet: Er, der in Macht ersteht. Doch diesen Namen hat er verwirkt und die Noldor [...] sprechen ihn nicht aus und nennen ihn Morgoth, den Dunklen Feind der Welt." SIL, 43. Beide Namen meinen die gleiche Figur. Zuerst trug diese den Namen Melkor, später nennt Feanor sie Morgoth und der Name bleibt erhalten. Vgl. Foster, Morgoth, in: Mittelerde Lexikon, 497.

sein, denn er nennt Melkor/Morgoth auch „Teufel" und „Diabolus". Sein Reich bezeichnet er als „Hölle".[344]
Die auffälligsten Parallelen im Überblick:[345]

- Die Antwort auf die Frage nach dem *unde malum* wird im *Legendarium* deutlich christlich beantwortet, gipfelnd in einer Feststellung des Elbenfürsten Elrond: „Denn nichts ist böse von Anfang an."[346] Vielmehr handelt es sich sowohl beim Teufel als auch bei Tolkiens Pendant dazu, Melkor/Morgoth, nicht um Götter, sondern vielmehr um Geschöpfe Gottes. Sieht man im Teufel einen „gefallenen" Engel, so ist auch Melkor/Morgoth ein engelhaftes Wesen, das sich vom Schöpfergott abwendet, sich gegen ihn auflehnt und zu dessen erbittertstem Widersacher wird. Beide eint, dass sie nicht von Beginn an böse erschaffen worden sind. Die Wandlung vom Guten hin zum Bösen entsteht letztlich aus dem Wunsch heraus, sich gottgleich zu machen. Diese Gier nach Macht ist es, welche sich wie eine Art roter Faden durch das gesamte *Legendarium* zieht, von Beginn der Schöpfung im SILMARILLION an bis hin zur Säuberung des Auenlandes am Ende von DER HERR DER RINGE.[347]
- In ihrer Opposition zu den Mächten des Guten stehen weder Teufel noch Melkor/Morgoth alleine da, sondern verfügen über eine ihnen unterstellte Streitmacht: „Er war aber nicht alleine. Denn unter den Maiar wurden in seiner großen Zeit viele von seinem Glanze angezogen und blieben ihm botmäßig bis in die Dunkelheit; und andere machte er sich später mit Lug und tückischen Gaben gefügig."[348]
- Wie aus dem vorangegangenen Zitat bereits ersichtlich, setzt Melkor/Morgoth seine Fähigkeiten dazu ein, Geschöpfe auf seine Seite zu ziehen. So treten beide Gestalten als Verführer bzw. Versucher auf. Dazu bedienen sie sich gerne der Lüge und tückischer Gaben.

---

344 Vgl. Carpenter, Briefe, Nr. 153. Vgl. Meyer, Tolkien, 237.
345 Vgl. Harmening, Teufel, in: LThK 3, 1369. Vgl. Stork, Teufel, ebd. 1369f. Vgl. Seibert, Teufel und Dämonen, in: Lexikon christlicher Kunst, 306f. Vgl. Meyer, Tolkien, 466–471.
346 HdR I, 349.
347 Vgl. Petzold, Tolkien, 74ff. Vgl. Heimerl, Parallelwelten, 289f
348 SIL, 43f.

3. Christlich-religiöse Elemente

- Beide gelten sie als das unübertroffen Böse schlechthin.
- Das Motiv der Ankettung Satans klingt in der Gefangennahme Melkors/Morgoths an. Tritt mit der Ankettung Satans eine tausendjährige Friedenszeit ein (Offb 20,1–3), so bringt die über drei Zeitalter andauernde Haft Melkors/Morgoths eine „Zeit des größten Glücks"[349]. Beide bringen nach ihrer Befreiung erneut Schrecken und Leid über die Welt.
- Melkor/Morgoth herrscht mit seiner Festung Angband über ein Bollwerk, das in Teilen die Standard-Ikonographie der Hölle widerspiegelt und wohl nicht umsonst auch „Eisenhölle" und der Eingang „Pforten der Hölle"[350] genannt wird. Bereits Auszüge aus dem SILMARILLION rufen Höllenvorstellungen wach:

> Und Melkor baute auch eine Festung und ein Waffenlager [...]. Diese Burg befehligte Sauron, Melkors Statthalter; und sie wurde Angband genannt.
> Dort grub er von neuem seine gewaltigen Höhlen und Verliese, und über ihren Toren türmte er die dreizackigen Gipfel von Thangorodrim auf, die immer von einer großen Fahne schwarzen Rauches umlagert waren. Zahllos wurden dort die Scharen seines Getiers und seiner Dämonen, und die Brut der Orks, lange zuvor schon gezüchtet, wuchs und mehrte sich in den Eingeweiden der Erde. [...] in Angband aber schmiedete Morgoth eine große Krone von Eisen und nannte sich König der Welt.
> Über dem Tor aber und dahinter, auf gleicher Höhe mit den Bergen, stapelte er die Donnertürme von Thangorodrim auf, aus der Asche und Schlacke seiner unterirdischen Öfen und den Schuttmassen von seinen Grabungen. Sie waren schwarz und kahl und stiegen über alles Maß hoch; und aus ihren Spitzen quoll schwarzer, stinkender Rauch in den nördlichen Himmel. Viele Meilen weit nach Süden zog sich vor den Toren von Angband eine Dreckwüste über die weite Ebene [...].[351]

- Ähnlich zu der in der tiefen Erde lokalisierten Hölle liegt ein Großteil von Angband unterirdisch. Der Name dieses Ortes, übersetzt bedeutet er „Eisenkerker"[352], deutet eine wichtige Funktion an. Die

---

349 Meyer, Tolkien, 492.
350 „[...] da nahm er, wie erzählt wurde, seinen Sitz in den bodenlosen Verliesen von Angband, der Eisenhölle [...]." SIL, 181. [...] und solange Angband belagert wurde und seine Tore geschlossen blieben, wuchs Grünzeug sogar zwischen den Gruben und zertrümmerten Felsen vor den Pforten der Hölle." SIL, 182.
351 SIL, 68; 121f; 182.
352 Vgl. Foster, Angband, in: Mittelerde Lexikon, 50f.

Gefangenen in Angband, wenn sie nicht gerade in den tiefen Verliesen eingesperrt sind, müssen sie sich unter elenden Bedingungen zu Tode schuften. Solches Leiden erinnert an die Qualen der armen Seelen in der Hölle. Oftmals stehen diese in Verbindung mit Feuer, welches sich auch in der Festung Melkors/Morgoths findet, im Inneren brennen vulkanische Feuer und von Angband ausgehende Flammenströme haben die Umgebung der Festung in ein schrecklich verwüstetes Land verwandelt. Die qualmenden Schlote mit ihrem Gestank können als Anklang an den Schwefelgestank der Hölle gelesen werden.

- Hinzu kommt noch die Beschreibung von allerlei Ungeheuern, die Angband bevölkern, was Assoziationen mit dämonischen Folterknechten mittelalterlicher Höllendarstellungen hervorruft. Unter den Ungeheuern hervorzuheben sind vor allem Schlangen und Drachen, der Bibel und christlichen Ikonographie nach deutlich der Sphäre des Bösen zuordenbare Wesen. Exemplarisch sei an die Rolle der Schlange beim Sündenfall (Gen 3,1-24) und den Feuerdrachen in der Offenbarung des Johannes (Offb 12,3) hingewiesen. Man denke aber auch an die Drachen in diversen Heiligenlegenden, sehr bekannt in jener des Hl. Georg oder des Hl. Antonius.[353] Bleibt zu ergänzen, dass christliche Vorstellungen sicher nicht exklusiv prägend waren. Tolkien dachte wohl ebenso an die Midgardschlange wie auch an den Drachen, gegen den Beowulf kämpft, und nicht zuletzt an Fafnir.[354]
- Melkors/Morgoths Thronsaal ist mit Mord- und Marterwaffen ausgeschmückt. Ähnliches gilt auch für Utumno, Melkors/Morgoths zweiter Festung. Der Name, der so viel wie „Tiefe"[355] bedeutet, verrät bereits, dass sie unterirdisch liegt. Feuer und dämonenartige

---

353 Vgl. Seibert, Drache, in: Lexikon christlicher Kunst, 81f.
354 Vgl. Shippey, Autor des Jahrhunderts, 78. In einem Auftritt Smaugs, des wohl prominentesten Drachen des *Legendariums*, erkennt Shippey biblische Züge: „"... unter seinem Volk habe ich mich sattgefressen wie der Wolf unter den Schafen, und wo sind die Söhne seiner Söhne, die sich getrauen, mir zu nahe zu kommen? ... Mein Panzer ist wie zehn Schilde, meine Zähne sind Schwerter, meine Klauen Speere, mein Schwanz schlägt ein wie ein Blitz ..."« Seine Sprache erinnert hier an das Alte Testament, und dem paßt sich auch die Sprache des Erzählers an, der ihn beschreibt." Ebd., 80. Vgl. HOB, 250.
355 Vgl. Foster, Utumno, in: Mittelerde Lexikon, 724.

Ungeheuer finden sich auch dort, wie auch eine von dort ausgehende und die Umgebung verheerende Pestilenz.[356]
- Als Repräsentanten bzw. Gefährten des Bösen kennt die spätmittelalterliche und frühneuzeitliche christliche Vorstellungswelt dämonische schwarze Katzen bzw. Kater.[357] In der Gefolgschaft Melkors/Morgoths befindet sich sogar ein ganzes Katzenheer, angeführt von seinem Vasallen Tevildo, einer pechschwarzen dämonischen Riesenkatze.[358] Einschränkend muss festgestellt werden, dass eine Deutung der Katze(n) nach christlichem Topos nicht zwingend naheliegend erscheint. Gänzlich kann es allerdings nicht ausgeschlossen werden, dass sich Tolkien bewusst eines dämonischen Tierattributs christlicher Prägung bedient hat, immerhin sind Katzen auch an einer anderen Stelle des *Legendariums* schlecht beleumundet.[359]
- Eine weitere Gemeinsamkeit besteht in der Fähigkeit, in verschiedenen Gestalten aufzutreten: Melkor/Morgoth „nahm wieder die Gestalt an, in welcher er als Tyrann von Utumno erschienen war, ein dunkler Fürst, groß und schrecklich."[360]
- Beiden ist gemeinsam, dass ihre Herrschaft nicht ewig Bestand hat. Letztlich werden sie von den Mächten des Guten überwunden.
- In der Niederlage Melkors/Morgoths, die zu seiner endgültigen Verbannung führt, klingt das christliche Motiv des Satanssturzes an (Lk 10,18; Offb 12,7ff; in christlicher Lesart auch das Spottlied auf den mit Satan gleichgesetzten König von Babel in Jes 14,1–21). Satan stürzt aus dem Himmel, Melkor/Morgoth dagegen wird aus „der Welt hinaus in die Zeitlose Leere"[361] verbannt.

---

356 Vgl. SIL, 49.
357 Vgl. Hergemöller, Krötenkuss und schwarzer Kater, 138–156.
358 Katzenfürst Tevildo findet sich in der ursprünglichen Fassung der Erzählung BEREN UND LÚTHIEN, in späteren Fassungen wird aus ihm Thû, der Nekromant, der dann später unter dem Namen Sauron bekannt wird. Diese unterschiedlichen Fassungen und ihre Entwicklungen hat Christopher Tolkien in BEREN UND LÚTHIEN aufgearbeitet. Für Tevildos Auftritt vgl. BuL, 55f.
359 Die beim Volk unbeliebte Königin Berúthiel hatte neun schwarze und eine weiße Katze, die für sie spionierten. Vgl. Foster, Berúthiel, in: Mittelerde Lexikon, 105. Vgl. HdR I, 403.
360 SIL, 110.
361 SIL, 400.

Als Herr alles Bösen ist Melkor/Morgoth jedoch weniger bekannt, denn in Tolkiens deutlich prominenteren Werken, DER HOBBIT und DER HERR DER RINGE, spielt er keine direkte Rolle für die Handlung, da der Erzählstrang beider Werke erst nach Melkors/Morgoths endgültiger Niederlage einsetzt. Das Gute hat damit zwar das oberste Übel überwunden, nicht jedoch gleichzeitig auch alles andere Böse, das erst durch Melkors/Morgoths Wirken in die Welt gekommen ist.

Die Funktion des dunklen Herrschers übernimmt mit „Ausscheiden" Melkors/Morgoths dessen höchster Diener, nämlich Sauron. Die beiden sind sind sich in ihrer Ausgestaltung sehr ähnlich und Sauron ersetzt seinen einstigen Herrn nahtlos. Auch für ihn gelten die Worte Elronds: Nicht von Beginn an böse, sondern diesem erst durch die Verlockung Melkors/Morgoths verfallen. „Sauron", so schreibt Tolkien, „war natürlich zu Anfang nicht »böse«. Er war ein »Geist«, den der dunkle Urherrscher (der nebenschöpferische Ur-Rebell) Morgoth korrumpierte."[362]

Wie Melkor/Moroth hat auch Sauron eine ganze Armee finsterer Geschöpfe, darunter auch Menschen. Das Banner seiner menschlichen Vasallen aus dem Süden zeigt, geradezu ikonisch, eine schwarze Schlange.[363] Als Verführer ist die Schlange ein aus der biblischen Sündenfallerzählung (Gen 3,1–24) bekanntes Motiv. Im Gefolge Saurons besonders passend, immerhin ist er wie sein Vorgänger Melkor/Morgoth ein listiger und heimtückischer Verführer, der ebenso wie dieser in unterschiedlichen Gestalten aufzutauchen vermag.

> Einst lebte Sauron der Maia […]. Zu Anbeginn Ardas lockte ihn Melkor in seinen Bund, und er wurde der größte und vertrauteste Diener des Feindes, und der gefährlichste, denn in hundert Gestalten erschien er, und lange vermochte er sich ein so edles und schönes Ansehen zu geben, wenn er wollte, dass er alle bis auf die Bedachtsamsten täusche.[364]

Die Ringe der Macht sind letztlich nichts anderes als ein Produkt dieser finsteren Kunst: Sauron gewinnt unter falschem Namen und in schöner Gestalt Einfluss unter den Elben und bringt sie dazu, die Rin-

---

362 Carpenter, Briefe, Nr. 153.
363 Vgl. HdR III, 134. Vgl. ebd., 137.
364 SIL, 445.

ge der Macht zu schmieden, während er selbst im Geheimen den Meisterring fertigt.³⁶⁵

Könnte man anhand der unterschiedlichen bösen Handlungsträger geradezu ikonische Züge herausarbeiten, in manchen mehr und in manchen weniger deutlich vorkommend, so scheinen diese in der filmischen Inszenierung geradezu komprimiert in der Gestalt des Balrogs von Moria aufzutreten. Balrog bedeutet in Tolkiens Kunstsprache „Dämon der Macht"³⁶⁶. Treten im SILMARILLION öfter derartige Dämonen auf, so ist es in DER HERR DER RINGE nur ein einziger, der den Gefährten in den Tiefen von Moria begegnet.

> Irgendetwas kam hinter ihnen heran. Was oder wer es war, konnte man nicht sehen: etwas wie ein großer Schatten, in dessen Mitte sich ein dunklerer Körper abzeichnete, entfernt menschenähnlich, aber größer; Macht und Schrecken schienen in ihm zu toben und vor ihm herzugehen. [...] Die Flammen loderten auf, um es zu begrüßen und zu bekränzen, und schwarzer Rauch strudelte in der Luft. Seine flatternde Mähne fing Feuer und wehte lodernd hinter ihm drein. In der rechten Hand hielt es eine Klinge, die wie eine Stichflamme aussah, in der linken eine Peitsche mit vielen Riemen.³⁶⁷

Anhand dieser kurzen Beschreibung können noch keine allzu deutlichen Parallelen zur christlichen Bildwelt skizziert werden. Das Feuer allerdings ruft sogleich Assoziationen zu verschiedenen Darstellungen der Hölle hervor und somit gleichzeitig zum Teufel und seinen Dämonen, wenngleich dieses Element in der christlichen Ikonographie nicht zwingend der Sphäre des Bösen zuzuordnen ist, sondern ganz im Gegenteil auch die Präsenz Gottes symbolisieren kann.³⁶⁸ Die schattenhafte Erscheinung wirkt im ersten Moment wie ein Anklang an christliche Vorstellungen von luftartigen Dämonenleibern. Diese Art der Gestalt ermöglicht erst ein Eindringen in fremde Körper.³⁶⁹ Ein solches Verhalten wird allerdings von Balrogs nicht beschrieben.

---

365 Vgl. SIL, 448ff.
366 Vgl. Foster, Balrog, in: Mittelerde Lexikon, 87.
367 HdR I, 426.
368 Feuer symbolisiert etwa in zahlreichen Bibelstellen die Gegenwart Gottes, exemplarisch sei aus dem AT Mose und der brennende Dornbusch (Ex 3,2) erwähnt, im NT das Pfingstereignis (Apg 2,1–13).
369 Vgl Harmening, Teufel, in: LThK 3, 1369.

Im weiteren Verlauf der Begegnung mit dem Balrog von Moria breitet sich sein Schatten „wie zwei große Schwingen aus"[370]. Was man sich darunter nun genau vorzustellen hat, ob Tolkiens Vorstellung zufolge der Balrog nun Flügel besitzt oder nicht, mag unter Anhängern der literarischen Vorlage für Diskussionsstoff sorgen.[371] Die filmische Inszenierung dagegen gibt darauf eine klare Antwort. Als Teil der Standard-Ikonographie des Bösen kann ein solches Element nicht einfach übergangen werden.

Doch nicht nur bei den Flügeln, auch in anderen Details ist die Kinoversion weitaus deutlicher an die christliche Ikonographie angelehnt als die literarische Vorlage und scheint damit eine gezielte Ergänzung des Textes zu bieten. Diese Zusätze bieten eine Fortschreibung christlicher Standard-Ikonographie des Bösen, wie sie uns vor allem in der Bilderwelt des Mittelalters begegnet. Sind auch in dieser Epoche die Darstellungen von Teufel und Dämonen nicht durchgängig gleich, so dominiert doch das Bild einer menschenähnlichen, monströsen Gestalt in dunkler Körperfarbe, ausgestattet mit tierischen Attributen in Form von Hörnern, Flügeln, Schwanz und Pferdefüßen.[372] All das kann in der filmischen Inszenierung wiedergefunden werden, die einzelnen tierischen Attribute sind – wenngleich nicht immer sofort auf den ersten Blick auszumachen und teils entfremdet – vertreten.

Sofort stechen dabei die Hörner in die Augen, die schon alleine aufgrund ihrer Übergröße eine ganz besondere Betonung finden. Sie erinnern in ihrer geschwungenen Form an einen Ziegenbock und bilden damit den deutlichsten Anklang an die Standard-Ikonographie des Teufels. Zusätzlich geben die Hörner dem schemenhaften Körper Gestalt, der ansonsten in der Finsternis nicht so deutlich auszumachen ist. Dagegen sind die klauenartigen Füße nur für einen sehr kurzen Moment eingeblendet. Sie erinnern entfernt an Bock- oder Pferdefüße, in ihrer klauenartigen Form aber vor allem an manchen dämonischen

---

370 HdR I, 426.
371 In diversen Fanforen wird dazu „philosophiert". Einen fliegenden Balrog jedenfalls kennt weder das SILMARILLION, noch DER HERR DER RINGE. Der Balrog von Moria stürzt vielmehr flugunfähig in die Tiefe.
372 Zur Ästhetik des Bösen vgl. Heimerl, Wenn das Böse schön wird, 409–425. Vgl. zu diesem Thema die ebd. zitierte Bildsammlung in: Vorgrimler, Geschichte der Hölle.

Folterknecht der mittelalterlichen Bildwelt. Die Flügel des Balrogs fallen zuerst gar nicht näher auf, im Sturz werden sie jedoch deutlich sichtbar. Ein Schwanz fällt zwar gänzlich weg, als eine Art „Ersatz" trägt der Balrog dafür die auch in der literarischen Vorlage erwähnte Peitsche.

Häufig sind in der Bildwelt des Mittelalters der Teufel und seine Dämonen als „Hausherren" in der Hölle abgebildet, die geographisch vielfach im Erdinneren angesiedelt wurde. Auch heute noch werden Orte als Teufelsloch oder Teufelshöhle bezeichnet, die einen Ab- bzw. Eingang in unterirdische Höhlen bieten. Tolkiens Helden dagegen kommen unter der Erdoberfläche nicht in die Hölle, dafür aber in die Tiefen von Moria. Dort treffen sie auf den Balrog, der in einer ähnlichen Funktion wie der Teufel die dortigen Tiefen beherrscht.

Findet sich in den mittelalterlichen Höllendarstellungen gerne Feuer, in dem nur allzu oft die armen Seelen für ihre Sünden brennen, so scheint der Leib des Balrog von diesem Element geradezu durchdrungen. Zusätzlich schlagen in der filmischen Adaption plötzlich Flammen aus der Umgebung. Der Balrog ist zudem mit einem Feuerschwert und einer feurigen Peitsche bewaffnet. Wie die mittelalterliche Ikonographie, so vermittelt die gesamte Inszenierung vor allem eines sehr deutlich: Schrecken. Zusätzlich noch dadurch gesteigert, dass selbst die anderen bösen Bewohner der finsteren Tiefen vor der Kreatur urplötzlich die Flucht ergreifen.

Letztlich wird der Balrog besiegt. Gandalf lässt die Brücke unter seinen Füßen einstürzen und der Gegner fällt in den tiefen Abgrund hinab. Darin findet sich noch ein weitaus deutlicherer Anklang an das christliche Motiv des Satanssturzes, als es bei Melkors/Morgoths Verbannung der Fall ist.

Abbildung 8: Die aus der tiefen Finsternis auftauchende monströse, gehörnte und von Feuer durchwirkte Gestalt des Balrogs in DER HERR DER RINGE: DIE GEFÄHRTEN *erinnert an einen Dämon christlicher Darstellungsweise.*

Ergänzend bleibt noch anzumerken, dass sich Tolkien bei der Gestaltung seines Ungeheuers nicht exklusiv an der christlichen Vorstellungswelt angelehnt hat. Es können ebenso Elemente der nordischen Mythologie ausgemacht werden, die gemeinsam mit der christlichen Bildwelt zur Gestalt des Balrogs verschmelzen.[373]

3.4 Ein latentes dualistisches Weltbild

Es wurde bereits festgestellt, dass der Kampf zwischen den Mächten des Guten und den Mächten des Bösen ein zentrales Motiv der Erzählungen ist. Diese dem *Legendarium* zugrunde liegende Dualität erlaubt keine Neutralität, wie wir sie auch in der Offenbarung des Johannes (Offb) nicht finden. Konsequenz daraus ist die Einteilung in ein Lager des Guten und ein Lager des Bösen – oder in Tertullians Worten ausgedrückt und damit wieder Bezug auf die *Militia Christi* nehmend – in ein Lager des Lichts und ein Lager der Finsternis.[374]

---

[373] Petzold bezeichnet den Balrog als „spezifisch nordisch", er sieht „Ähnlichkeiten mit Surt, dem Feuerungeheuer des Ragnarök". Petzold, Tolkien, 70.

[374] „[...] signo Christi et signo diaboli, castris lucis et castris tenebrarum." Tert. idol. 19,2.

3. Christlich-religiöse Elemente

Man mag einwenden, dass es in DER HERR DER RINGE Figuren gibt, die bis zu einem gewissen Grad durchaus bemüht sind, sich aus dem Geschehen herauszuhalten, letztlich aber treffen sie dann dennoch eine Entscheidung. Tom Bombadil etwa, der alleine durch sein Eingreifen die Gefährten bereits am Beginn ihrer Reise davor bewahrt zu scheitern. Oder die baumartigen Ents, die zwar erst den gemeinsamen Entschluss fassen, sich aus den Gefechten herauszuhalten, letztlich jedoch einsehen müssen, dass der Kampf bereits zu ihnen getragen worden ist, was in einer Revision ihres Beschlusses mündet.

Der Handlungsstrang kann demnach zu der falschen Annahme führen, dem *Legendarium* liege ein religiöser Dualismus zu Grunde. Darunter „versteht man das Gegeneinander zwei gleicher ursprünglicher Prinzipien oder Substanzen, die, voneinander unableitbar und miteinander unvereinbar, die Weltwirklichkeit durch ihren Widerstreit bestimmen."[375] Dabei gibt es radikalere und moderatere Ausprägungen einer solchen Weltdeutung. Entweder werden die beiden Prinzipien als gleichwertig und gleichewig verstanden, oder aber ein Prinzip entsteht aus dem anderen, nämlich das Böse aus dem Guten. Zugleich tritt in dieser Ausformung das Böse als Demiurg auf. Der Mensch, oder mehr noch die Seele, ist dabei gefangen in der unvollkommenen Welt dieses finsteren Schöpfergottes. Ziel dualistischer Strömungen ist somit die Befreiung der Seele aus dem Gefängnis des Leibes. Bei dieser Form wird zugleich das ursprünglichere der beiden Prinzipien, also das Gute, als das letztendlich überlegenere begriffen, so dass nur dieses ewig Bestand hat.[376]

Solche dualistischen Strömungen in ihren unterschiedlichen Ausprägungen gab es bereits im Urchristentum, die Kirche hat sie schon früh verurteilt, beispielsweise die Gnosis oder den Manichäismus, als mittelalterliche Ausformung gilt etwa die heftig bekämpfte Lehre der Katharer. Diese Glaubensrichtungen als Irrlehren zu verwerfen, bedeutete jedoch nicht gleichzeitig, böse Mächte generell zu leugnen. Gerade diese gilt es ja zu bekämpfen als Soldat Christi, auch wenn der Feind bisweilen überlegen scheint. Das Böse allerdings wird nicht als Gott gleichwertiges Prinzip verstanden.

---

375 Ganoczy, Dualismus, in: LThK 3, 391f.
376 Vgl. Hutter, Dualismus, in: LThK 3, 387f.

Besonders deutlich wird dies im großen Trost- und Mahnbuch der Kirche, der Offenbarung des Johannes (Offb). Das Werk ruft die Gläubigen dazu auf, den „Kampf" auf der richtigen Seite aufzunehmen, und stellt dem Lesepublikum einen endgültigen Sieg Gottes vor Augen. Ähnlich ist das letzte Aufgebot gegen Sauron in der Schlacht vor den Toren Mordors angelegt, besonders bildgewaltig umgesetzt in der filmischen Inszenierung. Gegen Ende hin scheint alles verloren und nur mehr ein kleines Häuflein Streiter steht der schier unüberwindlichen Menge an Feinden gegenüber, ein geradezu apokalyptisches Szenario, ähnlich der Endschlacht der Offenbarung (Offb 20,7-10).

Tolkiens Kosmos ist entgegen so mancher dualistischen Vorstellung nicht das Werk eines bösen Demiurgen. Die Schöpfung wird vielmehr, übereinstimmend mit dem ersten Schöpfungsbericht der Genesis, maßgeblich als Werk eines guten Gottes verstanden, wenngleich dieser dabei Hilfe von seinen Geschöpfen bekommt.

Wirft man einen näheren Blick in die Kosmologie des SILMARILLION, so findet sich dort als Schöpfergottheit Ilúvatar, auch Eru genannt. Bereits der Name selbst steht für einen strikten Monotheismus, der einem religiösen Dualismus mit zwei gleichberechtigten Prinzipien bzw. Gottheiten entgegensteht. Ilúvatar bedeutet soviel wie „Allvater"[377], noch deutlicher allerdings ist der zweite gebräuchliche Name: Eru ließe sich übersetzen mit „Der Eine" oder „Er, welcher einzig da ist"[378]. In DAS BUCH DER VERSCHOLLENEN GESCHICHTEN stellt der Mensch Eriol dem Elben Rúmil die Frage, wer denn Ilúvatar eigentlich sei? Dessen kurze Antwort lautet: „Ilúvatar ist der Herr auf immer und ewig, der über der Welt thront; der die Welt machte und der weder von dieser Welt ist noch in ihr, der sie aber liebt."[379]

Die Frage nach dem *unde malum* wird ähnlich der biblischen Schöpfungserzählung beantwortet. Es kommt nicht durch eine gleichberechtigte böse Gottheit in die Welt, sondern vielmehr erst durch ein Geschöpf, nämlich Melkor/Morgoth. Und eine weitere Parallele tut sich in diesem Zusammenhang auf, nämlich dass Melkor/Morgoth nicht als explizit böses Wessen geschaffen wurde. Elrond wurde in diesem Zusammenhang bereits zitiert, Tolkien lässt ihn sagen: „Denn

---

377 Vgl. Foster, Ilúvatar, in: Mittelerde Lexikon, 383.
378 Vgl. Foster, Eru, in: Mittelerde Lexikon, 241.
379 BdVG I, 63.

nichts ist böse von Anfang an."³⁸⁰ Das gilt genauso für die Gefolgschaft des Bösen, es handelt sich durchwegs um korrumpierte bzw. verfürte Geschöpfe.

Somit kann festgehalten werden, dass es im Unterschied zur religionshistorischen Ausformung des Dualismus weder ein dem Guten in gleicher Weise ebenbürtiges Böses gibt, noch findet sich eine vom Bösen geschaffene unvollkommene Welt. Dennoch könnte man in Anlehnung an die historischen Vorbilder von einer Art latentem Dualismus oder „sekundärem Dualismus"³⁸¹ sprechen, wie er nicht nur in Tolkiens Werk gefunden werden kann, sondern überhaupt konstitutiv für viele moderne Fantasy-Epen ist.³⁸²

3.4.1 Romantische Liebe anstelle triebhafter Sexualität

Der dualistischen Grundstruktur von Tolkiens Werk fehlt ein zentrales Charakteristikum des religionsgeschichtlichen Dualismus, nämlich die triebhafte Sexualität.³⁸³ Für DER HOBBIT und DER HERR DER RINGE kann sogar gesagt werden, dass Sexualität generell keine wirklich wesentliche Rolle spielt. Die Handlung des erstgenannten Werkes erfindet Tolkien für seine beiden Söhne, zu diesem Zeitpunkt noch Kinder, worin wohl der Hauptgrund für dieses Fehlen liegen dürfte. In DER HERR DER RINGE, obwohl dieser für ein erwachsenes Publikum geschrieben wurde, tauchen immerhin, verpackt in fromme Beschreibungen, romantische Liebesgeschichten auf. Diese bleiben jedoch ein Randphänomen. Wobei anzumerken ist, dass Tolkien in dieser Beziehung keine

---

380 HdR I, 349.
381 Heimerl, Halb- und Unterwelten, 290.
382 Zur latenten dualistischen Grundstruktur einschlägiger Fantasy-Welten vgl. Heimerl, Halb- und Unterwelten, 285–298.
383 Vgl. Heimerl, Halb- und Unterwelten, 291. Zum Thema Sexualität in Tolkiens Werk vgl. den Artikel „Warm Beds are Good: Sex and Libido in Tolkien's Writing", erschienen in der 42. Ausgabe von *Mallorn*, der jährlich erscheinenden Fachzeitschrift der Tolkien Society (Großbritannien), online nachlesbar unter: http://www.ansereg.com/WarmBedsareGood.pdf [abgerufen am 10.08.18]. Eine Analyse der romantischen Beziehungen im HdR nimmt die bekannte Fantasy-Autorin Marion Zimmer Bradley vor, ihr Beitrag findet sich abgedruckt in Pesch, Mythenschöpfer, 57–89.

Ausnahme bildet. Viele Helden, egal ob sie nun klassischen Mythen oder moderner Fantasy entspringen, sind männlich und alleine unterwegs.[384]

So verwundert es nicht weiter, dass sich in den Leinwandversionen neben mancher gefühlsbetonten Zärtlichkeit keine expliziten Sex-Szenen finden. Das Kino bleibt somit nahe an der Vorlage. Das gilt selbst für jene Szenen, die über die literarische Vorlage hinausgehen. So verliebt sich die Elbin Tauriel in den Zwerg Kili, und da besagte Elbin in der literarischen Vorlage von DER HOBBIT nicht vorkommt, ist zugleich auch die Liebesgeschichte eine Erfindung der Kinoversion. Und in der Filmtrilogie von DER HERR DER RINGE wird die Liebe zwischen Arwen und Aragorn ein gutes Stück weit rührselig ausgeschmückt, denn was dort gezeigt wird, ist mehr „Schmachterei" als die literarische Vorgabe hergibt.[385] Vermutlich wurde wohl mit Blick auf ein jugendliches Zielpublikum die romantische Liebe entweder hinzu erfunden bzw. ein Stück weit ausgewalzt und gleichzeitig von expliziteren Sex-Szenen Abstand genommen.[386]

Die Liebe in DER HERR DER RINGE folgt einem strengen Sittenbild. Dieses ist christlich geprägt, schließlich führt die gegenseitige Zuneigung zwischen einem Mann und einer Frau erst zur Hochzeit und erst im Anschluss zu Kindern.

Im SILMARILLION dagegen findet sich Sexualität auch abseits christlicher Moralvorstellungen. Tritt sie allerdings solcherart auf, dann führt sie zu einem tragischen Ende, beispielsweise in der Erzählung Túrin Turambar.[387] Darin verliebt sich Túrin in seine eigene Schwester Nienor und heiratet diese schließlich, allerdings sind sich die beiden dieser inzestuösen Beziehung nicht bewusst. Verantwortlich dafür ist der Fluch eines finsteren Drachen, der von Melkor/Morgoth erschaffen wurde. Erst als der Drache getötet wird, gibt er sein verhängnisvolles Geheimnis preis. Daraufhin stürzt sich Nienor in einen Fluss und ertrinkt. Túrin, als er von ihrem Tod hört und die Wahrheit über die Herkunft seiner Geliebten erfährt, stürzt sich in sein eigenes

---

384 Vgl. Heimerl, Opfer und Helden, 78f.
385 Ein Teil der Liebesgeschichte stammt aus AuR, 41–51.
386 Vgl. Heimerl, Halb- und Unterwelten, 291.
387 Vgl. SIL, 310–356.

Schwert und stirbt. Die tragische Liebesbeziehung der Geschwister führt somit zu deren Selbstmord.

Eng verbunden mit der Erzählung vom Fall der verborgenen Stadt Gondolin[388] ist eine weitere tragische Geschichte verbotener Liebe. In dieser verliebt sich Maeglin, selbst Kind aus einer Art Zwangsehe mit tragischem Ausgang[389], in seine Cousine Idril. Obwohl er sich im Gegensatz zu Túrin des Verwandtschaftsgrades sehr wohl bewusst ist, begehrt er sie dennoch. Weder das Gesetz, das diese Liebe verbietet, noch ihre Hochzeit mit einem anderen Mann ändern etwas an seiner Zuneigung. Eines Tages gerät Maeglin in Gefangenschaft des Bösen und wird unter Androhung von Folter über den geheimen Standort der Stadt Gondolin befragt. Neben der Gewaltandrohung verspricht Melkor/Morgoth ihm zudem seine Cousine Idril und der Gefangene knickt ein. Die Liebe der Frau verspricht Melkor/Moroth allerdings nicht, was zu der Annahme führen muss, dass Maeglin sie selbst unter Zwang gefügig gemacht hätte. Als Gondolin schließlich aufgrund dieses Verrats angegriffen wird, stirbt Maeglin im Zuge der Schlacht durch die Hand von Idrils Gemahl, der ihn über die Stadtmauer hinab wirft, wo der Leib im Fallen dreimal auf Felswände aufschlägt und schließlich in die Flammen stürzt. So findet der Verräter eine grauenvolle Bestrafung für sein unheilvolles Begehren, das der Stadt und vielen Bewohnern den Untergang bringt.

Das SILMARILLION kennt jedoch auch, parallel zum DER HERR DER RINGE, die romantische Liebe, die allerdings genauso frei von explizierten Sex-Szenen ist. Eine solche Erzählung, die sich in beiden Werken finden lässt, ist jene von Beren und Lúthien. Ausführlich zu finden ist diese im SILMARILLION, in Kurzfassung erzählt sie Aragorn in DER HERR DER RINGE.[390] Laut dem Biographen Carpenter ist es die von Tolkien am allermeisten geliebte Legende.[391] Erzählt wird, wie sich Beren in die ihrer Herkunft nach weit über ihm stehende Lúthien verliebt. Er muss, um von ihrem Vater die Erlaubnis zur Hochzeit zu bekommen, eine eigentlich unbewältigbare Aufgabe lösen, was ihm schlussendlich jedoch mithilfe seiner Geliebten gelingt. Die wahre und

---

388 Vgl. SIL, 374–385.
389 Vgl. SIL, 201–215.
390 Vgl. SIL, 251–292. Vgl. HdR I, 254–257.
391 Vgl. Carpenter, Biographie, 118.

innige Hingabe der beiden zueinander macht Unmögliches möglich. Mit Lúthien hat Tolkien wohl seine eigene Ehefrau identifiziert[392], auf ihrem Grabstein lässt er unter ihrem Namen in Anlehnung an seine Geschichte schlicht „Lúthien" eingravieren. Und unter Tolkiens Namen wird später „Beren" stehen.[393]

Die Tatsache, dass in Tolkiens *Legendarium* sexuelle Verstöße in den tragischen Tod führen und als gangbare Alternativen nur sexueller Verzicht oder Ehe angeboten werden, ist sicher Tolkiens katholischer Sozialisation und seinem strengen katholischen Welt- bzw. Sittenbild geschuldet. Gerade diese Ansicht macht den Autor auch in konservativen kirchlichen Kreisen bis heute beliebt.[394]

Tolkien wurde nicht nur streng katholisch erzogen, seine persönliche Liebesgeschichte ist durch seinen Vormund Pater Francis geprägt, der ihm mit 17 Jahren das Verbot erteilte, sich weiter mit einer Jugendliebe Edith Bratt zu treffen. Erst als er 21 Jahre alt war, durfte er sie wiedersehen und mit 24 Jahren erfolgte die Hochzeit. Gerade diese für die Eheschließung nötige Zustimmung der vormundschaftlichen Autorität findet ihren Niederschlag in Tolkiens Liebesgeschichten, so müssen sich beispielsweise Beren als auch Aragorn erst bei ihren künftigen Schwiegervätern als würdig erweisen.

Tolkiens eigene Kinder kamen, ganz dem katholischen Ideal entsprechend, erst nach der Hochzeit auf die Welt. Überliefert sind uns „keine außerehelichen Affären, keine sexuellen Absonderlichkeiten [...] – nichts, sozusagen, woran der arme Biograph etwas zu beißen hätte".[395] Ergänzen könnte man: keine Scheidung. Das hätte sicherlich ganz und gar seiner katholischen Weltanschauung widersprochen. Zum Thema Ehescheidung nimmt er in zwei Briefen Stellung und lehnt diese genauso strikt ab, wie er auch einen von staatlicher Seite geschlossenen Ehekontrakt ablehnt.[396] Dabei argumentiert er als gläubiger Katholik und verteidigt vehement den Standpunkt der katholi-

---

392 Vgl. Carpenter, Biographie, 118.
393 Vgl. Carpenter, Biographie, 293f. Vgl. Carpenter, Briefe, Nr. 340. Für ein Foto des Grabsteins vgl. Geier, Biographie, 135f.
394 Vgl. Kap. 4.1 Gründe für Tolkiens Beliebtheit.
395 Shippey, Autor des Jahrhunderts, 13.
396 Vgl. Carpenter, Briefe, Nr. 43 u. 49.

schen Kirche: „*Sentire cum ecclesia.* Wie oft erweist sich dies doch als gute Richtlinie!"[397]

Wenn Tolkien an die Ehe denkt, so scheint selbstverständlich, dass er damit ganz im Einklang mit dem katholischen Eheverständnis nur die Monogamie meinen kann. Diese versteht er als „ein Stück »offenbarte« Ethik, das der Glaube und nicht das Fleisch gebietet."[398] Für sein literarisches Werk gilt, dass die Monogamie die einzig akzeptierte bzw. richtige Form des Zusammenlebens darstellt, denn andere Formen werden in das Reich des Bösen gelegt und geächtet. In einem Brief heißt es dazu: „Die »Monogamie« wurde zu dieser Zeit im Westen universal eingehalten, und andere Systeme wurden mit Abscheu betrachtet, als Dinge, die es nur »unter dem Schatten« gab."[399] Unmissverständlich ist die die Polygamie damit in die Einflusssphäre des Bösen gerückt.

Den Vorwurf, dass er in den hier zitierten Briefen die Realität nicht wahrnehme, kann man ihm nicht machen. Er sieht sehr wohl, dass seine Idealvorstellungen von der einander treuen und lebenslang andauernden Ehe nicht mehr durchgehend dem gesellschaftlichen Konsens entsprechen. Ganz besonders aber dort nicht, wo es um den gebührenden Ort für Sexualität geht, den für Tolkien einzig und alleine die Ehe darstellt. Er bedauert, dass es gerade bei christlichen Jugendlichen schwer sei, sie in der christlichen Sexualmoral zu erziehen. Schuld an dieser Entwicklung hat die durch den Sündenfall korrumpierte Welt: „Die Dislokation des Geschlechtstriebs ist eines der wichtigsten Symptome der gefallenen Welt. [...] Der Teufel ist unendlich erfinderisch, und die Sexualität ist sein Lieblingsthema."[400]

Wohl hat deswegen auch Melkor/Morgoth bei den beiden zuvor genannten Erzählungen seine Finger im Spiel. Leibfeindlichkeit, wie wir aus dem religionshistorischen Dualismus kennen, sollte man daraus jedoch nicht vorschnell ableiten:

> Die christliche Ehe ist nicht ein Verbot des Geschlechtsverkehrs, sondern die richtige Form sexueller Mäßigung – im Grunde vermutlich die beste

---

397 Carpenter, Briefe, Nr. 49.
398 Carpenter, Briefe, Nr. 43.
399 Carpenter, Briefe, Nr. 214.
400 Carpenter, Briefe, Nr. 43.

Form, die sexuelle Lust zu genießen, so wie auch beim Wein- oder Biertrinken Mäßigung die beste Form des Genusses ist.[401] Ungezügelte Sexualität ist demzufolge etwas Schädliches, zumindest legt dies der Vergleich mit dem Genuss von Alkohol nahe. Vor diesem Hintergrund scheint nun deutlich, warum Sexualität in DER HERR DER RINGE einem Sittenbild folgt, das zu Tolkiens Zeit – wie er in seinen Briefen selbst erkennt – bereits altmodisch erscheint. Sie ist allerhöchstens als Randerscheinung wahrnehmbar, die in eine romantisch-ritterliche Tradition gekleidet wird. Das vorrangige Ziel der Helden, der enge Kreis der sogenannten „Gefährten" besteht streng genommen aus neun unverheirateten Männern, ist die Rettung der Welt. Erst nach Erfüllung dieses Auftrags können sie sich, so sie denn noch leben und überhaupt wollen, der Liebe zuwenden und ihr Glück in der Ehe finden. Hochzeiten finden erst am Schluss des Romans statt. Aus den Zeittafeln der ANHÄNGE UND REGISTER[402] ist zu entnehmen, dass nach all den beschwerlichen Abenteuern noch weitere Hochzeiten stattfinden.

Für den Handlungsverlauf spielen Versuchungen verschiedenster Art eine ganz wesentliche Rolle, nur jene sexueller Natur gibt es allerhöchstens am Rande. So erfährt das Lesepublikum eher nebenher, dass sich Grímas finstere Absichten wohl aus seiner Begierde nach der Königstochter Éowyn speisen.[403] Er ist nicht Herr seiner Leidenschaft und gerät so in die Fänge des Bösen und wird zu dessen Handlanger.

Wer dagegen in Tolkiens *Legendarium* ein guter Held sein will, muss sich unter Kontrolle haben. Die erwähnten neun Gefährten sind aus einem solchen Holz geschnitzt. Das mag unter anderem auch daran liegen, dass sie allesamt Männer unter Männern sind. Hier findet sich eine deutliche Parallele zu Tolkiens Biographie, der sich wie seine Helden in reinen Männergruppen wohlgefühlt hat, die bekanntesten wären, wie bereits erwähnt, die T.C.B.S. und die Inklings. Freundschaft, davon ist Tolkien überzeugt, kann es nur zwischen Männern geben. Zwischen Männern und Frauen dagegen ist sie mitunter sogar gefährlich:

---

401 Carpenter, Briefe, Anm. in Nr. 49.
402 Vgl. AuR, 76–98.
403 Vgl. HdR I, 150f.

3. Christlich-religiöse Elemente

> Viele haben es schon mit dieser »Freundschaft« versucht, und fast immer versagt die eine oder die andere Seite. Im späteren Leben, wenn die Sexualität sich abkühlt, ist sie vielleicht möglich. Zwischen Heiligen kann es sie geben. Unter gewöhnlichen Menschen kann sie nur in seltenen Fällen auftreten [...]. Aber keiner kann darauf zählen. Fast mit Sicherheit wird ihn (oder sie) der andere Partner enttäuschen, indem er sich »verliebt«.[404]

Ob Tolkien beim Schreiben dieser Zeilen ganz bestimmte kanonisierte Heilige vor Augen hatte, bleibt unklar, besondere Bekanntschaft hat beispielsweise die Freundschaft zwischen dem Hl. Franz von Assisi und der Hl. Klara von Assisi erlangt. Abseits davon schließt er Freundschaften zwischen Männern und Frauen so gut wie aus.

Dass es auch unter Männern zu sexuellen Versuchungen kommen könnte, spielt in Tolkiens Werken, wie auch in seiner Biographie, keine Rolle. Zumindest finden sich bei seinem Biographen Carpenter dazu keinerlei Hinweise. Bis zu seinem 19. Lebensjahr, so behauptete Tolkien, kannte er nicht einmal das Wort Homosexualität.[405] Wohl nur eine Redensart, denn solches wäre wohl schwer vorstellbar bei jemanden, der sich schon sehr früh intensiv mit Sprache auseinandersetzte.

Es ist davon auszugehen, dass in seinem Denken Homosexualität höchstens als ein weiteres Indiz einer gefallenen Welt wahrgenommen wurde. Sexuelle Beziehungen zwischen Personen gleichen Geschlechts hätte Tolkien mit Sicherheit strikt abgelehnt, schon alleine aus seinem katholischen Eheverständnis heraus, wonach eben nur die Ehe zwischen Mann und Frau der gebührende Ort für Sexualität ist. Und eine katholische Ehe kann zwischen Personen gleichen Geschlechts nicht geschlossen werden. Selbst die innige Beziehung zwischen Frodo und Sam, die sich mehrmals auch in körperlicher Nähe ausdrückt, ist mit Sicherheit nicht homoerotischer Natur.

> Endlich fasste er Frodo bei der Hand. Sie war kalt und zitterte. Der Chef fror.
> »Die Decke hätte ich nicht zurücklassen sollen«, brummte Sam. Er legte sich neben Frodo und versuchte, ihn mit seinen Armen und seinem Körper zu wärmen.[406]

---

404 Carpenter, Briefe, Nr. 43.
405 Vgl. Carpenter, Biographie, 59.
406 HdR III, 260.

3.4 Ein latentes dualistisches Weltbild

So sehr Tolkien die Interpretation in Richtung homosexueller Hobbits wohl abgelehnt hätte, es hielt „einschlägige" US-amerikanische Zeitschriften jedenfalls nicht vom *Queer Reading* und entsprechenden Kommentaren ab. So veröffentliche *The Advocat*, laut Selbstbeschreibung ihres Internetauftritts[407] die weltweit führende Quelle für Themenbereiche rund um Lesben, Schwule, Bisexuelle und Transgender, 2001 einen Artikel mit dem Titel „The Gay Guide to Middle Earth".[408] Ähnliches tat auch 2003 die Zeitschrift *The Gay & Lesbian Review* in dem Artikel „*Lord of the Rings* Taps a Gay Archetype".[409]

Nur für einen der neun Männer unter den Gefährten, nämlich Aragorn, gibt es zumindest eine Art sexueller Versuchung, der zu widerstehen ihm allerdings nicht weiter schwerfällt. Éowyn verliebt sich in ihn, eine schöne und gebildete junge Frau und – wie auch Aragorn selbst – von edler Herkunft.[410] Eine Frau also, die aufgrund ihres Standes zu ihm passen würde, wäre er nicht bereits einer anderen versprochen. Aragorn bleibt diesem Versprechen treu und selbst für die verschmähte Frau gibt es letztlich ein glückliches Ende. Sie verliebt sich in Faramir, den sie in den Heilhäusern kennenlernt.

Ganz langsam und geradezu romantisch verklärt bahnt sich deren Beziehung an, von wildem Begehren keine Spur. Den ersten Kuss gibt Faramir ihr geradezu unschuldig auf die Stirn. Als sie schlussendlich zueinanderfinden, vorausgegangen sind etliche Treffen und einiges an gemeinsam verbrachter Zeit, wird die Szene in einen malerischen Lichtschimmer getaucht:

> Und dann nahm er sie in die Arme und küsste sie bei helllichtem Tage, und es kümmerte ihn überhaupt nicht, dass sie weithin sichtbar oben auf der Mauer standen. Und tatsächlich hatten sie viele Zuschauer, und ein

---

407 Vgl. http://www.advocate.com [abgerufen am 10.08.18].
408 Vgl. http://www.ansereg.com/WarmBedsareGood.pdf [abgerufen am 10.08.18].
409 Internetauftritt der Zeitschrift: http://www.glreview.org [abgerufen am 10.08.18]. Artikel online nachlesbar unter: http://www.thefreelibrary.com/Lord+of+the+ Ring+taps+a+gay+archetype.+(Essay).-a0104329366 [abgerufen am 10.08.18].
410 Brückner vertritt eine gegenteilige Ansicht: „Éowyn verliebt sich nicht." Brückner, Verkleidung und Essenz, 73. Er argumentiert, dass Éowyn in Aragorn vielmehr die Möglichkeit sieht, sich selbst einen Platz in der Geschichte zu sichern und gleichzeitig die mythische Vergangenheit des niedergehenden Königshauses Eorl wiederherzustellen und damit Zukunft zu ermöglichen. Vgl. ebd, 71ff.

> Lichtschimmer schien ihnen zu folgen, als sie Hand in Hand von der Mauer herabstiegen und zu den Häusern der Heilung gingen.
> Und zu dem Wart der Häuser sagte Faramir: »Hier siehst du die Jungfrau Éowyn von Rohan, und sie ist nun geheilt.«⁴¹¹

Aufschlussreich wirkt Faramirs Feststellung, dass seine Geliebte nun geheilt sei. Gemeint sind wohl nicht ihre körperlichen Verwundungen, die sie aus der Schlacht davongetragen hat und welche ihren Aufenthalt in den Heilhäusern notwendig gemacht haben. Vielmehr scheint eine andere Art der Verletzung gemeint, nämlich jene, die durch ihr Begehren des bereits vergebenen Mannes entstanden ist. Diese „traumatische Erfahrung" ging der physischen Verletzung voraus, denn Éowyn suchte nach ihrer Zurückweisung geradezu selbstmörderisch den Tod in der Schlacht. Die Leidenschaft für den falschen Mann hat sie krankgemacht, nun aber ist sie dank Faramir davon geheilt.

Im Gegensatz zu ihrem bereits erwähnten „Verehrer" Gríma hatte sie also Glück, da sie ihre unerwiderte Liebe bzw. Leidenschaft nicht in die Fänge des Bösen getrieben hat. Für sie gibt es schlussendlich Heilung und Happy End, Gríma dagegen ist verloren und findet einen gewaltsamen Tod.

Einem Leser des DER HERR DER RINGE scheint Éowyns Schwenk von Aragorn hin zu Faramir immer noch zu schnell zu gehen. Tolkien argumentiert dagegen:

> Kritik an der Geschwindigkeit der Beziehung oder »Liebe« zwischen Faramir und Eowyn. Nach meiner Erfahrung reifen Gefühle und Entschlüsse in Perioden großer Belastung und besonders in der Erwartung des bevorstehenden Todes sehr schnell (nach der bloßen »Uhr-Zeit« gemessen, die hier eigentlich nicht anwendbar ist). [...] Diese Geschichte handelt [...] von einer primitiveren (d.h. weniger verderbten) und edleren Kultur.⁴¹²

Tolkien heiratet rasch, ehe er selbst in den Ersten Weltkrieg zieht. Das wird wohl gemeint sein, wenn von seiner eigenen Erfahrung die Rede ist. Als sich seine beiden Figuren in den Heilhäusern kennenlernen, ist der Krieg gegen Sauron noch im vollen Gange und der Ausgang weiterhin unklar. Der Kuss auf den Mauern erfolgt allerdings erst, nachdem die Adler den Sieg über das Böse verkündet haben.

---

411 HdR III, 292.
412 Carpenter, Briefe, Nr. 244.

Tolkiens zweites Argument scheint relevanter zu sein. Die Liebe der beiden zueinander entwickelt sich in angemessener Zeit, da die Realität nicht mit den Verhältnissen Mittelerdes verglichen werden kann. Darin spiegelt sich Tolkiens eigene Sehnsucht nach einer besseren Welt wider, einer Welt der romantischen Liebe, in der einzig die Ehe der gebührende Ort der Sexualität ist und Scheidung ein absolutes Tabu. Es ist zugleich die Sehnsucht nach der wahren Liebe, die ein Leben lang hält. Ein Zustand, der in der Realität der gefallenen Welt nicht mehr vorhanden ist und die Tolkiens Verständnis nach mehr und mehr verkommt, wie er in einem der beiden zuvor zitierten Briefe deutlich betrübt schreibt: „Dies ist eine gefallene Welt. [...] Durch alle Zeiten hindurch hat sich die Welt zum Schlimmen hin verwandelt."[413]

Für die religiöse Rezeptionsgeschichte ist erwähnenswert, dass auf dem österreichischen Nachrichtenportal *kath.net* am 14. März 2014 unter dem Titel „Der Teufel ist erfinderisch und Sex sein Lieblingsthema"[414] ein Artikel mit einer kurzen Analyse von Tolkiens Brief erschien. Bei dem Onlinemagazin handelt es sich, wenn auch privat betrieben und wegen seiner als streng konservativ geltenden Ausrichtung auch innerhalb katholischer Kreise nicht ganz unumstritten, um eines der bekanntesten katholischen Nachrichtenportale des deutschsprachigen Raumes. Tolkiens Ratschläge aus dem Brief an seinen Sohn Michael werden in dem Artikel als „wertvoll" erachtet in Bezug auf „den rechten Umgang mit der Sexualität". Dass es in den Reihen der *kath.net* Leser eine Reihe von Tolkien Fans gibt, lässt sich anhand der verwendeten Pseudonyme im dortigen Forum feststellen. Hinter „Gandalf" soll sich sogar der Chefredakteur Roland Noé befinden.[415]

---

413 Carpenter, Briefe, Nr. 43.
414 http://www.kath.net/news/45262 [abgerufen am 10.08.18]. Der Titel ist dem Brief entnommen, dort heißt es: „Der Teufel ist unendlich erfinderisch, und die Sexualität ist sein Lieblingsthema." Carpenter, Briefe, Nr. 43.
415 Das behauptet zumindest mehrfach der dem Nachrichtenportal gegenüber sehr kritisch eingestellte *Kath.net-Watchblog Episodenfisch*, etwa unter: http://episodenfisch.blogsport.de/2010/11/20/schoener-poebeln-mit-roland-noe [abgerufen am 10.08.18].

3.4.2 Herren ihrer Begierde – Gesetze und Bräuche der Elben

Um Tolkiens Idealvorstellungen von Sexualität und Ehe zusammenzufassen, bietet sich besonders ein Blick in sein Essay LAWS AND CUSTOMS AMONG THE ELDAR[416] an, welches sein Sohn Christopher Tolkien im 10. Band der von ihm herausgegebenen HISTORY OF MIDDLE-EARTH überliefert.

Ausführlich kommt Tolkien darin auf Gesetze und Bräuche unter den Elben zu sprechen, im Wesentlichen geht es um die Themen Verlobung, Heirat, Kindererziehung, Namensgebung, Tod und Wiedergeburt. Anhand dieses Textes lässt sich besonders gut die in dem zuvor zitierten Brief erwähnte „weniger verderbte, edlere Kultur" zeigen.

> The Eldar wedded once only in life, and for love or at the least by free will upon either part. Even when in after days, as the histories reveal, many oft he Eldar in Middle-earth became corrupted, and their hearts darkened by the shadow that lies upon Arda, seldom is any tale told of deeds of lust among them.[417]

Elben heiraten nur einmal in ihrem Leben und das machen sie nicht aufgrund von sexueller Begierde, sondern aus Liebe und aus freiem Willen. Dieser freiwillige Schritt gilt auch als wesentliche Voraussetzung für eine katholische Eheschließung und wird nicht nur im kirchlichen Ehevorbereitungsprotokoll vermerkt, sondern nochmals in der feierlichen Hochzeitszeremonie vor allen Anwesenden nachgefragt. Begierde scheint bei den Elben überhaupt keine große Rolle zu spielen, deswegen ist davon auch – wie es in dem Essay heißt – wenig überliefert.

Als eine der seltenen Ausnahmen könnte die bereits kurz behandelte Erzählung über den Elben Maeglin gelten, die letztlich – wortwörtlich – in den Abgrund führt.[418] Überhaupt scheinen sich die Elben gut im Griff zu haben: „[...] and their spirits being masters of their bodies, they are seldom swayed by the desires oft he body only, but are by nature continent and steadfast."[419]

---

416 Vgl. HoME X, 207–253.
417 HoME X, 210.
418 Vgl. Kap. 3.4.1 Romantische Liebe anstelle triebhafter Sexualität.
419 HoME X, 211.

Körperbeherrschung ist Teil ihrer Natur, eine sexuell enthaltsame Lebensführung Konsequenz daraus. Das gilt zumindest bis zur Eheschließung, denn diese ist dann – analog zur katholischen Ehe – auf Nachkommenschaft hin ausgerichtet. Diese grundsätzliche Bereitschaft, Kinder zu bekommen, gehört ganz wesentlich zum katholischen Eheverständnis. Eine Ehe kann es demnach nur zwischen Mann und Frau geben. Das Fehlen einer Ehe unter Gleichgeschlechtlichen scheint für Tolkien unter dieser Voraussetzung eine nicht weiter zu erwähnende Selbstverständlichkeit. Gleiches gilt für Polygamie, die in diesem Essay ebenso keine Erwähnung findet.[420]

Eine weitere Parallele zur kirchlichen Praxis findet sich im Zustandekommen der Ehe. Hier unterscheidet Tolkien zwischen der Zeremonie als solcher und dem anschließenden Vollzug der Ehe durch Geschlechtsverkehr, der wesentlich für das gültige Zustandekommen notwendig ist: „It was the act of bodily union that achieved marriage, and after which the indissoluble bond was complete."[421]

Deutlich schwingt mit, was kirchenrechtlich festgelegt ist.[422] Da sich die Elben gut im Griff zu haben scheinen, ist Sexualität tatsächlich nur dafür gedacht, Nachkommen in die Welt zu setzen. Denn wenn die Familienplanung abgeschlossen ist, wenden sich die Elben anderen Dingen zu.

Dem Essay nach kann das durchaus eine räumliche Trennung der Ehepartner zur Folge haben, was die Beziehung allerdings in keiner Weise gefährdet. Das mag, bedenkt man die lange Lebensdauer der Elben und die aktuellen Scheidungsraten, aus heutiger Sicht dann vielleicht doch ein wenig überraschend wirken. Allerdings ist, wie bereits festgestellt, der elbische Geist Herr über körperliche Begierden.

Scheidung kennen die Elben nicht. Tolkien geht hierbei sogar noch über das katholische Eheversprechen hinweg, in dem es heißt: [...] bis der Tod uns scheidet. Denn bei den Elben besteht die seelische Verbindung auch über den Tod hinaus. Hinzu kommt, dass es unter den El-

---

420 Das kanonische Recht legt die Ehe eindeutig als unauflösliche Verbindung zwischen einem Mann und einer Frau fest, die auf Zeugung und Erziehung von Nachkommenschaft hin ausgelegt ist. Eine gleichgeschlechtliche Ehe ist demnach nicht möglich, ebenso wenig wie Polygamie. Vgl. cc. 1055–1057 CIC.
421 HoME X, 212.
422 Vgl. c. 1061 § 1 CIC.

ben die Möglichkeit der Wiedergeburt gibt. Kommt es dazu, wird die Ehe weitergeführt. In Tolkiens liebster Legende von Lúthien und Beren tritt genau dieser Fall ein. Beren kann, er ist im Gegensatz zu seiner Elbengemahlin ein sterblicher Mensch, das Totenreich aufgrund ihrer Intervention wieder verlassen und die Ehe besteht fort.[423]

Der Essay kennt zwar keine Scheidung, allerdings findet sich im zweiten Teil die Erzählung von einer zweiten Ehe. Ein Ausnahmefall, wie er nur äußerst selten vorkommt. Die Gemahlin des Elbenkönigs Finwë stirbt schon sehr früh, nämlich als Folge der Geburt ihres ersten Sohnes. Nach etlichen Jahren ist klar, dass sie nicht mehr wiedergeboren wird. Aus diesem Grund heiratet Finwë erneut, was ihm zuvor von den engelhaften Mächten erlaubt worden war. Seine zweite Frau schenkt ihm zwei weitere Söhne. Als Folge davon kommt es, unter Einmischung Melkors/Morgoths, zu Streitigkeiten zwischen den Halbbrüdern. Dadurch wird die Familie entzweit. Die Erzählung zeigt, dass ein Abweichen von der Norm große Schwierigkeiten mit sich bringt. Als abschreckendes Beispiel sind diese Begebenheiten den Elben in guter Erinnerung, wie Tolkien ausdrücklich betont.[424]

Zusammenfassend kann festgestellt werden, dass Tolkiens Essay LAWS AND CUSTOMS AMONG THE ELDAR Versatzstücke katholischer Ehelehre enthält, hinter denen Tolkien aus tiefer religiöser Überzeugung heraus selbst steht. Selbst das Brauchtum, wie etwa der Tausch von Ringen, ähnelt gängiger kirchlicher Praxis. Ihre sexuellen Begierden haben die Elben allesamt gut im Griff, wie auch die neun unverheirateten Männer in DER HERR DER RINGE. Während der Essay für das Elbenvolk sexuelle Genügsamkeit dezidiert festhält, mangelt es in DER HERR DER RINGE – sieht man vom Fall Éowyn und Aragorn ab – an Versuchungen. Mit zusätzlichem Blick auf Tolkiens briefliche Zeugnisse scheint offenkundig, dass sich in Gesetzen und Bräuchen der Elben eine Art Idealzustand findet, wie er zu Tolkiens großem Bedauern in der gefallenen Welt verlorengegangen ist. Manches davon wirkt geradezu katholisch normiert.

---

423 Vgl. BuL, 236ff u. SIL, 291f.
424 „Thus it is that the cases in which remarriage of the Eldar can take place are rare, but rarer still are those who do this, even when it is permissible. For the sorrow and strife in the house of Finwë is graven in the memory of the Eldar." HoME X, 239.

Die Mäßigung der eigenen sexuellen Begierden fällt den Elben leichter als den Menschen, deren Geist nicht mehr in gleicher Form Herr über den Körper und seine Begierden ist. Von vollkommener sexueller Enthaltsamkeit ist in dem Essay keine Rede. „Zum Verzicht", schreibt Tolkien in einem seiner Briefe, braucht es „Berufung".[425] Kein Zweifel, dass auch an dieser Stelle eine religiöse Komponente mitschwingt. Eine solche geistliche Berufung ereilt seinen ältesten Sohn John, er wird katholischer Priester und lebt zölibatär. Davon abgesehen scheint für Tolkien aber die Gründung einer Familie genauso lobens- bzw. erstrebenswert, solange die Ehe den dafür vorgesehenen Rahmen bildet.

3.5 Lembas – Ein Brot von religiöser Art

Es muss nicht ausdrücklich betont werden, dass im Leben des streng gläubigen Katholiken Tolkien der Besuch der Hl. Messe und der Empfang der Eucharistie einen wichtigen Stellenwert einnahmen. Allerdings ging Tolkiens Einstellung zum Messbesuch noch weit über das hinaus, was heute unter „Sonntagspflicht" oder „Sonntagsgebot"[426] verstanden wird. So vermerkt sein Biograph Carpenter, dass ein typischer Tagesablauf des Oxforder Professors mit einem Besuch des Gottesdienstes begann. Dort empfing er die Kommunion, zumindest immer dann, wenn er zuvor zur Beichte gekommen war, ansonsten „versagte er sich auch die Kommunion und lebte in einem Leidenszustand geistiger Niedergeschlagenheit."[427]

Seinem Sohn Michael empfiehlt Tolkien eine ähnliche Regelmäßigkeit: „Häufigkeit hat die höchste Wirkung. Siebenmal die Woche ist stärkender als siebenmal in Abständen."[428]

Diese Hingabe zum Sakrament der Eucharistie spiegelt sich im Elbenbrot namens Lembas wider. Schon rein äußerlich ähnelt es der Hostie, es handelt sich ebenso um ein flaches Stück braunes Brot: „Die Wegzehrung bestand hauptsächlich aus einer Art sehr dünner Kekse,

---

425 Carpenter, Briefe, Nr. 43
426 Vgl. cc. 1246–1248 CIC.
427 Carpenter, Biographie, 151.
428 Carpenter, Briefe, Nr. 250.

3. Christlich-religiöse Elemente

aus einem Teig, der außen braun gebacken, innen aber sahnig weiß war."[429] Wer es verzehrt, dem stillt es in erster Linie nicht den Hunger, sondern gibt Kraft, schwere Strapazen zu überstehen. Die Elben raten den Gefährten bei der Übergabe:

> »Esst nur wenig davon auf einmal, und nur in Notlagen. Denn dies ist für den Fall, dass ihr nichts anderes habt. Die Kekse halten sich viele Tage lang frisch, wenn unangebrochen und in Laub eingewickelt, so wie wir sie euch bringen. Ein einziger genügt, um einen Reisenden, und sei er selbst einer der großen Menschen von Minas Tirith, auf einem schweren Tagesmarsch bei Kräften zu halten.«[430]

Tolkien selbst schreibt, dass die Ähnlichkeit zwischen der Eucharistie und seinem Elbenbrot vom Lesepublikum mehrfach festgestellt wurde:

> Andere haben in der Wegzehrung (lembas) = Viaticum und in den Anspielungen darauf, daß sie den Willen speise (Bd. III, p. 213) und während des Fastens stärker wirke, einen Anklang an die Eucharistie gesehen.[431]

Das angesprochene Lesepublikum meint in der Beschreibung vom Verzehr des Brotes, abgesehen von der dadurch hervorgerufenen Wirkung, eine Anspielung auf das Gebot der Nüchternheit zu erkennen, wie sie zur Entstehungszeit des Briefes (1958) für einen würdigen Empfang der Eucharistie vorgesehen war und – allerdings in deutlich abgeschwächter Form – bis heute im kanonischen Recht verankert ist. Die Gläubigen haben sich gemäß dieser Vorschrift im Rahmen eines bestimmten Zeitraumes vor dem Empfang des Sakraments aller Speisen und Getränke zu enthalten. Heute sieht das kanonische Recht den Verzicht für einen Zeitraum von mindestens einer Stunde vor. Eine Überprüfung gibt es nicht, den meisten Gläubigen ist diese Vorschrift unbekannt. Als Tolkien den Brief schrieb, umfasste das Gebot noch mindestens drei Stunden. Doch stellte dies bereits eine wesentliche Erleichterung dar, denn er wuchs noch mit der weitaus härteren Bestimmung auf, ab Mitternacht zu fasten.[432] Handelt es sich dabei um ein religiöses Gebot, so ist das bei der Einnahme des Elbenbrotes nicht der

---

429 Vgl. HdR I, 478.
430 HdR I, 478f.
431 Carpenter, Briefe, Nr. 213.
432 Vgl. c. 919 CIC. Vgl. Ahlers, Nüchternheit. II. Kirchenrechtlich, in: LThK 7, 943.

Fall. Die beiden Hobbits Frodo und Sam müssen wohl oder übel mangels Alternativen fasten.

Wenngleich Tolkien in seinem Brief nur die Meinung des Lesepublikums wiedergibt und zu dem Vergleich nicht weiter Stellung bezieht, so sieht er sich an anderer Stelle dazu verpflichtet, ein Stück weit deutlicher zu werden. Denn als Filmschaffende ihm eine Handlungsskizze für eine mögliche Verfilmung vorlegen, wird dort aus dem Elbenbrot ein vollkommen profanes Stärkungsmittel. Tolkien stellt daher richtig:

> *Lembas*, »Reisebrot«, wird als ein »Nährmittel-Konzentrat« bezeichnet. [...] Wir sind nicht auf einer Mond-Expedition oder in irgendeiner anderen unwahrscheinlichen Gegend. Keine Analyse im Laboratorium könnte in Lembas chemische Eigenschaften nachweisen, die es vor anderm Weizenmehl-Gebäck voraus hätte. [...]
> Im Buch hat *Lembas* zwei Funktionen. Es ist ein Requisit oder Kunstgriff, um die langen Märsche mit wenig Proviant glaubhaft zu machen [...].Aber das ist relativ unwichtig. Es hat noch eine sehr viel weitere Bedeutung, vorsichtig ausgedrückt, von »religiöser« Art.[433]

Deutlich wird Lembas von einem gewöhnlichen Nahrungsmittel abgegrenzt. Ein Brot mit religiöser Bedeutung deutet wohl recht eindeutig auf das Sakrament der Eucharistie hin. Darin liegt die wichtigste Funktion des Elbenbrotes, wenn es auch zusätzlich als eine Art Proviant fungiert und sich in diesem Punkt von der Eucharistie deutlich unterscheidet. Analog zur Hostie, die schon alleine aufgrund ihrer Beschaffenheit den physischen Hunger nicht zu stillen vermag, gibt es auch idealere Mittel als Lembas. Besonders Sam sehnt sich immer wieder nach einem „ordentlichen" Essen.

Eine weitere Parallele ergibt sich aus der Machart, die in beiden Fällen auf keine übernatürliche Kraftquelle hindeutet. Der Vergleich mit dem Weizenmehl-Gebäck ist wohl eine direkte Anspielung auf eine Hostie, für deren Herstellung das katholische Kirchenrecht Weizenmehl vorsieht.[434] Um die Wirkungsweise des Elbenbrotes zu verdeutlichen, weist Tolkien in dem zitierten Brief auf eine Stelle seines Romans hin, in der Frodo und Sam am Ende ihrer Kräfte angelangt sind.

---

[433] Carpenter, Briefe, Nr. 210. Vgl. Carpenter, Biographie, 257f.
[434] Vgl. c. 924 § 2 CIC.

3. Christlich-religiöse Elemente

> Das Lembas gab ihnen etwas, ohne das sie sich schon längst zum Sterben hingelegt hätten. Es stillte den Hunger nicht, und manchmal konnte Sam an nichts anderes mehr denken als ans Essen; [...] Und doch hatte dieses Wegbrot der Elben eine Kraft, die sich noch vermehrte, wenn der Reisende ihm allein zusprach und es nicht mit anderer Nahrung vermengte. Es speiste den Willen und verlieh ihm eine Stärke im Dulden und eine Macht über Muskeln und Glieder, die über menschliches Maß gingen.[435]

Es wird deutlich, worin die besondere Kraft des Elbenbrotes liegt. Beide Hobbits sind schon schwer durch ihre strapaziöse Reise gezeichnet, ihre letzte Hoffnung liegt in dem wundersamen Elbenmittel. Dieses hilft ihnen im Angesicht des nahenden Todes, davon leitet sich dann wohl der bereits zuvor zitierte Vergleich mit der Sterbekommunion (Viaticum) her. Diese soll den Sterbenden, wenn schon nicht heilen, so doch am Ende seines irdischen Lebensweges noch einmal Kraft geben und zugleich einen guten Übertritt in das Leben nach dem Tod ermöglichen. Das kanonische Recht sieht eine solche Verwendung deswegen deutlich vor.[436] Frodo und Sam sterben freilich nicht, sie bringen ihre Mission zu Ende. Die Ähnlichkeit mit der Sterbekommunion ergibt sich jedoch aus dem Namen selbst, wie es Tolkien in seinem Brief auch andeutet, denn der Name Lembas bedeutet nichts anderes als „Reisebrot".[437]

Lembas kennt auch das SILMARILLION. In ganz ähnlicher Funktion, es soll in besonders schwierigen Situationen ausreichend Kraft geben. Es wird den Verwundeten und Kranken gereicht und entfaltet bei Einnahme eine wunderbare heilende Wirkung.[438] Eine weitere Besonderheit dieses Brotes liegt darin, dass es vom Bösen verabscheut wird. Ähnlich dem Teufel, der sprichwörtlich das Weihwasser meidet, ekeln sich mit Gollum und den Orks gerade jene Wesen vor dem Elbenbrot, denen man eine solche Regung auf den ersten Blick nicht zutrauen würde.[439] Lembas rückt damit ein zusätzliches Stück in eine Sphäre besonderer Heiligkeit, da es deutlich den guten Mächten zugeordnet wird.

Gerade weil das Elbenbrot etwas derartig Besonderes ist, unterliegt es gewissen Beschränkungen. So wird es gemäß altem Gesetz nur von

---

435 HdR III, 255.
436 Vgl. c. 921 CIC.
437 Vgl. Foster, Lembas, in: Mittelerde Lexikon, 431.
438 Vgl. SIL, 321.
439 Vgl. HdR II, 283f. Vgl. HdR III, 226.

Frauen hergestellt.[440] Eine Parallele zu Klöstern, in denen Nonnen Hostienbäckereien betreiben, ist vom Autor wohl nicht intendiert. Die weitere Verwahrung und Verteilung bleibt ebenso in Frauenhand, aus dem SILMARILLION geht hervor, dass es sogar die Angelegenheit der Königinnen ist.[441] An gleicher Stelle wird der Eindruck des Besonderen noch zusätzlich durch eine sehr edle Verpackung und den Hinweis verstärkt, dass die Elben es nur in seltenen Fällen an die Menschen weitergeben.

Zu Herkunft und Herstellung findet sich im 12. Band der HISTORY OF MIDDLE-EARTH ein kurzes Kapitel „Über Lembas", welches den Eindruck der Heiligkeit noch zusätzlich verstärkt.[442] Bereits die Saat, die das spätere Korn für die Elbenbrote liefert, wird in den Bereich des Übernatürlichen gerückt.

Bei Lembas handelt es sich demnach um ein besonders wertvolles, um nicht sogar zu sagen „heiliges" Brot mit übernatürlicher Wirkung, welches Tolkien in merkbarer Anlehnung an die Eucharistie gestaltet hat. Eine gleichzeitige „Allegorie [...] zum Manna der Israeliten"[443] scheint dagegen weit weniger deutlich, wenngleich das alttestamentliche Manna ebenso als eine Art Reisebrot fungiert.

Der Einfluss der katholischen Religion ist leicht zu erkennen, dennoch gibt es bedeutende Unterschiede. An allererster Stelle wohl jener, dass es keinen auch nur im Entferntesten angedeuteten Transsubstantiationsgedanken gibt.[444] Die Heiligkeit des Brotes liegt in der übernatürlichen Wirkung und der gleichzeitigen Zuordnung zur Sphäre des Guten, nicht jedoch in der leibhaftigen Präsenz Gottes katholischer Provenienz. Damit verbunden fehlt zudem jede Art besonderer Anbetung, wie man sie etwa von der Verehrung der eucharistischen Gaben kennt. Es bleibt somit ein wundersames Mittel, wie es im *Legendarium* mehrere gibt. So gilt etwa als eine weitere Kraftquelle ein elbisches Getränk namens Miruvor, welches eine ähnliche Wirkung entfaltet wie Lembas:

---

440 Vgl. HoME X, 214.
441 Vgl. SIL, 317. vgl. HoME XII, 403–405.
442 Vgl. HoME XII, 403–405.
443 Meyer, Tolkien, 164.
444 Vgl. Meyer, Tolkien, 164.

3. Christlich-religiöse Elemente

> Sobald Frodo ein wenig von dem warmen und wohlriechenden Trank geschluckt hatte, fühlte er, wie sich sein Mut wieder regte und die schwere Mattigkeit aus seinen Gliedern wich. Auch die anderen lebten auf und schöpften wieder Kraft und Hoffnung.[445]

Ob Tolkien dabei ebenso an eine Bedeutung „religiöser" Art dachte, kann nicht belegt werden. Selbiges gilt für das in DAS BUCH DER VERSCHOLLENEN GESCHICHTEN vorkommende limpe (Kleinschreibung lt. BdVG I u. II), „den Trank, der allein heilen kann, und ein Schluck davon macht das Herz so groß, daß es alle Musik und allen Gesang fassen kann."[446]

Verlockend wäre, an dieser Stelle eine Anlehnung an die eucharistischen Gaben in beiderlei Gestalt zu erkennen. Eine solche Interpretation scheint allerdings abwegig, genießt doch Miruvor und limpe in Tolkiens *Legendarium* nicht annähernd die Bedeutung von Lembas. Vielmehr scheinen die beiden Tränke besondere Nahrungsmittel zu sein. Ähnliches gilt auch für das Cram der Menschen oder dem Trank der Orks. Auch diese beiden Dinge können sich nicht mit der Wirkung und Bedeutung von Lembas messen.

Unter Regie von Peter Jackson wurde aus Lembas ein flaches, quadratisches, gut einen Zentimeter dickes Brot. Die Form unterscheidet sich darin deutlich von den im katholischen Gottesdienst üblicherweise verwendeten runden und weitaus flacheren Hostien. Seine besondere Wirkung verfehlt das Elbenbrot auch in der filmischen Inszenierung nicht.

3.6 Eine Reihe von Erlösergestalten

„Erlöse uns von dem Bösen", heißt es bittend im *Vaterunser*, dem wohl bekanntesten Gebet des Christentums. Der Mensch ist demnach erlösungsbedürftig, schafft es allerdings nicht aus eigener Kraft. Aus diesem Grund bedarf es des rettenden Eingreifen Gottes durch seinen Sohn Jesus von Nazareth. Für den streng gläubigen Katholiken Tolkien

---

445 HdR I, 377.
446 BdVG I, 112.

besteht daran kein Zweifel: „Es gehört ein phantastischer Wille zum Unglauben dazu, anzunehmen, daß Jesus nie »dagewesen« sei [...]."[447]

In Tolkiens *Legendarium* ist das Böse eine Bedrohung in vielerlei Gestalten und es braucht eine ganze Reihe an Helden, die sich dem mutig entgegenstellen. Als an den *miles christianus* angelehnten Soldaten tragen sie durch ihr Handeln zur Erlösung bei, sind aber nicht von ganz alleine dazu im Stande, einen endgültigen Sieg davonzutragen. Sie benötigen, analog zu christlichen Glaubensvorstellungen, Hilfe von „auswärts". Gemeint ist eine Art überirdischer Erlöserfigur, deren Macht noch über die einer himmlischen Eingreiftruppe, wie sie in den Adlern präsent ist, hinausgeht.

> In „Der Herr der Ringe" gibt es viele solcher Christusgestalten: Tom Bombadil, der die Mauern der Hügelgräber aufbricht und die Gefangenen befreit; Gandalf, der sein Leben für seine Freunde opfert und wieder aufersteht; Aragorn, der die Pfade der Toten beschreitet und als König mit Heilkräften zurückkommt; Frodo, der die Sünde der Welt auf sich nimmt und sie ins Feuer wirft; und Sam, der Inbegriff des Dieners, der Frodo auf seinem Rücken trägt, als dieser keine Kraft mehr hat.[448]

Derartige Parallelen erkennen, neben dem an dieser Stelle zitierten Mark Eddy Smith, eine ganze Reihe von Autoren. Joseph Pearce beispielsweise betont ganz besonders die Nähe zwischen Frodo und Christus: Der Weg auf den Schicksalsberg sei vergleichbar mit dem Kreuzweg, die Last des Kreuzes spiegelt sich in der Last des Ringes wider.[449] Und in der Darstellung von Frodos innerem Konflikt, den er bei der Übertragung seiner Aufgabe durchlebt, erkennt Dieter Petzold eine nicht zufällig gewählte Parallele zum Flehen Jesu um Vorrübergehen des Kelchs (Mk 14,36; Mt 26,39):[450]

> »Ich will ihn wirklich vernichten!« rief Frodo. »Oder, nun ja, ihn vernichten lassen. Für ein so gefährliches Unternehmen bin ich nicht der Richtige. Ich wollte, ich hätte den Ring nie gesehen! Warum ist er bloß an mich gekommen? Warum wurde ich ausersehen?«[451]

---

447 Vgl. Carpenter, Briefe, Nr. 250.
448 Smith, Tolkiens Helden, 138.
449 Vgl. Pearce, Man and Myth, 112–116.
450 Vgl. Petzold, Tolkien, 95.
451 HdR I, 89.

3. Christlich-religiöse Elemente

Mag man demnach auch in mehreren Figuren einzelne christologische Züge ausmachen, so scheinen doch bei den meisten von ihnen mehr Unterschiede als Gemeinsamkeiten in Hinblick auf etwaige Christusallegorien zu bestehen. Das bedeutet nicht, dass Christusvorstellungen nicht mehrere von Tolkiens Figuren beeinflusst hätte, doch solche Einzelaspekte machen aus einem Helden nicht zwingend eine christologische Erlösergestalt.

Eine Ausnahme bildet dabei lediglich Gandalf, der unter den genannten Figuren besonders hervorsticht, weil er gleich mehrere deutliche Merkmale einer jesuanischen Erlösergestalt auf sich vereint. Doch auch hier gilt: Neben christologischen Zügen sind zudem auch deutlich Anklänge an die germanische Mythologie in der Figur komprimiert, bereits der Name Gandalf entstammt der EDDA. Nicht umsonst bezeichnet Tolkien ihn als „odinhaften" Wanderer.[452] Im folgenden Kapitel werden die christologischen Züge herausgearbeitet.

3.6.1 Gandalf – Christologische Erlöserfigur in nordischem Gewand

In DER HOBBIT wird Gandalf eingeführt als „ein alter Mann mit einem Stab, hohem, spitzem blauen Hut, einem langen grauen Mantel, mit einer silbrigen Schärpe, über die sein langer weißer Bart hing, ein kleiner, alter Mann mit riesigen schwarzen Schuhen."[453]

Dieser Beschreibung nach wirkt er eher harmlos und wunderlich, von einer überirdischen Erlösergestalt noch keine Spur. Schon rein äußerlich hebt er sich damit von gängigen Christusdarstellungen ab. Inspiriert wurde das Erscheinungsbild vielmehr von einer Ansichtskarte, auf der ein Gemälde mit dem Titel „Der Berggeist" von Josef Madlener abgebildet war. Tolkien hatte diese in seinem Besitz und notierte auf den Umschlag, in dem er die Karte aufbewahrte: Gandalfs Ursprung. Zu sehen ist ein weißbärtiger alter Mann, bekleidet mit langem Mantel und breitkrempigem Hut, der inmitten der Natur auf einem großen Felsen sitzt und seine Hände einem weißen Reh entgegenstreckt.[454]

---

452 Vgl. Carpenter, Briefe, Nr. 107. Vgl. Simek, Mittelerde, 74–78.
453 HOB, 10.
454 Vgl. Carpenter, Biographie, 66. Für eine Abbildung der Ansichtskarte vgl. Geier, Biographie, 29.

Der Name selbst rührt von seinem Zaubererrequisit her, Gandalf bedeutet soviel wie Stab bzw. Stab-Elb.[455]

Auf den ersten Blick fällt es schwer, in dem alten Mann eine Art überirdischer Erlösergestalt zu erkennen. Über Gandalfs wahre Herkunft lässt Tolkien das Lesepublikum des DER HOBBIT im Dunkeln. In DER HERR DER RINGE wird man ebenso nicht direkt darauf gestoßen. Es gibt zwar eine Reihe von Andeutungen, meist wirken diese jedoch eher wie weniger bedeutsame Randbemerkungen. Im Zuge des Lesens können diese leicht übersehen werden, dem Handlungsverlauf kann dennoch problemlos gefolgt werden.

Die beträchtliche Machtfülle, welche Gandalf in seiner Person vereint, blitzt nur selten durch. Und das, obwohl die Figur einer der ganz wesentlichen Protagonisten der Erzählung ist, ein Motor, der die Handlung immer wieder entscheidend vorantreibt. Tolkien plante ursprünglich, in DER HERR DER RINGE mehr über Gandalfs wahre Herkunft unterzubringen, nahm davon aber zugunsten des Erzählflusses Abstand, wie er in einem Brief an den Jesuiten Robert Murray schreibt:

> [...] aber die Erzählung drängt weiter und darf nicht mit eingehenden Erörterungen aufgehalten werden, bei denen der ganze »mythologische« Hintergrund zur Sprache käme. [...] Ich hätte vielleicht die späteren Bemerkungen über Gandalf oder von ihm in Bd. II (und Bd. III) deutlicher machen sollen, aber ich habe mich absichtlich bei allen Anspielungen auf die höchsten Dinge auf Andeutungen beschränkt, die nur der Aufmerksamste erkennen kann, oder sie unter unerklärten symbolischen Formen gehalten.[456]

In dem zitierten Brief äußert sich Tolkien ausführlich zu Gandalfs mythologischem Hintergrund, der sich aus den ANHÄNGEN UND REGISTERN und dem SILMARILLION erschließen lässt. Aus Gandalf, dem „profanen" Zauberer, wird ein „engelhaftes" Wesen namens Olórin.[457] Der Name findet in DER HERR DER RINGE nur kurz Erwähnung. Er ist eingebettet in eine äußerst knapp gehaltene Anspielung auf Gandalfs Herkunft: „Olórin hieß ich in meiner Jugend im Westen"[458], ein Hin-

---

455 Vgl. Shippey, Weg nach Mittelerde, 122. Vgl. Foster, Gandalf, in: Mittelerde Lexikon, 287.
456 Carpenter, Briefe, Nr. 156.
457 Vgl. AuR, 79f. Vgl. SIL, 42.
458 HdR II, 347.

weis auf das in besagter Himmelsrichtung liegende Segensreich, eine Art himmlischer Gefilde.

Von Seiten seiner Begleiter bleibt drängendes Nachfragen aus, nur in Gedanken stellt Pippin die richtigen Fragen, freilich ohne diese intensiv weiter zu verfolgen: „Was war Gandalf überhaupt? In welch fernem Wo und Wann war er zur Welt gekommen, und wann würde er sie wieder verlassen?"[459]

Obwohl eine klare Antwort ausbleibt, wirkt die Handlung dennoch in sich konsistent und abgeschlossen, sieht man von einem möglichen Bruch durch Gandalfs Wiederauferstehungsszene ab, so dass die Aneignung zusätzlichen Hintergrundwissens für das Lesevergnügend nicht zwingend notwendig ist. Das gilt vor allem deswegen, da besagter mythologischer Hintergrund erst nach der Erscheinung der Trilogie veröffentlicht wurde, an dem Tolkien allerdings bereits lange zuvor anfing zu arbeiten. Andeutungen, die eine christologische Interpretation Gandalfs nahelegen würden, enthält der oben zitierte Brief im Übrigen keine. Die folgenden Merkmale regen allerdings dazu an:

- Eine erste Entsprechung findet sich in Gandalfs „überirdischer" Herkunft. Er ist weder Mensch, noch gehört er einem anderen Volk Mittelerdes an. Er ist ein sogenannter Maia, „ein unsterblicher Geist"[460], welcher „mittelbar von Gott entsandt"[461] wurde. Gottes eingeborener Sohn, wie Jesus von Nazareth nach christlicher Lesart, ist er freilich nicht.
- Für die Überwindung des Bösen ist Gandalfs Eingreifen notwendig. Die Völker Mittelerdes können nicht aus eigener Anstrengung den Sieg davontragen, Gandalf spielt somit eine wesentliche Rolle im Kampf gegen Sauron. Aragorn bekennt deswegen zurecht: „[...] bei all dem, was vollbracht wurde, ist er die treibende Kraft gewesen, und dies ist sein Sieg."[462] Das Eingreifen Jesu wird als ebenso (heils-)notwendig empfunden, es ist kein willkürlicher, vielmehr ein notwendiger Schritt zur Erlösung.

---

459 HdR III, 28.
460 Carpenter, Briefe, Nr. 246.
461 Carpenter, Briefe, Nr. 156.
462 HdR III, 295.

- Der Auftrag ist eindeutig, doch die Mittel zur Erfüllung sind eingeschränkt. Es ist Gandalf nicht erlaubt, „Macht mit Macht zu begegnen oder die Elben oder Menschen mit Zwang und Schrecken zu beherrschen."[463]
- Als überirdisches Wesen kam Gandalf „daher in Menschengestalt".[464]
- Beide Erlösergestalten, sowohl der biblische Jesus als auch Tolkiens Gandalf, können der Verlockung nach irdischer Macht wiederstehen. Gandalf lehnt den Ring ab, der ihn zu einem schrecklichen Herrscher über Mittelerde machen würde.[465] Jesus wehrt die Versuchungen des Satans ab (Mk 1,12f; Mt 4,1–11; Lk 4,1–13), bei den Evangelisten Matthäus und Lukas unter anderem darin bestehend, Macht über die Reiche der Erde zu erlangen.[466]
- Anstatt als Einzelkämpfer aufzutreten, werden beide von einem engeren Kreis an Mitstreitern unterstützt. Während Jesus die zwölf Apostel um sich versammelt (Mk 3,13–19; Mt 10,1–4; Lk 6,12–16), wird Gandalf in Elronds Rat ein Teil der neunköpfigen Gemeinschaft des Rings.[467]
- Im Zuge seines Wirkens erleiden beide den selbstlosen Opfertod. Allerdings stirbt Gandalf nicht am Kreuz, sondern im Kampf gegen den Balrog von Moria. Sein Opfer ist kein sinnloses, vielmehr wäre ohne dieses der Kampf der Guten beendet. Tolkien stellt deutlich fest, dass es ihm in dieser Szene um keine Art von „Mogelei" im Sinne eines vorgetäuschten Sterbens ging, vielmehr ist ihm die Betonung des tatsächlichen Todes wichtig. „Gandalf ist wirklich »gestorben«."[468] Jesu Tod ist gemäß christlicher Lehre ebenso „wirklich", also keine Irreführung welcher Art auch immer.
- Analog zum Kreuzestod Jesu sieht Tolkien im Tod Gandalfs eine „Erniedrigung und Selbstverleugnung".[469]

---

463 AuR, 79.
464 AuR, 80.
465 Vgl. HdR I, 90. Vgl. Carpenter, Briefe, Nr. 246.
466 Vgl. Meyer, Tolkien, 219.
467 Vgl. HdR I, 313–354.
468 Carpenter, Briefe, Nr. 156
469 Carpenter, Briefe, Nr. 156

- Der wohl deutlichste Anklang an Christus ist die auf den notwendigen Tod hin folgende Wiederauferstehung. Tolkien äußert sich dazu in dem bereits zitierten Brief, was sich wie eine Art von Glaubensbekenntnis liest: „Darum opferte sich Gandalf, wurde angenommen und erhöht und kehrte wieder."[470]
- Im Wort „Erhöhung" klingt ein christologischer Aspekt an, gemeint ist allerdings Unterschiedliches. Christus wird nach seiner Himmelfahrt zur Rechten des Vaters erhöht, was seine bleibende Bedeutung für die Heilsgeschichte zum Ausdruck bringt (Jesus als Weltenrichter). Dort, an der Seite des Vaters, bleibt er bis zu seiner Wiederkunft am Ende der Tage. Gandalfs Erhöhung dagegen ist nicht mit einer länger andauernden Rückkehr in himmlische Gefilde verbunden. Die Erhöhung meint vielmehr eine zusätzliche Ausstattung mit Macht, damit Gandalf seinen Auftrag in Mittelerde unmittelbar weiterführen kann.
- Der auferstandene Gandalf wurde „verwandelt"[471]. Er ist rein äußerlich nicht mehr der gleiche, er wirkt geradezu verklärt: „Sein Haar war weiß wie Schnee im Sonnenschein, und weiß schimmerte sein Gewand; die Augen unter den dichten Brauen waren scharf und stechend wie Sonnenstrahlen; und Macht lag in seiner Hand."[472] Die Beschreibung des Aussehens ähnelt der biblischen Erzählung von der Verklärung Christi (Mk 9,2–10; Mt 17,1–9; Lk 9,28–36). Das leuchtend weiße Gewand, das strahlende Gesicht, sogar der Vergleich mit dem Sonnenschein, lassen sich bei den Synoptikern finden.
- Gandalfs Verklärung findet allerdings im Gegensatz zu den zitierten Bibelstellen erst nach der Überwindung des Todes statt, doch selbst darin findet sich noch eine Parallele zum biblischen Christus. Beide teilen sie nämlich dasselbe Schicksal: Sie werden in ihrer verwandelten Form von den Begleitern nicht erkannt. So erinnert das erste Wiederauftreten Gandalfs an die biblische Emmaus Erzählung (Lk 24,13–35) oder das Aufeinandertreffen des Auferstandenen mit Maria Magdalena (Joh 20,11–18).[473] Ein miteinander ge-

---

470 Carpenter, Briefe, Nr. 156
471 Carpenter, Briefe, Nr. 156
472 HdR II, 117.
473 Vgl. Meyer, Tolkien, 167f. Vgl. ebd. 225. Vgl. HdR II, 114ff.

führtes Gespräch führt noch nicht dazu, dass man in dem Unbekannten den Auferstanden erkennt.
- Gandalf bleibt nach seiner Wiederkehr nicht für immer in der Welt der Sterblichen. Nach Vollendung seines Auftrages verabschiedet er sich. An Aragorn gewandt sagt er: „Ich war Saurons Feind, und meine Arbeit ist getan. Bald werde ich gehen. Die Bürde liegt nun auf dir und deinem Haus."[474] Gandalfs Zeit als Mentor geht damit zu Ende, nun müssen andere die Verantwortung weitertragen. Denn Aragorn bleibt, zusammen mit anderen, ähnlich den Jüngern Jesu zurück. Eine Himmelfahrt, wie sie etwa im Hochfest Christi Himmelfahrt Eingang in die katholische Lehre gefunden hat, gibt es für Gandalf nicht. Anstatt des Himmels, jedoch genauso von der Welt der Sterblichen getrennt, liegt das Segensreich. Dorthin bricht Gandalf mittels Schiffs auf.

Mit derartig vielen Entsprechungen ist Gandalf innerhalb des *Legendariums* sicherlich jene Figur, die nicht nur am allerdeutlichsten einer christologischen Erlöserfigur ähnelt, sondern wohl auch als eine solche bezeichnet werden kann. Dennoch bleibt zugleich eine ganze Menge an Unterschieden vorhanden. Die größte Differenz besteht in seinem Wesen, denn Gandalf ist ein Geschöpf Gottes und nicht dessen Sohn, wie es etwa Tolkiens katholischer Glaube für Jesus von Nazareth lehrt. In der himmlischen Hierarchie steht Gandalf somit nicht ganz oben und selbst unter den engelhaften Mächten findet er sich nur in der zweiten Reihe. Diesen Unterschied streicht Tolkien deutlich hervor:

> Aber obwohl man darin an die Evangelien erinnert werden mag, ist es in Wahrheit keineswegs dasselbe. Die Inkarnation Gottes ist etwas unendlich Größeres als alles, was ich mich getrauen würde zu schreiben.[475]

In der Figur Gandalfs, so bleibt festzuhalten, treffen sich Vorstellungen der christlichen und der germanischen Religion und werden miteinander verwoben: Die christliche Erlöserfigur Jesus von Nazareth mischt sich mit dem germanischen Gott Odin. Was manchen Autoren christlich erscheint, ist dabei wohl wahrscheinlicher germanischen Ursprungs, wie etwa Gandalfs Wanderleben. Meyer dagegen sieht darin

---

474 HdR III, 299. Vgl. Carpenter, Briefe, Nr. 181.
475 Carpenter, Briefe, Nr. 181.

eine Analogie zu Jesus, Smith vergleicht es mit dem Wirken des Apostels Paulus.[476]

Rein äußerlich ähnelt Gandalf dem Gott Odin weit mehr, die Attribute christlicher Standard-Ikonographie, wie sie für Jesusdarstellungen bekannt sind, fehlen.[477] Das gilt wohl auch für das Auftreten Gandalfs als weißer Reiter, der in keiner Beziehung zu dem gerne als Christus gedeuteten ersten apokalyptischen Reiter (Offb 6,2) steht. Als Ausnahme kann dabei höchsten der „verklärte", strahlend weiße Gandalf gesehen werden, der entfernt an Darstellungen des verklärten Jesus erinnert. Die Farbe steht dabei – analog zu bereits besprochenen Mariendarstellungen – für Reinheit.

Die filmische Inszenierung hält sich an die literarische Vorlage. Gandalf grenzt sich durch einen deutlich sichtbaren Altersunterschied und den langen Bart von bekannten Jesusdarstellungen ab. Die Kleidung, zu der Hut und Stab gehören, sind ein ebenso deutliches Unterscheidungsmerkmal.

Abbildung 9: Gandalf in DER HERR DER RINGE: DIE ZWEI TÜRME unterscheidet sich deutlich von bekannten Christus Darstellungen, das leuchtend weiße Gewand und strahlendes Licht erinnern jedoch an die Verklärung Jesu.

---

476 Vgl. Meyer, Tolkien, 215. Vgl. Smith, Tolkiens Helden, 46.
477 Vgl. Simek, Mittelerde, 74–78.

3.7 Tolkiens Genesis

Im SILMARILLION werden die ersten beiden und der Beginn des dritten Zeitalters von Tolkiens *Legendarium* behandelt.[478] Damit bildet das Buch die Ur- bzw. Vorgeschichte zu DER HERR DER RINGE. Im ersten Abschnitt des SILMARILLION, der sogenannten Ainulindale, berichtet er uns vom Entstehen seines Universums. Ainulindale bedeutet in Tolkiens Kunstsprache „Musik der Ainur".[479] Der Titel ist eine direkte Bezugnahme auf den darin beschriebenen Schöpfungsvorgang, denn der Kosmos entsteht im Wesentlichen durch Musik, vorgetragen von engelhaften Mächten, den sogenannten Ainur (Sg. Ainu). Diese wiederum sind das Werk des Gottes Eru/Ilúvatar. Der Gottesname, der wie bereits festgestellt mit „der Eine" übersetzt werden kann, legt den Grundstein für einen strikten Monotheismus. Darin liegt die augenscheinlichste Parallele zur jüdisch-christlichen Überlieferung, wie sie in der Bibel zu finden ist.

Das SILMARILLION folgt in seiner Dramaturgie über weite Strecken der Urgeschichte der GENESIS (Gen 1–11). In beiden Fällen finden sich mehrere chronologisch geordnete, zusammenhängende Erzählungen: ausgehend von einem Schöpfungsbericht, dem Sündenfall der Bewohner und dem strafenden Eingreifen Gottes.[480]

In den folgenden Abschnitten wird auf die genannten biblischen Parallelen näher eingegangen. Dabei ist an dieser Stelle einmal mehr zu betonen, dass Tolkien verschiedene mythologische Fäden miteinander verwebt. Besonders deutlich wird dies im Bericht vom Untergang der Insel Númenor[481], einer Verschmelzung des Atlantis-Mythos mit der biblischen Sintflut-Erzählung (Gen 6,1–9,29).

Neben biblischen Elementen finden sich auch Versatzstücke aus der katholischen Tradition, wie dies etwa im Fall der bereits erwähnten Ainur gleich zu Beginn gezeigt wird.

---

478 Für Zeittafeln vgl. AuR, 76–98.
479 Vgl. Foster, Ainulindale, in: Mittelerde Lexikon, 30.
480 Ein enttäuschter Leser, der sich einen zweiten DER HERR DER RINGE erwartet hatte, erhob den Vorwurf, das SILMARILLION sei wie das AT. Mit dieser als Schmähung gedachten Kritik trifft er, zumindest was die Dramaturgie angeht, weitgehend ins Schwarze. Vgl. BdVG I, 8.
481 Vgl. SIL, 405–442. Vgl. AuR, 8–14.

3.7.1 Am Anfang waren die Engel

Bereits in den ersten Zeilen des SILMARILLION und der diesem Text zugrundeliegenden Version aus DAS BUCH DER VERSCHOLLENEN GESCHICHTEN I erfährt das Lesepublikum, dass der Ursprung des Schöpfungswerkes im Wirken eines einzigen Gottes festgemacht werden kann:

> Eru war da, der Eine, der in Arda Ilúvatar heißt; und er schuf erstens die Ainur, die Heiligen, Sprösslinge seiner Gedanken; und sie waren bei ihm, bevor irgend andres erschaffen war. Und er sprach zu ihnen, sie Melodien lehrend, und sie sangen vor ihm, und er war froh.[482]

> Denn seht, zuerst war Ilúvatar allein da. Und vor allem anderen schuf sein Lied zuerst die Ainur, und ihre Macht und ihr Glanz sind unter allen Wesen, die in der Welt und außer der Welt sind, am größten. Danach schuf er ihnen Wohnungen in der Leere und wohnte unter ihnen und lehrte sie alles mögliche, und darunter war als Größtes die Musik.[483]

Die Ainur sind keine Götter, wenngleich sie von Tolkien selbst mehrmals als solche bezeichnet werden, aus Mangel an einem passenden Äquivalent, wie er in einem Brief schreibt.[484] Denn der Monotheismus ist ihm ein Anliegen, wohl deswegen bezeichnet er seinen Schöpfungsbericht als „monotheistische Mythologie"[485] und hält fest:

> Es gibt nur einen »Gott«: Gott, *Eru Ilúvatar*. Es gibt die ersten Schöpfungen, engelhafte Wesen, von denen die an der Kosmogonie am meisten beteiligten in der Welt wohnen […], als Valar oder Götter, oder als die Regierenden;[486]

Die Erschaffung der Ainur ganz zu Beginn des Schöpfungswerkes ist bereits eine Entsprechung zur katholischen Angelologie: So formuliert das IV. Laterankonzil (1215) das Dogma, dass die Engel aus dem Nichts erschaffene und am Beginn der Zeit stehende Geschöpfe Gottes sind.[487]

---

[482] SIL, 19.
[483] BdVG I, 66. „Ilúvatar war aller Dinge Anfang […]" Ebd., 63.
[484] Vgl. Carpenter, Briefe, Nr. 154.
[485] Vgl. Carpenter, Briefe, Nr. 181.
[486] Carpenter, Briefe, Nr. 156.
[487] Vgl. KKK, 327. Vgl. Rauch, Lexikon des kath. Lebens, 227.

Dennoch vermeidet Tolkien im SILMARILLION eine ganz direkte Benennung der Ainur als Engel, wird in einem Brief aber konkreter und schreibt, diese seien Geister „von hohem, engelhaften Rang".[488]
Diese Zurückhaltung in den Briefen ist bereits bekannt. In diesem Fall mag es daran liegen, dass die Ainur in ihrer beträchtlichen Machtfülle doch eher wie eine Art subalterne Gottheiten wirken. Somit erscheinen sie deutlich stärker und zugleich autonomer als Engel nach christlicher Lesart.

Im Unterschied zu den biblischen Schöpfungsberichten des Buches GENESIS ist der Kosmos des *Legendariums* nicht ganz alleine auf das Wirken Gottes zurückzuführen, denn dieser steht zwar am Anfang, erschafft allerdings gleich zu Beginn die erwähnten Ainur, engelähnliche Geschöpfe, die ihm nun in der Folge zur Hand gehen werden. Diese arbeiten allerdings nicht vollkommen autonom, sondern vielmehr wie Handwerker nach einem genau vorgegebenen Plan. Tolkien betont dies ausdrücklich:

> Sie waren daran beteiligt, sie zu »machen« – aber nur in derselben Weise, in der wir ein Kunstwerk oder eine Geschichte »machen«. Daß die Welt verwirklicht, daß ihr eine erschaffene Wirklichkeit gleichen Grades wie die der Götter gegeben wurde, war der Akt des Einen Gottes.[489]

Eine solche Art der Mitwirkung ist dem Buch GENESIS fremd. Die kirchliche Tradition dagegen kennt die Beteiligung der Engel am Schöpfungswerk durchaus. In DE CIVITATE DEI betont Kirchenvaters Augustinus zwar, dass das Schöpfungswerk auf Gottes alleiniges Wirken zurückzuführen ist, die Engel versteht er dabei jedoch ähnlich wie Tolkien als eine Art Handwerker. Augustinus nutzt zur näheren Erklärung das Bild des Bauern, der zwar die Felder bestellt, jedoch nicht Schöpfer seiner Feldfrüchte ist.[490]

Eine Parallele zu Tolkiens Konzeption ist damit deutlich gegeben, wobei diese Anlehnung an die katholische Tradition nicht von Beginn an geplant war. In einer frühen Version seiner Erzählung ist die Welt bereits vollendet, ehe die engelhaften Wesen in diese eintreten und bei ihrer Ausgestaltung zur Hand gehen können.[491]

---

488 Carpenter, Briefe. Nr. 153.
489 Carpenter, Briefe, Nr. 181.
490 Vgl. Aug. civ. XII 25 [24]. Vgl. ebd. 26 [25].
491 Vgl. BdVG I, 77. Vgl. Meyer, Tolkien, 99.

3. Christlich-religiöse Elemente

Die Gestaltung der Welt geschieht mithilfe der Musik der Engel, womit eine erneute Vermischung antiker Mythologie mit Vorstellungen christlicher Tradition vorhanden ist. Bereits bei den Griechen ist der göttliche Ursprung der Musik ein geläufiger Topos.[492] Zugleich erinnern die Ainur an die Chöre der Engel, wie sie in der Heiligen Messe in verschiedenen Varianten im Schlussteil der Präfation genannt werden. Die Gläubigen werden dabei aufgefordert, mit ihrem Lobpreis in den Gesang der Engel und Heiligen einzustimmen.[493] Dem zugrunde liegt das biblische Bild lobpreisender Engel, die Gott durch ihren Gesang verherrlichen. Exemplarisch sei auf deren Lobgesang bei der Geburt Jesu verwiesen (Lk 2,13f).

Das Motiv musizierender Engel ist in unterschiedlichen Varianten in der bildenden Kunst weit verbreitet. Sogar die dort auftretenden typischen Musikinstrumente sind in einer frühen und ausführlicheren Version von Tolkiens Text noch vertreten: „Darauf begannen die Harfenisten, die Lautenspieler, die Flötenspieler, die Organisten und die unzähligen Chöre der Ainur Ilúvatars Thema zu einer mächtigen Musik auszugestalten."[494]

Analog zu den Engeln, die Gott loben und preisen, tun dies auch Tolkiens Ainur. Der Ainu Aule erschafft sogar die Zwerge, „um sie am Lob Ilúvatars [...] teilhaben zu lassen."[495]

Eine weitere Parallele findet sich in der Vorstellung einer strikten Engelshierarchie, wie sie im Christentum besonders deutlich in der Unterscheidung zwischen Erzengel und Engel zu Tage tritt. Generell gilt, dass Tolkiens Lebewesen allesamt in eine hierarchische Ordnung eingebettet sind, wie sie zum Teil der Bibel entnommen werden kann bzw. vor allem das christlich geprägte mittelalterliche Weltbild kennt.

An der Spitze des *Legendariums* steht unzweifelhaft Gott Eru/Ilúvatar, gefolgt von den unterschiedlichen Engelwesen. Danach geht

---

492 Vgl. Petzold, Tolkien, 74.
493 „In der Liturgie vereint sich die Kirche mit den Engeln, um den dreimal heiligen Gott anzubeten [...]." KKK, 335.
494 BdVG I, 67.
495 Carpenter, Briefe, Nr. 212. An anderer Stelle ist von himmlischen Chören die Rede: „Nun saßen geflügelte Geister von höchster Reinheit und Schönheit – nämlich die himmlischsten der hellen Chöre der Mánir und der Súruli [...] – in diesen Sternenbooten [...]." BdVG I., 208. Die Flügel beziehen sich dabei weniger auf die Standard-Ikonographie christlicher Engel als vielmehr auf ihre Vogelgestalt.

es weiter hinab zu den Elben und Menschen in ihren unterschiedlichen Abstufungen, bis letztlich ganz unten höhere und niedere Tiere zu finden sind. Eine derartige hierarchische Ordnung kennt freilich auch, erneut angelehnt an das biblische bzw. mittelalterliche Weltbild, die böse Gegenseite.[496]

Zurückkommend zu den Engeln ist festzuhalten, dass die katholische Angelologie neun Chöre der Engel kennt, eine Vorstellung, die wesentlich geprägt wurde durch Kirchenvater Pseudo-Dionysius Areopagita in DE COELESTI HIERARCHIA. Ähnliches gilt nun auch für Tolkiens engelhafte Wesen. Die bereits erwähnten Adler, die als eine Art himmlischer Eingreiftruppe dienen, sind beispielsweise in der Hierarchie der engelhaften Mächte recht weit unten angesiedelt. Sie sind dienstbare Engelwesen in Tiergestalt, die nun wiederum von Manwe, einem der mächtigsten engelhaften Mächte in Tolkiens Universum, ausgesandt werden.[497] Demnach können die engelhaften Mächte, eigentlich eine Art „numinoser", leibfreier Geistwesen, parallel zu ihren religionshistorischen Pendants menschenähnlich oder tierartig erscheinen.

In diese Hierarchie eingegliedert ist auch der menschengestaltige Gandalf. Tolkien schreibt in einem Brief:

> Gandalf ist eine »erschaffene« Person; allerdings möglicherweise ein Geist, der schon existierte, bevor er in die physische Welt kam. Seine Funktion als »Zauberer« ist die eines Angelos oder Boten der Valar oder der Regierenden: die vernünftigen Geschöpfe von Mittelerde im Widerstand gegen Sauron zu unterstützen, eine Macht, die für sie zu groß ist, wenn ihnen niemand hilft.[498]

Vergleichbar erscheint demnach auch die Aufgabenverteilung: Engel, vom lateinischen *angelus* abgeleitet, bedeutet Bote. In dieser Rolle treten sie in der Bibel häufig auf.[499]

Zudem bilden Tolkiens engelhafte Mächte ebenso eine Art himmlischen Hofstaat, manche von ihnen greifen in das Leben der Men-

---

496 Vgl. Petzold, Tolkien, 72f.
497 „Aber sie [z.B. der erwähnte Manwe, Anm. d. Verf.] sind nur erschaffene Geister [...] mit untergeordneten, dienstbaren Engeln [...]." Carpenter, Briefe, Nr. 153.
498 Carpenter, Briefe, Nr. 181.
499 Exemplarisch erwähnt seien aus dem AT die drei Engel zu Gast bei Mose (Gen 18,1–33) und aus dem NT die Verkündung der Geburt Jesu (Lk 1,26–38).

schen bzw. der verschiedenen Völker ein. Dabei erweisen sie sich, wie etwa Gandalf, durchaus als mit Emotionsfähigkeit und Willenskraft ausgestattete Wesen und ähneln damit erneut christlichen Engelsvorstellungen.[500]

Zusätzlich zu den bereits genannten Parallelen drängt sich eine weitere Entsprechung auf: Tolkiens engelhafte Wesen werden nicht angebetet, jedoch verehrt.[501] Das macht sie nicht nur vergleichbar mit Engeln der christlichen Tradition, sondern ebenso mit katholischen Heiligen. Die im eingangs zu diesem Kapitel zitierten Textausschnitt auftretende Bezeichnung als „die Heiligen", zugleich auch die Übersetzung des Eigennamens Ainur aus Tolkiens Kunstsprache[502], erscheint schon aus diesem Grund gut passend. Ganz ähnlich wie Engel und Heilige können auch die Ainur um Hilfe in Notsituationen angerufen werden, wie am Beispiel Elbereths bereits erläutert.[503] Tolkien schreibt dazu in einem Brief: „Die Elben riefen oft Varda-Elbereth an, die Königin des Segensreiches, ihre beste Freundin; und so auch Frodo."[504] Im SILMARILLION heißt es über die Elben: „Valar werden sie immer anrufen in der Not."[505]

Bei den sogenannten Valar (Sg. Vala) handelt es sich um die mächtigsten unter den engelhaften Ainur. Valar bedeutet schlichtweg „Mächte"[506]. Eine knappe Anrufung findet sich auch in DER HERR DER RINGE. Als plötzlich ein Olifant, eine elefantenähnliche Kreatur, im Kampf auf die Männer aus Gondor zustürmt, ruft einer von ihnen: „Mögen die Valar ihn ablenken!"[507] Tatsächlich stürmt das Tier zur Seite, allerdings bleibt offen, ob es sich um einen Zufall oder eine Gebetserhörung handelt.[508]

---

500 Vgl. Paus, Engel, in: LThK 3, 646.
501 Vgl. Carpenter, Briefe, Nr. 153.
502 Vgl. Foster, Ainur, in: Mittelerde Lexikon, 31.
503 Vgl. Kap. 3.1.2 Elbereth – Die „Sternkönigin".
504 Carpenter, Briefe, Nr. 156. »Bei Elbereth [...]«, rief Frodo mit letzter Kraft und hob wieder sein Schwert, »weder den Ring noch mich sollt ihr haben!« HdR I, 282.
505 SIL, 69.
506 Vgl. Foster, Valar, in: Mittelerde Lexikon, 728.
507 HdR II, 333.
508 Vgl. Shippey, Autor des Jahrhunderts, 193. Deutlicher dagegen ist eine Episode in SIL, 169. Fingon ruft um Hilfe und Manwe greift mittels seiner Adler rettend ein. Deutlich heißt es dazu: „Sein Gebet wurde sogleich beantwortet." Ebd.

Diese Funktion lässt an die christliche Vorstellung von Schutzengeln (oder Heiligen) denken, wie auch Tolkien erwähnt: „Es kann sein, daß sie einen *Vala* (wie Elbereth) um Hilfe anrufen, wie ein Katholik einen Heiligen [...]."[509]

Dabei helfen die Ainur allerdings mehr aus eigener Kraft und nicht durch ihre Fürsprache bei Gott, was wiederum eher an subalterne Gottheiten denken lässt. Eine besondere Nähe zu Gott, im katholischen Glauben die Voraussetzung für die Fürsprache, scheint allerdings bei den Ainur ebenso vorhanden.

Eine Differenzierung in unterschiedliche Aufgabenbereiche, wie sie die katholische Lehre für Engel und Heilige kennt, ist Tolkiens *Legendarium* ebenso nicht fremd. Allerdings ist in Bezug darauf festzuhalten, dass diese Zuordnungen weniger an katholische Patrozinien angelehnt sind, sondern vielmehr analog zu antiken Religionssystemen.[510]

Eine Unterscheidung in gute und gefallene Engel, wie sie das Christentum trifft, findet sich bei Tolkien ebenso. Exemplarisch sei auf Melkor/Morgoth und die Balrogs verwiesen, die parallel zu Satan und seinen Dämonen den Gegenpart zu den guten Mächten bilden.

Die zur Standard-Ikonographie der Engel gehörenden Flügel finden sich in den Verfilmungen von DER HERR DER RINGE und DER HOBBIT nicht, diese fehlen auch in der literarischen Vorlage, sieht man davon ab, dass diese in Vogelgestalt (Adler) auftreten können.

Die in den Filmen auftauchenden guten engelhaften Mächte haben entweder Tier- oder Menschengestalt angenommen. Sie sind in Tolkiens *Legendarium* mächtige Wesen, dementsprechend sucht man knabenhafte, liebliche Engelchen, wie sie besonders aus braocken Kirchen bekannt sind, vergebens.

Zusammenfassend kann festgestellt werden, dass die Ainur in Bezug auf ihren Platz in der Schöpfungsordnung, ihre Hierarchie und Aufgabenbereiche deutlich an Engel christlicher Lesart erinnern. Hinzu kommen die Möglichkeit ihrer Verehrung und die Unterscheidung

---

509 Carpenter, Briefe, Anm. in Nr. 153.
510 Zu den Ainur und ihren Aufgabenbereichen vgl. SIL, 25 und ebd. 34–40. Für eine direkte Gegenüberstellung der einzelnen Ainur mit den olympischen Göttern und ihren römischen Pendants vgl. Meyer, Tolkien, 104. Zu Gemeinsamkeiten mit germanischen Gottheiten vgl. Vos, Weltdeutung im Silmarillion, 51f.

in gute und (gefallene) böse Engel. Einschränkend muss allerdings bemerkt werden, dass sich Engel mit teils durchaus ähnlichen Vorstellungen auch in den verschiedensten nichtchristlichen Religionen finden lassen. Als gläubiger Katholik hatte Tolkien aber wohl in erster Linie die biblische Überlieferung bzw. katholische Tradition vor Augen.

3.7.2 Die Entstehung des Kosmos

Tolkiens Schöpfergott unterscheidet sich von christlichen Vorstellungen nur insofern, als dass er aufgrund seiner ausführenden engelhaften Mächte ein gutes Stück weit in den Hintergrund tritt. Eine absolute Passivität im Sinne eines „deus otiosus" kann man Tolkiens Gott allerdings nicht vorwerfen.[511] Denn auch wenn Gott passiv erscheint, so behält er „letztlich alle Autorität und bewahrt sich [...] das Recht, mit dem Finger Gottes in die Geschichte einzugreifen [...]."[512] Damit bleibt Tolkien zwar biblischen Gottesvorstellungen treu, dennoch wirkt der Gott des SILMARILLION ein großes Stück weit unnahbarer ist als sein biblisches Pendant. Gerade in DER HOBBIT und in DER HERR DER RINGE kommt das durch sein Fehlen auf narrativer Ebene deutlich zum Ausdruck. Das macht ihn zwar zu einem verborgenen, aber dennoch lenkend eingreifenden Gott.

Eine Gemeinsamkeit mit dem ersten Schöpfungsbericht der GENESIS (Gen 1,1–2,4a) bildet die Tatsache, dass sich sowohl „der Eine", als auch die ausführenden engelhaften Mächte, der Stimme als Werkzeug bedienen. Was in der GENESIS das Wort Gottes[513], ist bei Tolkien der Gesang. Besonders augenscheinlich wird eine solche Parallelisierung, wenn Eru/Ilúvatar spricht:

> Also sage ich: *Ea!* Es Sei! Und ich will die Unverlöschliche Flamme in die Leere hinaussenden, und sie wird im Herzen der Welt brennen, und die Welt soll sein; [...] Und plötzlich sahen die Ainur in der Ferne ein Licht, wie von einer Wolke mit einer Flamme im Herzen; und sie wussten, dass

---

511 Vgl. Meyer, Tolkien, 94f. Vgl. Petzold, Tolkien, 74, Anm. 20.
512 Carpenter, Briefe, Nr. 181.
513 Gen 1,3: „Gott sprach: Es werde Licht. Und es wurde Licht." Vgl. Meyer, Tolkien, 95.

dies nicht nur ein Gesicht war, sondern dass Ilúvatar ein Neues erschaffen hatte: Ea, die Welt, die ist."[514]

In einer Art performativen Sprechakt entsteht *ex nihilo* die Welt. Die beiden vorkommenden Bilder aus der Natur, Wolke und Flamme, erinnern zwar an zentrale sprachliche Gottesbilder des ALTEN TESTAMENTS[515], dienen aber nicht der Beschreibung Gottes. Vielmehr bleibt Tolkiens Gott aufgrund fehlender Bildworte noch ein ganzes Stück weit unfassbarer als sein biblisches Gegenüber. Tolkien hält sich damit nicht nur an das biblische Bilderverbot (Ex 20,1-6), sondern geht sogar noch ein Stück darüber hinaus.

Dafür treten nun die Engel in den Vordergrund, die in der Folge damit beginnen, die Welt auszugestalten. In ihrem Tun bzw. ihrer Autonomie sind sie dabei allerdings stark beschränkt, was an der Erschaffung des Volkes der Zwerge[516] besonders deutlich abzulesen ist. So ist es den Ainur nicht erlaubt, vom Schöpfungsplan abzuweichen. Als nun aber der Ainu mit Namen Aule die Zwerge erschafft, greift Eru/Ilúvatar ein und tadelt ihn dafür, da dies über dessen „Kraft und Befugnis"[517] hinausgehe. Letztlich ist es nur der Barmherzigkeit Gottes zu verdanken, dass die Zwerge nicht wieder zerstört werden müssen. Gott hilft sogar noch derart, dass er Aules Werk mit Leben erfüllt. Es wird gezeigt, parallel zum zweiten biblischen Schöpfungsbericht (Gen 2,4b-25), dass letztlich alleine Gott Lebensatem einhauchen kann (Gen 2,7).

Die Begründung für das barmherzige Handeln Gottes scheint wiederum dem christlichen Weltbild Tolkiens geschuldet zu sein, „denn Aule hatte dies *nicht* aus dem bösen Verlangen nach Sklaven und eigenen Untertanen, sondern aus ungeduldiger Liebe getan, weil er sich Kinder wünschte, [...] um sie am Lob Ilúvatars [...] teilhaben zu lassen."[518]

---

514 SIL, 26f.
515 Exemplarisch Ex 13,21: „Der Herr zog vor ihnen her, bei Tag in einer Wolkensäule, um ihnen den Weg zu zeigen, bei Nacht in einer Feuersäule, um ihnen zu leuchten."
516 Vgl. SIL, 60-64.
517 SIL, 60. Für eine Nacherzählung in den Briefen vgl. Carpenter, Briefe, Nr. 212.
518 Carpenter, Briefe, Nr. 212.

Demnach sollte Aules Werk in den verherrlichenden Lobpreis Gottes miteinstimmen, wie auch nach christlicher Überzeugung die Schöpfung auf die Verehrung und Anbetung Gottes hin geschah.[519]

3.7.3 Geheimes Feuer und Heiliger Geist

In der zuvor zitierten Textstelle des SILMARILLION ist die Rede von der Aussendung der „Unverlöschlichen Flamme", die daraufhin im Herzen der Welt brennt. Diese Flamme begegnet dem Lesepublikum schon ein Stück früher, nämlich bereits zu Beginn der Kosmologie in einer Rede Eru/Ilúvatars an die engelhaften Mächte: „Und weil ich euch mit der Unverlöschlichen Flamme angefacht habe, so zeiget eure Kräfte [...]."[520]

Hinter diesem Bildwort verbirgt sich der „Schöpfergeist Ilúvatars"[521], der alternativ auch als „Geheimes Feuer" auftaucht.[522] In dieser Benennung kommt er auch in DER HERR DER RINGE vor, sogar an sehr prominenter Stelle in einer der wohl bekanntesten Szenen der gesamten Trilogie, nämlich in der Auseinandersetzung zwischen Gandalf und dem Balrog von Moria. Dem Geist des vernichtenden Feuers gibt sich Gandalf als ein Diener des Geheimen Feuers, gemeint ist der Schöpfer Eru/Ilúvatar, zu erkennen:

»Ein Diener des Geheimen Feuers bin ich und walte der Flamme Anors. Das dunkle Feuer wird dir nicht helfen, Flamme von Udûn! Geh zurück in den Schatten. Du kommst nicht durch.«[523]

Gandalfs Worte bleiben so geheimnisvoll wie rätselhaft, denn eine nähere Erläuterung ihrer Bedeutung sucht man in der gesamten Romantrilogie vergebens. Ebenso mysteriös wie das Geheime Feuer bleibt die

---

519 Vgl. KKK, 347. „Der Mensch und durch ihn die ganze Schöpfung ist zur Verherrlichung Gottes bestimmt." KKK, 353.
520 SIL, 19.
521 Foster, Unverlöschliche Flamme, in: Mittelerde Lexikon, 723.
522 „Daher erweckte Ilúvatar das Gesicht zum Sein und stellte es mitten in die Leere, und das Geheime Feuer wurde ausgesandt, um im Herzen der Welt zu brennen; und die Welt wurde Ea geheißen." SIL, 33. Dazu schreibt Foster, Geheimes Feuer, in: Mittelerde Lexikon, 292: „Das Geheime Feuer ist wahrscheinlich ein Aspekt der Unverlöschlichen Flamme."
523 HdR I, 427.

Flamme Anors, „möglicherweise eine Anspielung auf das weiße Licht der Sonne als Symbol des Geheimen Feuers."[524] Die Formulierung scheint jedenfalls den Kontrast der beiden handelnden Figuren stark zu betonen: Ohne genau zu verstehen, erkennt man sofort den Gegensatz zwischen dem „Geheimen Feuer [...] Flamme Anors" und dem „dunklen Feuer [...] Flamme von Udûn". Im Licht des SILMARILLION gelesen, steht das Geheime Feuer für den Schöpfergeist Eru/Ilúvatars, das dunkle Feuer dagegen für seinen teuflischen Widersacher Melkor/Morgoth, symbolisiert durch dessen unterirdische Festung Udûn.[525]

Setzt man für eine Deutung die Spurensuche in Tolkiens DAS BUCH DER VERSCHOLLENEN GESCHICHTEN fort, erfährt man, dass Melkor/Morgoth auf der Suche nach diesem Geheimen Feuer war. Seine Suche blieb allerdings vergebens, da Eru/Ilúvatar es hütete. Zusätzlich erfährt man dort, dass dieses Feuer die Macht besitze, Leben und Wahrheit zu schenken.[526] Eine solche lebensspendende Wirkung kann in Tolkiens Universum nur von Gott selbst ausgehen, das wird durch die Erzählung von der Erschaffung der Zwerge verdeutlicht.[527] Geformt von dem engelhaften Wesen Aule, können sich diese nur wie eine Art willenlose Roboter verhalten. Es bedarf des Eingreifens Gottes, damit diese zu eigenständigem Leben erwachen.

Diese einzelnen Bruchstücke können als Indizien dafür gelesen werden, dass es sich bei Tolkiens Feuer um eine Art Äquivalent zum Heiligen Geist handelt.[528]

Das stärkste Argument für diese Gegenüberstellung liegt in der Berufung auf den Autor. Clyde Kilby berichtet über ein Gespräch mit Tolkien:

---

524 Foster, Flamme von Anor, in: Mitterde Lexikon 267.
525 In den von Tolkien erdachten Kunstsprachen steht „Anar" für die Sonne, „Udûn" dagegen für die Tiefe und zugleich für die unterirdische Festung Melkors/Morgoths. Vgl. Foster, Anar, in: Mittelerde Lexikon, 44. Vgl. ders., Utumno, in: ebd., 724f.
526 Vgl. BdVG I, 68. Ausführlicher heißt es dazu in einem Kommentar der HoME X, 345: „This appears to mean the Creative activity of Eru (in some sense distinct from or within Him), by which things could be given a „real" and independent (though derivative and created) existence."
527 Vgl. SIL, 60–64.
528 Vgl. Meyer, Tolkien, 112–114.

> Professor Tolkien talked to me at some length about the use of the word "holy" in *The Silmarillion*. Very specifically he told me that the "Secret Fire sent to burn at the heart of the World" in the beginning was the Holy Spirit.[529]

Als die Welt durchwirkende Kraft mit lebens- und wahrheitsspendender Wirkung ist das Geheime Feuer deutlich angelehnt an den Heiligen Geist, wie er im christlichen Sprachgebrauch zu finden und biblisch belegbar ist. Exemplarisch sei auf die Durchwirkung des gesamten Kosmos mit Gottes Geist (Weish 7,22ff.) hingewiesen, auf die lebenspendende Wirkung des Geistes in Ezechiels Vision von der Belebung des Totengebeins (Ez 37,1–14) sowie auf den von Gott ausgehenden Geist der Wahrheit (Joh 15,26).[530] Pointiert formuliert das Nicäno-Konstantinopolitanum: „Wir glauben an den Heiligen Geist, der Herr ist und lebendig macht."

Ikonographisch orientiert sich das Geheime Feuer am Heiligen Geist nur insofern, als dass uns dieser in Darstellungen vom Pfingstereignis (Apg 2,1–13) in Form von Feuerzungen begegnet, die auf die Anwesenden herabkommen. In der Bibel zeigt Feuer an gleich mehreren Stellen die Präsenz Gottes an, exemplarisch sei auf die beiden Gottesbegegnungen von Abraham (Gen 15,17) und Mose (Ex 3,2) hingewiesen. Allerdings nicht exklusiv, wie in der Begegnung mit dem Balrog deutlich wird, da es zugleich – und auch das ist gut christlich – Teil der Standard-Ikonographie des Bösen ist.

Im SILMARILLION begegnet uns diese Ambivalenz des Feuers in der Gestalt Feanors. Dessen inneres Feuer verleiht ihm große Schaffenskraft und bringt ihn damit zunächst in Verbindung mit dem Schöpfergott. Bald aber stellt sich heraus, dass dieses Feuer zugleich auch ungesunde, verzehrende Leidenschaft für sein Werk bedeutet. Die teils daraus resultierenden Charakterzüge, Gier, Rach- und Herrschsucht, teilt er mit Melkor/Morgoth. Damit wird Feanor, wenn

---

529 Kilby, Silmarillion, 59. Vgl. Fornet-Ponse, Tolkien zw. christl. Instrumentalisierung und theol. Rezeption, 64.
530 Für eine systematische biblische Aufarbeitung vgl. Kremer, Heiliger Geist, I. Biblisch-theologisch, in LThK 4, 1304–1308.

auch unwissentlich, zum Werkzeug des Bösen und stürzt damit nicht nur sich selbst, sondern zugleich auch viele andere ins Unglück.[531]

3.7.4 Gotteskindschaft

Besonderen Stellenwert in Tolkiens Schöpfungsordnung genießen Elben und Menschen. Dies ergibt sich bereits aus der Betonung, dass Gott diese beiden Völker ganz ohne Zutun der ausgestaltenden, zweitschöpferischen Tätigkeit der Engel erschafft: „Denn die Kinder Ilúvatars waren von ihm allein erdacht [...] und keiner der Ainur hatte an ihnen mitgeschaffen."[532]

Verstärkt wird diese Sonderstellung, wie aus dem Zitat deutlich hervorgeht, noch zusätzlich durch die Titulierung dieser beiden Völker als „Kinder Ilúvatars". Die Elben gelten als „Erstgeborene", die Menschen werden als „Zweitgeborene" (oder „Nachkömmlinge") bezeichnet.[533] Selbst das Volk der Zwerge, von Aule geschaffen aber von Gott mit Leben erfüllt, werden als „angenommene Kinder" neben den „erwählten Kindern"[534] akzeptiert.

Die Gotteskindschaft der Elben und Menschen wirkt erneut wie eine Bezugname auf ein bekanntes biblisches Motiv. Im ALTEN TESTAMENT findet sich das von Gott erwählte Volk Israel, welches mehrmals derart bezeichnet wird, etwa im Buch EXODUS: „Dann sag zum Pharao: So spricht Jahwe: Israel ist mein erstgeborener Sohn." (Ex 4,22) In den Schriften des NEUEN TESTAMENTS wird die Gotteskindschaft ausgeweitet auf alle Glaubenden. Der Grundstein dafür wird durch Jesus gelegt, indem er die Jünger das Vaterunser (Mt 6,5–15) lehrt.

Dem gläubigen Katholiken Tolkien wird diese Vorstellung nicht fremd gewesen sein, wenngleich er wohl auch gewusst haben wird, dass die Gotteskindschaft keine genuin jüdisch-christliche Erfindung

---

531 Vgl. Vos, Weltdeutung im Silmarillion, 58-63. Vgl. besonders SIL, 89, 93-98 u. 148.
532 SIL, 23. Vgl. Carpenter, Briefe, Nr. 131.
533 Vgl. Foster, Kinder Ilúvatars, in: Mittelerde Lexikon, 406. Vgl. Carpenter, Briefe, Nr. 131, Nr. 156, Nr. 181 u. Nr. 212. „Die Kinder Ilúvatars aber sind Elben und Menschen, die Erstgeborenen und die Nachkömmlinge." SIL, 24. „Denn Elben und Menschen sind die Kinder Ilúvatars;" SIL, 57.
534 SIL, 62.

ist, sondern mit ganz unterschiedlichen Bedeutungsinhalten auch dem religionshistorischen Umfeld der Bibel bekannt war.[535]

Die Kindschaft im *Legendarium* beruht aber, abweichend von der Bibel, weder auf einer besonderen Erwählung eines bestimmten Teiles der Menschheit, wie etwa im Falle des Volkes Israel, noch auf der Annahme eines Glaubens. Die Gotteskindschaft ist damit weit weniger exklusiv, da alle Menschen als Kinder Erus/Ilúvatars gelten. Der Ehrentitel scheint der alleinigen Tatsache geschuldet, dass Gott die beiden Völker ohne mitwirkende Ausgestaltung der Engel erschaffen hat.

Eine Sonderstellung der beiden Völker innerhalb der Schöpfungsordnung nehmen die Kinder Gottes jedoch insofern ein, als dass ihnen die Herrschaft über die anderen geschaffenen Dinge gegeben ist, ähnlich wiederum dem biblischen Schöpfungsbericht (Gen 1,28–30).[536]

Ein erstes Menschenpaar, wie wir es als Adam und Eva aus dem zweiten biblischen Schöpfungsbericht kennen, kommt im SILMARILLION nicht vor. Bei Tolkien „erwachen" die Menschen nach dem Willen Gottes als Volk.[537] Doch dieser Unterschied alleine scheint zu wenig, um behaupten zu können, dass Tolkiens Erschaffung der Menschen „keine religiösen Elemente übernommen hat" und sich „deutlichst von der christlichen Tradition"[538] abgrenzt. Für eine christliche Einfärbung spricht, neben der religiösen Sozialisation des Autors, dass die Menschen (neben den Elben) ihr Leben von dem einen einzigen Gott erhalten, mehrfach als Kinder Gottes tituliert werden und eine Art Sonderstellung in der Schöpfungsordnung einnehmen.

3.7.5 Sündenfall

In der GENESIS folgt auf die beiden Schöpfungsberichte die Erzählung vom Sündenfall (Gen 3). Von der Schlange verführt, essen Adam und Eva von der verbotenen Frucht vom Baum der Erkenntnis, womit sie

---

535 Vgl. Müller, Gotteskindschaft. I. Biblisch, in: LThK 4, 919f.
536 Vgl. SIL, 63f.
537 Nur in früheren Entwürfen erwacht mit Ermon und Elmir ein erstes Menschenpaar, während der Rest der erschaffenen Menschheit noch schläft. Zu Adam und Eva weist diese Erzählung keinerlei Bezüge auf. Vgl. BdVG I, 266f.
538 Meyer, Tolkien, 117.

ein göttliches Gebot übertreten und aus dem Paradies verbannt werden. Die Konsequenz dieses Ungehorsams ist – Tolkien kommt in seinen Briefen immer wieder darauf zu sprechen – das Leben in der „gefallenen Welt". Gerade der Bereich der Sexualität ist, wie bereits behandelt, für den Katholiken Tolkien ein starkes Indiz für diesen Umstand. Zum Sündenfall des SILMARILLION schreibt Tolkien:

> In der Kosmogonie gibt es einen Sündenfall, einen Fall der Engel, könnten wir sagen. Aber natürlich in der Form ganz anders als im christlichen Mythos. Diese Geschichten sind »neu«, sie sind nicht direkt von anderen Mythen und Sagen abgeleitet, aber unvermeidlich müssen sie ein großes Maß altertümlicher, weitverbreiteter Motive und Elemente enthalten. [...] Eine »Geschichte« ohne einen Sündenfall kann es nicht geben – alle Geschichten handeln letztlich vom Sündenfall –, zumindest für menschliche Geister, so wie wir sie kennen und selber besitzen.[539]

Am Beginn stehen nun erneut die engelhaften Mächte, allen voran Melkor/Morgoth, die sich gegen den Willen Erus/Ilúvatars stellen. Die Geschichte wirkt tatsächlich „neu" und weist kaum Ähnlichkeiten mit der GENESIS auf. Die Übertretung eines göttlichen Gebots findet sich – zumindest an dieser Stelle – nicht. Der Sündenfall besteht vielmehr darin, dass Melkor/Morgoth aus Neid heraus zerstörerisch zu wirken beginnt.

Im weiteren Verlauf des SILMARILLION gibt es noch den Sündenfall der Elben, den Tolkien in dem oben zitierten Brief ebenso explizit als solchen benennt. Konsequenz ihres Handelns ist die Vertreibung aus einer Art Paradies, dem Land Valinor. Tolkien nutzt in demselben Brief sogar explizit den Begriff Paradies. Das erinnert zwar an die Bibel, allerdings ganz ohne die weiteren biblischen Konsequenzen, beispielsweise der nun von Gott verhängten Sterblichkeit (Gen 3,19). Die gefallenen Elben bleiben auch weiterhin unsterblich und die Menschen, die erst zu einem späteren Zeitpunkt auf den Plan treten, sind von Anbeginn an als sterbliche Wesen erdacht.[540]

---

539 Carpenter, Briefe, Nr. 131.
540 Zu Sterblichkeit und Unsterblichkeit vgl. Carpenter, Briefe, Nr. 212. Einem frühen Entwurf nach, der es in dieser Form nicht ins SILMARILLION geschafft hat, sind die Menschen gleich von Beginn an im Fokus des Bösen. Melkor/Morgoth verführt manche unter ihnen, so dass der menschliche Sündenfall bereits gleich nach Erwachen eintritt. Vgl. BdVG I, 267.

Wenngleich also der gläubige Katholik Tolkien den Begriff des Sündenfalls mehrmals für Erzählungen seiner Kosmologie verwendet, so ist seine Version doch tatsächlich eher „neu", vor allem was die narrative Ebene betrifft. Seine Verwendung des Begriffs im Zusammenhang mit den Erzählungen des SILMARILLION dient der Erklärung, wie aus einer ursprünglich als gut geplanten Schöpfung unter Einfluss des Bösen die Weltgeschichte ihren weiteren Verlauf nimmt.

3.7.6 Sintflut

Die Verderbtheit der Menschen steigert sich in der Bibel schon bald derartig, dass Gott sie mit einer Sintflut straft (Gen 6,1-9,29). Diese Erzählung findet eine Entsprechung im SILMARILLION. Dort ist vom Untergang der Insel Númenor zu lesen.[541] Tolkien selbst nennt es „eine eigentümliche Variante der Atlantis-Tradition"[542], wie man sie etwa aus Platons Dialogen CRITIAS und TIMAIOS kennt. Diese Verknüpfung drückt sich zudem deutlich in einer von Tolkiens Kunstsprachen aus, immerhin trägt die untergangene Insel Númenor auch den Namen Atalante.[543]

Zugleich aber stellt Tolkien die Erzählung in einen biblischen Kontext, wenn er an anderer Stelle die Handlung als eine „Art Noah-Situation"[544] beschreibt. Den Begriff des Sündenfalls verwendet Tolkien in Zusammenhang mit dieser Erzählung erneut.[545]

Tolkien verwebt Motive aus beiden genannten Erzähltraditionen miteinander. Parallel zur Bibel führt letztlich das Fehlverhalten der Menschen zu ihrem – wortwörtlichen – Untergang. Die Menschen sind dabei nicht von Beginn an boshaft. Die Bewohner der Insel Númenor sind zuallererst friedliebend, erst über viele Generationen hinweg werden sie mehr und mehr zu einer nach Macht und Schätzen

---

541 Vgl. SIL, 405-442. Für eine Kurzfassung vgl. AuR, 8-14.
542 Carpenter, Briefe, Nr. 154. Die Elben nennen die Insel Númenor in ihrer Sprache „Atlante", womit Tolkien bereits innerhalb der Erzählung einen deutlichen Hinweis auf den Atlantis-Mythos hinlässt. Vgl. SIL, 440.
543 Vgl. Shippey, Autor des Jahrhunderts, 339.
544 Carpenter, Briefe, Nr. 156.
545 Vgl. Carpenter, Briefe, Nr. 131.

strebenden Kriegsnation. Das auf der Insel angesiedelte Heiligtum Erus/Ilúvatars lassen sie verkommen und Gewalt verschiedenster Art greift um sich. Alles moralische Fehlverhalten alleine führt aber noch nicht zu ihrem Untergang.

Endgültiger Auslöser für die Vernichtung der Bewohner ist die Übertretung eines göttlichen Gebotes. Dieses besagt, dass es den Menschen der Insel verboten ist, in den Westen zu segeln. Dort liegt Valinor, das Land der unsterblichen, engelhaften Mächte. Doch immer größer wird die Sehnsucht, genau dorthin zu gelangen, da es die Menschen nach Unsterblichkeit giert und sie darauf hoffen, diese im verbotenen Westen zu erlangen. Obwohl dieser Wunsch nach ewigen Leben immer stärker wird, ist anfangs die Angst vor den Folgen einer Gebotsübertretung zu groß.

Es muss erst ein Verführer erscheinen. Dieser kommt in Gestalt Saurons, der in DER HERR DER RINGE erneut als das Böse schlechthin auftreten wird. Wie der Schlange der GENESIS, so gelingt es ihm, die Menschen zur Gebotsübertretung zu verleiten. Er überredet sie dazu, eine Kriegsflotte aufzustellen, die nun gegen den göttlichen Willen handelnd in den Westen segelt. Der Vala Manwe bittet aus diesem Grund Gott um Hilfe, worin Meyer „eine Analogie des Gott anrufenden Moses auf dem Sinai"[546] zu erkennen glaubt, eine nicht gerade naheliegende Interpretation.

Der Hilferuf verhallt nicht ungehört, Eru/Ilúvatar greift ein und bestraft seine Kinder. Niemand überlebt, weder die Menschen auf den Schiffen noch die auf der Insel Zurückgebliebenen:

> Zu unerwarteter Stunde kam das Verhängnis, am neununddreißigsten Tag nach der Abfahrt der Flotten. Feuer brach plötzlich aus dem Meneltarma[547], und ein Orkan kam auf, die Erde tobte, und der Himmel drehte sich, und die Berge kamen herab, und Númenor versank im Meer mit all seinen Kindern und Müttern und Mädchen und stolzen Damen; mit all seinen Gärten und Hallen und Türme, seine Gräber und Reichtümer, und seine Juwelen und Teppiche, und alles Gemalte und Gemeißelte, und sein Gelächter und seine Vergnügungen und seine Musik, seine Wissenschaft und Kunst: Sie verschwanden für immer.[548]

---

[546] Meyer, Tolkien, 109.
[547] Name des zentral in der Mitte der Insel gelegenen Bergs mit dem Heiligtum Erus/Ilúvatars am Gipfel.
[548] SIL, 437.

Im Unterschied zur biblischen Sintflut ist nicht die gesamte Welt von der Zerstörung betroffen, sondern nur die aus Númenor aufgebrochene Flotte und alle Inselbewohner. Auch das SILMARILLION kennt einen als gerecht geltenden Mann. Ähnlich dem biblischen Noach und seiner Familie kann ein aus Númenor stammender Mann namens Elendil, „eine Noah-Gestalt"[549], mit einer Handvoll Getreuer entkommen.

Noach und seine Söhne werden durch ihre einzigartige Stellung, die sich zwangsweise aus dem Tod der restlichen Menschheit ergibt, zu Stammvätern der Völker, dokumentiert in der Völkertafel des Buches GENESIS (Gen 10,1-32). Ähnliches kann für Elendil gelten, wenngleich ein ganzes Stück weit weniger einzigartig. Sein Geschlecht nimmt unter den Menschen zumindest eine herausragende Sonderstellung ein. Wie Noach, so kann auch Elendil seine Söhne retten. Einer davon ist Isildur, er begegnet uns in DER HERR DER RINGE als Stammvater Aragorns.

Können die Menschen im Buch GENESIS übernatürlich alt werden, Noach etwa stirbt erst mit 950 Jahren (Gen 9,29), so gilt ein solches sprichwörtlich gewordenes „biblisches Alter" ebenso für „Tolkiens Genesis". Elendil beispielsweise wird 322 Jahre alt.[550]

3.7.7 Weitere Parallelen

Das Buch GENESIS ist dicht gedrängt mit verschiedenen aufeinander folgenden Erzählungen. Tolkien wurde von diesen deutlich inspiriert und verwendet Versatzstücke daraus für sein eigenes Werk. Dabei sind jedoch Interpretationen nach biblischen Motiven bzw. Vergleiche mit diesen nicht immer unbedingt naheliegend. So meint beispielsweise Mellie Uyldert in ihrem Buch DIE ENTDECKUNG VON MITTELERDE in der Ermordung Déagols durch Sméagol[551] eine Parallele zu Kain und Abel (Gen 4,1-16) zu finden.[552] Jedoch einzig die Tat und das Motiv, Mord und Neid, scheinen deutlich erkennbare Parallelen zu sein. Das ist für einen derartigen Vergleich dann doch recht dürftig und so stellt

---

549 Carpenter, Briefe, Nr. 131.
550 Vgl. Vgl. Foster, Elendil, in: Mittelerde Lexikon, 210.
551 Vgl. HdR I, 78f. Vgl. Carpenter, Briefe, Nr. 214.
552 Vgl. Uyldert, Mittelerde, 32f.

Meyer darauf bezugnehmend folgerichtig fest: „Kain und Abel finden wir hier nicht wieder."[553]

Bei allen Gemeinsamkeiten mit der Bibel gilt es zu bedenken, dass vieles tatsächlich „neu" ist, wie Tolkien selbst schreibt. Zu behaupten, Tolkiens Werk kopiere die Bibel, scheint demnach deutlich zu weit gegriffen.[554]

3.8 Earendil – Der Seefahrer

Eine zentrale Figur aus Tolkiens *Legendarium* ist der Seefahrer *Earendil*, ein Halbelbe edler Herkunft. Mit Tolkiens Worten gesprochen: „Er ist wichtig als derjenige, der das Silmarillion zum Ende bringt und der durch seine Nachkommen die Hauptverbindungen zu den Erzählungen der späteren Zeitalter und den Personen in ihnen herstellt."[555]

Die Geschichte erzählt, wie sich dieser Seefahrer auf die Suche nach einem mythischen Land im Westen begibt, den sogenannten Unsterblichen Landen. Tatsächlich findet er nach langer abenteuerlicher Seefahrt dorthin. Er trifft dort die Valar, die engelhaften Mächte, und bittet diese um Unterstützung im Kampf gegen Melkor/Morgoth. Diese Bitte wird ihm gewährt, doch zurückkehren darf der Seefahrer nicht. Stattdessen wird er mitsamt seinem Schiff in den Himmel emporgehoben, wo er nun seine Fahrt als Stern fortsetzt.[556]

In Tolkiens bekanntestem Werk, DER HERR DER RINGE, bleibt die Gestalt mitsamt dieser Hintergrundgeschichte allerdings nicht viel mehr als eine Randnotiz. Sie findet zwar mehrfach Erwähnung, einmal wird die Geschichte sogar als mehrstrophiges Gedicht vorgetragen[557], kann aber für das Verständnis der Erzählung problemlos überlesen werden. Damit reiht sich Earendil in DER HERR DER RINGE in die lan-

---

553 Meyer, Tolkien, 155.
554 „Auch in den großen Zügen kopiert Tolkiens Werk die Bibel." Smith, Tolkiens Helden, 14.
555 Carpenter, Briefe, Nr. 131.
556 Vgl. SIL, 386-401. Im Anschluss daran die kurze Zusammenfassung: SIL, 405-407. Vgl. BdVG I, 272-291.
557 Vgl. HdR I, 305-308.

ge Liste der Namen ein, die ein Tor bilden zu einer weiteren, dahinterliegenden Geschichte.

Für die vorliegende Spurensuche ist die Erzählung aus zwei Gründen beachtenswert. Zum einen, weil Verse eines religiösen Gedichtes als Inspiration für die Figur dienten, wie Tolkien selbst schreibt. Zum zweiten, weil die Figur in der Sekundärliteratur gerne mit dem irischen Heiligen Brendan (auch Brandan) verglichen wird.

3.8.1 Vom adventlichen Antiphon *O Oriens* zu *Eala Earendel*

Als Student kommt Tolkien mit dem altenglischen Gedicht *Crist* von Cynewulf in Kontakt. In einem Brief schreibt er, dass ihn zwei Zeilen daraus auf ganz seltsame Weise besonders berührt haben:

> Eala Earendel engla beorhtast
> ofer middangeard monnum sended.
>
> (Heil Earendel, strahlendster der Engel,
> über der mittleren Erde den Menschen gesandt.)[558]

Aus *Earendel*, übersetzt „Morgenstern"[559], wird Tolkiens Seefahrer *Earendil*. Der Bezug zum Morgenstern bleibt in der Erzählung durch die Erhebung des Seefahrers in den Sternenhimmel ebenso erhalten. Die erste Zeile übersetzt Tolkien sogar in eine seiner Kunstsprachen und lässt sie Sam in DER HERR DER RINGE rufen: „*Aiya Earendil Elenion Ancalima!*"[560] Tolkien schreibt selbst, dass dieser Ruf in seiner Über-

---

558 Carpenter, Biographie, 79. Vgl. Carpenter, Briefe, Nr. 297.
559 „Sein Name ist eigentlich angelsächsischen Ursprungs: *earendel*, »Lichtstrahl«, gelegentlich als Bezeichnung für den Morgenstern [...]." Carpenter, Briefe, Nr. 131. „Nach meiner Auffassung scheinen die ags. Belege klar zu besagen, daß es ein Stern war, der die Morgendämmerung ankündigte [...]: der Morgenstern, wie man ihn hell leuchtend in der Frühe, kurz vor Sonnenaufgang, sehen kann." Carpenter, Briefe, Nr. 297. Eine Übertragung des Gedichts in modernes Englisch findet sich auf der Homepage der Universität York in Kanada: http://www.yorku.ca/inpar/Christ_Kennedy.pdf [abgerufen am 10.08.2018]. Dort ist zu lesen: „Hail Day-Star! Brightest angel sent to man throughout the earth, [...]."
560 HdR II, 413.

setzung „Heil Earendil, hellster der Sterne"[561] bedeutet und fern an Cynewulfs Vers erinnert.

Diesen vom Autor selbst hergestellten Bezug rezipiert Michael Hageböck, der bereits zu Marienanalogien bei Tolkien gearbeitet hat, in einem Gastbeitrag für das katholische Nachrichtenportal *kath.net*.[562] Der Artikel wurde unter dem Titel *O-Antiphone als Initialzündung zu Tolkiens 'Hobbit'* im Dezember 2012 veröffentlicht, parallel zum Kinoauftritt von DER HOBBIT. Das Cyenwulf Gedicht, so stellt Hageböck fest, besteht aus Nachdichtungen adventlicher Antiphone. Auf diesen Zusammenhang wird Tolkien bei seinen Nachforschungen ebenso gestoßen sein.[563]

Eala Earendel ist eine Referenz auf den adventlichen O-Antiphon *O Oriens* der katholischen Vesper vom 21. Dezember. Passenderweise erschien der *kath.net*-Artikel genau an diesem Kalendertag. Das lateinische Original und die im Deutschen gesungene Fassung wird dort wiedergegeben:

O Oriens,	O Aufgang,
splendor lucis aeternae	Glanz des ewigen Lichtes,
et sol justitiae,	du Sonne der Gerechtigkeit,
veni, et illumina	komm, o Herr, und erleuchte uns,
sedentes in tebris	die wir sitzen in Finsternis
et umbra mortis.	und im Schatten des Todes.

Hageböck nimmt den adventlichen Antiphon vom 21. Dezember und das darauf rekurrierende Cynewulf Gedicht zum Aufhänger, um zum Erscheinen des Films auf die christliche bzw. katholische Durchdringung von Tolkiens Gesamtwerk hinzuweisen. Er schließt mit einem frommen Wunsch:

> Wie Johannes der Täufer ein Fingerzeig auf Christus ist, so auch die Geschichten von Mittelerde. Es sind die Geschichten adventlicher Heiden in einer imaginären Prähistorie Nordeuropas.

> Möge Tolkien getreu seinem eigenen Verständnis verstanden werden. Mögen die Sehnsuchtsrufe der O-Antiphonen unsere Herzen auf ganz besondere Weise auch im Jahr des Glaubens erreichen. Möge Christus der

---

561 Carpenter, Briefe, Nr. 295.
562 Vgl. http://www.kath.net/news/39395 [abgerufen am 10.08.2018].
563 Vgl. Shippey, Weg nach Mittelerde, 310f. Vgl. ders., Autor des Jahrhunderts, 312.

König im Abendland herrschen und die Schatten des Todes bannen. Éala Éarendel!⁵⁶⁴

Am Ende von Hageböcks Gastbeitrag wird der Leserschaft des Nachrichtenportals DER HOBBIT noch in Form des „kath.net-Buchtipps" ans Herz gelegt.

Durch diesen Gastbeitrag kann leicht der Eindruck entstehen, man habe es bei Tolkiens Werk, insbesondere bei DER HOBBIT, mit einer durch und durch christlichen bzw. katholischen Erzählung zu tun, dessen Ausgangspunkt ein religiöses Gedicht christlicher Prägung war. Tatsächlich war *Crist* eine Art Initialzündung für Tolkiens Schaffen, doch nicht aufgrund des religiösen Gehalts. Tolkien war aus ganz anderem Grund von den Versen fasziniert. Er spürte eine besondere Ergriffenheit in Bezug auf den Klang von „Earendel", ihn berührte „die große Schönheit dieses Wortes (oder Namens)"⁵⁶⁵. Dazu kam sein sprachwissenschaftliches Interesse an der Wortherkunft. Immerhin war es vor allem Tolkiens Interesse für Sprachen, welches die Grundlage für sein Schaffen bildete.

Hinzu kommt weiters, dass Cynewulfs Verse zwar deutlich christlich geprägt sind, zugleich aber Bezüge zur nordischen Mythologie aufweisen.⁵⁶⁶ Eine ganz ähnliche Vermischung findet sich im *Legendarium*. All das zusammen beflügelte Tolkiens Fantasie und führte so zu seiner Earendil-Erzählung.

Das bedeutet im Umkehrschluss nicht, dass Tolkien sich des religiösen Gehalts der Cynewulf-Verse gar nicht angenommen hätte. Dazu ist eine kurze Anmerkung in einem Brief überliefert, in der er festhält, dass mit Earendel eigentlich Johannes den Täufer gemeint sei.⁵⁶⁷ Es handelt sich um eine Nebenbemerkung, für die narrative Ebene der Erzählung von Earendil ist diese nicht weiter von Relevanz.

Dass die Verfilmung von DER HOBBIT noch weiteren Niederschlag auf dem katholischen Nachrichtenportal *kath.net* gefunden hat, zeigen die zwei weiterführenden Links, die dem Gastbeitrag angehängt

---

564 http://www.kath.net/news/39395 [abgerufen am 10.08.2018].
565 Carpenter, Briefe, Nr. 297.
566 Vgl. Shippey, Autor des Jahrhunderts, 312f.
567 So deutet er etwa Earendel als Johannes den Täufer, vgl. Carpenter, Biographie, 79. Vgl. Carpenter, Briefe, Nr. 297.

sind.[568] Der erste führt zu einem Interview mit Hageböck, welches ein paar Monate vor der Leinwandprämiere unter dem Titel *Wie katholisch ist der Hobbit?* geführt wurde. Der zweite Link verweist zu dem Beitrag *Die Hobbits und das römische Kalendarium*, der ca. ein Jahr vor der Leinwandversion veröffentlicht wurde. Anlass dazu bot der damals erschiene Trailer. Auch für diesen Artikel zeichnet Hageböck verantwortlich.

3.8.2 St. Brendans wundersame Seefahrt

Earendils Fahrt führt ihn weit in den Westen, nach Aman, hin zu einer Art paradiesischem Ort, der auch „Unsterbliche Lande" oder „Segensreich" genannt wird.[569] In der Sekundärliteratur wird diese Seefahrt in Beziehung zur irischen Legende vom Heiligen Brendan gesetzt, der sogenannten NAVIGATIO, die eine abenteuerliche Irrfahrt zur See beinhaltet: „Wie Sankt Brendan sucht der Seefahrer Earendil unablässig nach einem Weg zu den Unsterblichenlanden im Westen."[570]

Was in Tolkiens *Legendarium* die „Unsterblichen Lande", ist in der Brendans-Legende die *Terra repromissionis sanctorum*. Beide Seefahrer, Tolkiens Earendil und der irische Mönch, finden dieses wunderliche Land im fernen Westen nicht zufällig, sondern sind ganz gezielt auf der Suche danach. Abseits dieser Gemeinsamkeit, ausgehend von der im SILMARILLION überlieferten Earendil-Erzählung und Bilbos Gedicht aus DER HERR DER RINGE, liegt eine weitere Parallelisierung der beiden Seefahrer nicht unbedingt nahe.

Allerdings hat Tolkien seine Erzählung nie vollständig ausgearbeitet bzw. erzählerisch ausformuliert. Vielmehr liegen zahlreiche Notizen und widersprüchliche Entwürfe vor. Sie zeigen, dass er eine wundersame Irrfahrt geplant hatte, ähnlich abenteuerlich wie jener des irischen

---

568 Vgl. http://www.kath.net/news/38225 und http://www.kath.net/news/34822 [beide abgerufen am 10.08.2018].
569 Zum Motiv der sagenhaften Insel im Westen vgl. meine Bemerkungen zur zehnten Strophe des Gedichts MYTHOPOEIA, wo es in Vers 112 heißt: „for some have passed beyond the fabled West."
570 Shippey, Autor des Jahrhunderts, 311.

Heiligen und zugleich ähnlich jener des Odysseus.⁵⁷¹ Die Brendans-Legende mag Tolkien dabei, neben anderen Erzählungen von Abenteuern zur See und ihren typischen Elementen (Meerungeheuer, Schiffbruch und wundersame Rettung, fremde Völker und Wesen etc.), als Inspiration gedient haben.

Voraussetzung dafür ist, dass Tolkien die Brendan-Legende nicht unbekannt war. Das kann mit Sicherheit behauptet werden, denn immerhin hat er sie in einem eigenen Gedicht verarbeitet, welches 1955 in der Zeitschrift *Time and Tide* unter dem Titel *Imram* veröffentlicht wurde.⁵⁷² Der Titel *Imram*, irisch für „segeln", kann mit „Seefahrt" wiedergegeben werden: „Die altirische Literatur kennt in den sogenannten „Immrama" (Seefahrten) eine ganze Gattung abenteuerlicher Schilderungen vom Irrfahrten im Atlantik."⁵⁷³

Tolkiens Gedicht findet sich ebenso im 9. Band der HISTORY OF MIDDLE-EARTH abgedruckt.⁵⁷⁴ In 132 Versen erzählt dort Brendan einem jüngeren Mann von seinen Abenteuern zur See. Dabei ist beachtenswert, dass dessen Bericht Parallelen zu Tolkiens *Legendarium* aufweist. Beispielsweise berichtet Brendan in einer der Strophen von einer aus dem Meer ragenden Bergspitze, eine Anspielung an die versunkenen Insel Númenor:⁵⁷⁵

> Upreared from sea to cloud then sheer
> a shoreless mountain stood;
> its sides were black from the sullen tide
> up to its smoking hood,
> but its spire was lit with a living fire
> that ever rose and fell:
> tall as a column in High Heavens´s hall,
> ist roots were deep as Hell;
> grounded in chasms the waters drowned

---

571 Vgl. BdVG II, 272–291.
572 Vgl. Shippey, Autor des Jahrhunderts, 344. Vgl. HoME IX, 295ff.
573 Fay, Sankt Brandan, VIIf.
574 Vgl. HoME 9, 296–299.
575 Vgl. Shippey, Autor des Jahrhunderts, 345. Eingang in das Gedicht fand zudem Tol Eressa und der Silmaril am Himmel, vgl. ebd. Vgl. Shippey, Weg nach Mittelerde, 362.

and swallowed long ago
it stands, I guess, on the foundered land
where the kings of kings lie low.[576]

Das SILMARILLION erzählt parallel dazu vom Gipfel des zentral auf der Insel Númenor gelegenen Berges Meneltarma:

> „Unter den Flüchtlingen glaubten viele, der Gipfel des Meneltarma, des Himmelspfeilers, sei nicht für immer versunken, sondern erhebe sich wieder über die Wellen, eine einsame Insel, verloren in den weiten Wassern;[577]

Die Hinweise auf Tolkiens Númenor verdichten sich in den Erwähnungen vom aufsteigenden Rauch und den Königsgräbern. Im SILMARILLION ist der Rauch bereits ein drohendes Vorzeichen des nahenden Endes, er kündigt den Vulkanausbruch an, der den endgültigen Untergang der Insel und ihrer Bewohner einläutet.[578] Und zu den Königsgräbern ist zu lesen: „Inmitten des Landes aber ragte ein hoher und steiler Berg auf, welcher der Meneltarma hieß, der Himmelspfeiler […]. Am Fuß des Berges wurden die Grabmäler der Könige erbaut […]."[579]

Somit wird in dieser Strophe besonders deutlich, wie Tolkien die Heiligenlegende mit seinem eigenen *Legendarium* verknüpft. Umgekehrt knüpft wiederum die Brendans-Legende an zahlreiche altirsche Erzählungen an, die ihrerseits wieder den Ursprung in zahlreichen antiken Mythen haben.

Der historische Brendan wurde wahrscheinlich gegen Ende des 5. Jahrhunderts geboren, war Abt und gilt als Stifter zahlreicher Klöster und einer eigenen Mönchsregel. Die älteste Fassung seiner abenteuerlichen Schiffsreise stammt aus dem 10. (vielleicht sogar 9.) Jahrhundert.[580] Brendan kann zurecht als „ein Odysseus unter den Mön-

---

576 HoME IX, 297. Imram, Verse 33–44.
577 SIL, 440.
578 „Denn das Land erbebte unter ihren Füßen, und ein Grollen wie von unterirdischem Donner mischte sich in das Brüllen der See, und Rauch stieg auf von der Spitze des Meneltarma." SIL, 434f. „Feuer brach plötzlich aus dem Meneltarma […] und Númenor versank im Meer […];" SIL, 437.
579 SIL, 408. „[…] und dreiundzwanzig Könige, die nun in ihren tiefen Gräbern unter dem Gipfel des Meneltarma und auf goldenen Betten schliefen, […]." SIL, 422.
580 Vgl. Fay, Sankt Brandan, VIIf.

chen"581 bezeichnet werden, denn nicht weniger sagenumwoben ist seine Seefahrt.

An dieser Stelle seien noch die Ausführungen von Meyer erwähnt. Dieser erkennt in der Gestalt des Seefahrers Erendil christologische Züge:

> In der Geschichte Earendils zeichnen sich Anklänge an Jesus ab: Beide bitten vor Gott (bzw. vor den Göttern) um Erbarmen für die Menschheit und die Vergebung ihrer Sünden und beide geben dafür ihr Leben, denn Earendil ist es nicht gestattet, nach Mittelerde zurückzukehren. Sein Schiff wird geweiht; Earendil fährt mit ihm in den Himmel hinauf.582

Eine derartige Deutung scheint doch etwas abwegig. Vor allem der Hinweis auf Earendils Himmelfahrt, in diesem Kontext wohl eine Anspielung auf die Himmelfahrt Jesu, wirkt ein gutes Stück weit überinterpretiert. Deutlich näherliegend wäre beispielsweise der Hinweis auf das aus der antiken Mythologie vertraute Narrativ von zu Sternen erhoben Helden. Ein gutes Stück überinterpretiert wirkt auch der vom selben Autor unternommene Versuch, Earendils Himmelfahrt als eine Art Martyrium darzustellen und damit erneut in die Nähe Jesu zu rücken: „Das Martyrium erhob Earendil (wie auch Jesus) zu einer Art Heiligen [...]."583 Shippey ist deutlich zurückhaltender, stellt aber in Bezug auf die Vergebungsbitte des halbmenschlichen Sendboten Earendil „eine etwas entfernte Ähnlichkeit mit dem menschgewordenen, Erlösung verheißenen Christus"584 fest.

3.9 Riten – Grenzen einer Spurensuche

Bei Tolkiens Behauptung, „*Der Herr der Ringe* ist natürlich ein von Grund auf religiöses und katholisches Werk"585, könnte man annehmen, das Lesepublikum erfährt etwas über religiöse Zeremonien. Tolkien stellt aber im gleichen Atemzug sofort klar, dass er mit Absicht

---

581 Schröder, Sanct Brandan, IV.
582 Meyer, Tolkien, 147.
583 Meyer, Tolkien, 148. Neben diesen „Anklängen an Jesus" stellt der Autor Earendil gleichzeitig in eine Reihe mit biblischen Propheten, vgl. ebd., 144ff.
584 Shippey, Autor des Jahrhunderts, 293.
585 Carpenter, Briefe, Nr. 142.

nichts hineingebracht hat, was auf Kulte oder Bräuche hinweisen könnte. „Das einzige Rudiment einer »Religion«", so schreibt er an anderer Stelle, „findet sich in der Danksagung [...] vor dem Essen."⁵⁸⁶ Gemeint ist die folgende kurze Szene:

> Bevor sie sich setzten, wandten Faramir und alle seine Männer für einen Augenblick schweigend das Gesicht nach Western. Faramir gab den Hobbits ein Zeichen, dasselbe zu tun.
> »So halten wir´s immer«, sagte er, als sie sich setzten. »Wir blicken nach Númenor, das war, und darüber hinaus nach Elbenheim, das ist, und nach dem, was hinter Elbenheim ist und immer sein wird. Kennt ihr keine solche Tischsitte?«
> »Nein«, sagte Frodo [...]. »Aber wenn wir zu Gast sind, verbeugen wir uns vor dem Wirt, und wenn wir gegessen haben, stehen wir auf und danken ihm.«
> »Das tun wir auch«, sagte Faramir.⁵⁸⁷

Für die vorliegende Spurensuche nach christlichen Elementen ist diese Danksagung nicht sonderlich ergiebig. Genauso wenig wie die kurze Nebenbemerkung an anderer Stelle des *Legendariums*, in der zu lesen ist, dass der Elb Lindo vor dem Mahl einen Segen über die Speisen spricht.⁵⁸⁸ Tischgebete finden sich nicht nur im Christentum. Damit bleiben die Anrufungen an die engelhaften Mächte noch die deutlichsten Anklänge an Gebete christlicher bzw. katholischer Natur.⁵⁸⁹ Wobei auch dabei einschränkend zugestanden werden muss, dass der Glaube an schützende Mächte kein christliches Spezifikum ist.

Auch bei den anderen Zeremonien stößt die vorliegende Spurensuche rasch an ihre Grenzen und das, obwohl es an Gelegenheiten nicht mangeln würde. Immerhin gäbe es einige Hochzeiten und Begräbnisse, doch ihre Beschreibungen bleiben in den meisten Fällen oberflächlich. Sind diese dann doch ein Stück weit ausführlicher beschrieben, etwa der Leichenzug und die daran anschließende Bestat-

---

586 Carpenter, Briefe, Anm. in Nr. 211. An anderer Stelle bezeichnet Tolkien die Szene als „Andeutung" an eine Religion, vgl. ebd., Anm. in Nr. 153.
587 HdR II, 354f.
588 Vgl. BdVG I, 20. Für die sichere Ankunft wird den Valar gedankt in BdVG II, 83. Ein „Segensspruch", wiederum ohne weitere Erklärung, findet sich auch beim Verstreuen von Galadriels Geschenk in HdR III, 368.
589 Vgl. Kap. 3.7.1 Am Anfang waren die Engel.

tung König Théodens[590], dann sind Interpretation nach christlichen Topoi nicht naheliegend.
Es wird deutlich, dass sich die Bewohner Mittelerdes zu keiner institutionalisierten Religion bekennen. Religiöse Überzeugungen, etwa der Glaube an ein Leben nach dem Tod bzw. die Hoffnung darauf, kommen höchstens in vagen Andeutungen zur Sprache.[591] Shippey bringt es auf den Punkt, wenn er behauptet: „Mit nur wenigen Einschränkungen kann man also sagen, daß die Gesellschaften von Mittelerde insgesamt religionslos sind."[592] Und in Tolkiens eigenen Worten: „Sie hatten wenig oder gar keine »Religion« im Sinne eines Kultes."[593] Damit erübrigen sich auch Kultstätten, in DER HERR DER RINGE wird zwar ein „Heiliger Berg" erwähnt, ohne allerdings zu klären, warum dieser heilig ist.[594] Eine Entsprechung zu christlichen Kirchen gibt es somit nicht.
Gänzlich religionslos ist das *Legendarium* allerdings dann doch wieder nicht. In den Erzählungen abseits von Mittelerde, etwa in Númenor, finden sich sehr wohl Anklänge an Kulte und Kultstätten, allerdings ohne detaillierte Beschreibung. Sie existieren auch dort nur als Randbemerkung und erinnern stark an pagane Religionssysteme, etwa die Eru/Ilúvatar geweihte Stätte am Gipfel des Meneltarma, wo es

---

590 Vgl. HdR III, 305ff.
591 Vgl. Shippey, Autor des Jahrhunderts, 225ff.
592 Shippey, Autor des Jahrhunderts, 229.
593 Carpenter, Briefe, Anm. in Nr. 153. In einem Briefentwurf an den Jesuiten Robert Murray versucht Tolkien, das Phänomen intertextuell zu erklären: „Die Hochelben waren Auswanderer aus dem Segensreich der Götter (und hatten ihren eigenen, elbischen Sündenfall hinter sich), und sie hatten keine »Religion« (oder besser, religiöse Bräuche), denn sie hatten in den Händen der Götter gelegen, die Lobpreisung und Anbetung *Erus*, »des Einen«, *Ilúvatars*, des Vaters von allem, auf dem Berg von Aman." Carpenter, Briefe, Nr. 156. Im selben Brief wird noch ein weiteres Bergheiligtum auf dem Mindolluin erwähnt, vgl. ebd.
594 Vgl. HdR III, 16 u. 88. Die Rede ist von einem Berg namens Halifirien, was soviel wie „Heiliger Berg" bedeutet. Vgl. Foster, Halifirien, in: Mittelerde Lexikon, 338. Shippey schreibt: „Aber wir erfahren nie, für wen oder was der Berg einst ein Heiligtum gewesen ist." Ders., Autor des Jahrhunderts, 226. Die Heiligkeit scheint sich einzig und alleine daraus zu ergeben, dass dort die Grabstätte Elendils lag. Vgl. Foster, Amon Anwar, in: Mittelerde Lexikon, 40f. Immer gelten Grabmähler – zumindes den Númenórern und Elendil war einer von ihnen – als Heiligtümer, vgl. Carpenter, Briefe, Nr. 156. Vgl. Shippey, Weg nach Mittelerde, 253f.

eine Art Erntedank-Kult gibt.[595] In einem Briefentwurf an den Jesuiten Robert Murray schreibt Tolkien:

> So begannen die Númenórer etwas Großes, Neues und Gutes, und zwar als Monotheisten; aber wie die Juden (nur noch stärker) mit nur einem einzigen physischen »Kult«-Zentrum: dem Gipfel des Berges Meneltarma oder »Himmelspfeiler« – ganz wörtlich, denn sie dachten sich den Himmel nicht als Wohnsitz der Götter – in der Mitte von Númenor; aber dort standen keine Gebäude und kein Tempel, weil alle solche Dinge böse Assoziationen hatten.[596]

Diese „bösen Assoziationen" hatten die Inselbewohner zurecht, denn unter dem Einfluss Saurons wird im weiteren Verlauf der Geschichte dann doch noch ein Tempel gebaut, allerdings für Melkor/Morgoth. Dort finden grausame Menschenopfer statt, dieses Heiligtum versinkt später zusammen mit der Insel im Meer.[597] Die Überlebenden Númenórer nehmen keinen Kult nach Mittelerde mit. Tolkien erklärte das mit ihren schlechten Erfahrungen. Somit hat er auch – zumindest für die Abkömmlinge der Númenórer und ihr Einflussgebiet – intertextuell eine Erklärung geliefert, warum die Völker Mittelerdes in DER HERR DER RINGE derart religionslos erscheinen.[598]

---

595   Vgl. SIL, 417.
596   Carpenter, Briefe, 156. „Inmitten des Landes aber ragte ein hoher und steiler Berg auf, welcher der Meneltarma hieß, der Himmelspfeiler, und auf dem Gipfel war eine Stätte, die Eru Ilúvatar geweiht war, offen und ohne Dach; andre Tempel oder Heiligtümer gab es im Land der Númenórer nicht." SIL, 408.
597   Für eine Beschreibung des Tempels vgl. SIL, 428. Menschenopfer werden genannt in SIL, 428 u. 435.
598   Das „[...] war charakteristisch für den Westen und das ganze Gebiet unter númenórischem Einfluß: die Weigerung, irgendeine »Kreatur« anzubeten, schon gar nicht einen »dunklen Herrscher« oder satanischen Dämon, Sauron oder wen auch immer [...]. Sie kannten (stelle ich mir vor) keine Bittgebete an Gott; aber das Rudiment der Danksagung hatte sich erhalten." Carpenter, Briefe, Nr. 156.

4. Parallelwelten – Ausdruck christlichen Glaubens oder Werkzeug des Teufels

Fantasy-Literatur erfreut sich in christlichen Kreisen unterschiedlichster Denomination nicht zwangsweise großer Beliebtheit. Oft ist das genaue Gegenteil der Fall und das Genre ist – vor allem von christlich-fundamentalistischer Seite aus – verschiedensten Angriffen ausgesetzt. Solche Kritik, die oft auf einschlägigen Internetseiten publiziert wird, lehnt entweder einzelne Werke bzw. Reihen ab oder richtet sich generell gegen das Genre als Ganzes. Dabei ist es vor allem die Verwendung von Magie bzw. Zauberei, die für christlich motivierte KritikerInnen den Stein des Anstoßes darstellt. Das Lesepublikum könne dazu verführt werden, die geschilderten magischen Praktiken sogleich in der Realität auszuprobieren. Ein solcher Gebrauch gilt jedoch als unbiblisch.[599]

Ebenso wird gerne das Fehlen von Inhalten des christlichen Glaubens bzw. deren Verfälschung bemängelt oder dass es sich schlicht um eine Welt ohne Gott handelt. Besonders stark fällt die Kritik wohl deswegen aus, weil Fantasy-Literatur gerade im Kinder- und Jugendbuchbereich stark vertreten ist und es somit ein junges Lesepublikum zu schützen gilt.[600] Bekanntes Beispiel für eine derartige Ablehnung ist die siebenteilige Romanreihe HARRY POTTER der englischen Autorin Joanne K. Rowling. Manchen KritikernInnen zufolge verderbe das Lesen dieser Bücher die Jugend, „Verführung zum Satanismus, Verhöhnung des Christentums, Verharmlosung von Okkultismus und Geisterglaube lauten die Vorwürfe."[601]

---

599 Exemplarisch sei auf das Prophetiegesetz in Dtn 18,9–22 hingewiesen, darin werden Praktiken wie etwa Losorakel, Weissagung aus dem Becher, Totenbeschwörung etc. verboten.
600 Vgl. Treusch, Faszination Fantasy, 167f.
601 Aus der Online-Kulturredaktion des deutschen Nachrichtenmagazins *Der Spiegel* mit dem Titel „Kritik an Harry Potter: Das Kreuz mit der Religion", nachzulesen

Besonders heftig werden solche von Gabriele Kuby erhoben, sie ist Mitautorin des im Jahr 2002 im christlichen *Fe-Medienverlag* erschienenen Buches HARRY POTTER – DER HERR DER RINGE. UNTERSCHEIDUNG TUT NOT.[602] Darin werden die beiden Fantasy-Werke direkt hintereinander und unabhängig voneinander behandelt. Schon ein Blick ins Inhaltsverzeichnis genügt, um daraus die Meinung der beiden Autoren abzuleiten. So trägt der erste Teil des Buches den vielsagenden Titel „Harry Potter – Der globale Schub in okkultes Heidentum", demgegenüber steht im zweiten Teil die „Frohe Botschaft aus Mittelerde".

Gleichermaßen für sich sprechend sind die Kapitelüberschriften zu Rowlings Werk, beispielsweise „Eliminierung Gottes und Pervertierung göttlicher Symbole". Für diese erste Buchhälfte über den Zauberschüler zeichnet die genannte Gabriele Kuby, eine gläubige Katholikin, verantwortlich. Lohnend ist ein Blick auf ihre Homepage, dort wird die religiöse Verortung der Autorin deutlich aufgezeigt. Dem biographischen Abschnitt ist zu entnehmen:

> Nach langer Suche auf den Wegen des Zeitgeists ist sie 1997 in die katholische Kirche eingetreten. Ihr erstes Buch Mein Weg zu Maria – Von der Kraft lebendigen Glaubens, ist das Tagebuch ihrer Konversion. Es hat vielen Menschen den Weg zu einem lebendigen Glauben eröffnet. Als Publizistin und Vortragsrednerin zeigt sie die Sackgassen der modernen Gesellschaft auf und den Ausweg durch eine Neubesinnung auf christliche Werte.[603]

Der Autorin scheint die Bekämpfung der Romanreihe jedenfalls ein großes Anliegen zu sein, immerhin hat sie diesem Thema 2003 noch ein weiteres Buch gewidmet, zusätzlich findet sich auf ihrer Homepage eine Liste „10 Argumente gegen Harry Potter".[604]

---

unter: http://www.spiegel.de/kultur/literatur/kritik-an-harry-potter-das-kreuz-mit-der-religion-a-494012.html [abgerufen am 10.08.18]. Vgl. Heidler, Zwischen Magie, Mythos und Monotheismus, 96f.
602 Hageböck / Kuby: Harry Potter – Der Herr der Ringe.
603 http://www.gabriele-kuby.de/person-und-werk/person-und-werk/ [abgerufen am 10.07.16].
604 Vgl. Kuby, Harry Potter – gut oder böse. Vgl. http://www.gabriele-kuby.de/buecher/harry-potter [abgerufen am 10.07.16].

4. Parallelwelten – Ausdruck christlichen Glaubens oder Werkzeug des Teufels

Abbildung 10: Das Buchcover von HARRY POTTER – DER HERR DER RINGE. UNTERSCHEIDUNG TUT NOT *zeigt einen in weißes Gewand gehüllten „verklärten" Gandalf, davor Harry Potter, deutlich zu erkennen an der – wie es im Buch heißt – „Fluchnarbe des Teufels" auf seiner Stirn.*

Aus ihrer Feder stammt noch eine Reihe anderer Werke, die sich mit religiösen Themen auseinandersetzen und wohl ebenso der oben genannten „Neubesinnung" dienen sollen. Gerade einer solchen scheint HARRY POTTER demnach im Wege zu stehen. Mit Joseph Kardinal Ratzinger (später Papst Benedikt XVI.) nennt Kuby auf ihrer Homepage einen prominenten Unterstützer. Als damaliger Präfekt der Glaubenskongregation hätte er ihrer Potter-Kritik Recht gegeben und in einem dort zitierten Schreiben ihre Anstrengungen in dieser Sache gutgeheißen.[605]

Andere vatikanische Stimmen klingen dagegen ganz anders, etwa jene von Msgr. Peter Fleetwood, Mitglied des päpstlichen Kulturrats und Sekretär im Rat der Europäischen Bischofskonferenzen. Er relativiert Ratzingers Schreiben, spricht von einer falschen Interpretation und stellt gleichzeitig fest: „Frau Rowling ist eine überzeugte Christin, vielleicht nicht in dem Sinn, wie sich ein Bischof das wünscht. Sie drückt ihren christlichen Glauben jedoch in ihrem Lebensstill und sogar in ihrer Art des Schreibens aus."[606]

Diese Unbedenklichkeitsbescheinigung teilen jedoch in Rom nicht alle. Das schon mehrfach genannte Nachrichtenportal *kath.net* beschäftigt sich nicht nur mit Tolkien, sondern gleich in mehreren Artikeln mit Rowling (u.a. auch mit Kubys Kritik). In einem dieser Artikel kommt es zu einer weiteren Gegenüberstellung der beiden Romanreihen.[607] Zitiert wird niemand geringerer als der römische „Chef-Exorzist" P. Gabriele Amorth. Sein Resümee ist vernichtend, denn Rowlings Werk trage für ihn die Handschrift des Fürsten der Finsternis. Immerhin, so könnte man annehmen, handle es sich bei einem Exorzisten um einen Fachmann diesbezüglich.

In dem genannten Online-Artikel wird ein weiterer Fachmann zitiert, diesmal mit Edoardo Rialti ein englischer „Literaturexperte", der den Teufel bereits an die Wand malt, indem er „einen signifikanten Anstieg des Interesses an schwarzer Magie und Satanismus bei jungen Potter-Lesern"[608] ortet. Durch die Romanreihe sieht er die moralische Ordnung in Gefahr. Für Tolkien dagegen gelte das nicht. Seine Be-

---

605 Vgl. http://www.gabriele-kuby.de/buecher/harry-potter [abgerufen am 10.07.16].
606 Langer, Unheil aus Hogwart, 19. Msgr. Fleetwoods Stellungnahme führte zu einer Auseinandersetzung mit Kuby, *kath.net* berichtet: http://www.kath.net/news/11066 [abgerufen am 10.08.18]. Unter dem Titel „Vatikan mag Harry P. doch" hat sich die österreichische Tageszeitung *Der Standard* am 19.07.2005 dazu geäußert, vgl. http://derstandard.at/2117669/Vatikan-mag-Harry-P-doch [abgerufen am 10.08.18]. Nach Abschluss der Potter-Reihe sagt Rowling von sich selbst, dass sie ohne konfessionelle Bindung aufgewachsen sei, allerdings bereits als Kind auf der Suche nach Religion war und heute regelmässig in die Kirche geht. Vgl. Rahner, Zauberhafte Ethik, 195.
607 Vgl. http://www.kath.net/news/23440 [abgerufen am 10.08.18].
608 http://www.kath.net/news/23440 [abgerufen am 10.08.18].

gründung lautet, dass man Rowling deswegen nicht mit Tolkien vergleichen könne, weil Zauberei und Magie bei HARRY POTTER als positive Kräfte dargestellt werden. Man kann knapp entgegenhalten, dass in beiden Erzählungen sowohl die positiven als auch die negativen Seiten der Zauberei bzw. Magie behandelt werden. Seine Kritik scheint insgesamt maßlos überzogen.

Nach Durchsicht der zahlreichen *kath.net*-Artikel kann festgestellt werden, dass die HARRY POTTER-Beurteilung der Nachrichtenseite jedoch letztlich weitgehend ausgewogen bleibt. Schließlich kommen bei den zahlreichen „Experten" auch solche zu Wort, die eine positive, oder zumindest neutrale, Bewertung der Romanreihe abgeben. Diese können durchaus aus einem als nicht minder konservativ geltenden Eck kommen, wie die Stellungnahme eines Mitglieds der katholischen Priesterbruderschaft St. Petrus beweist. P. Walthard Zimmer geht mit den Kritikern hart ins Gericht:

> Ich klage alle an, die diese Bücher verurteilen, ohne sie gelesen zu haben. Sie betreiben in sündhafter Weise Rufschädigung, sind unlauter und zu einem gewissen Maße auch verantwortlich für die Konsequenzen, die daraus entstehen.[609]

Für den katholischen Geistlichen könnten als Folge einer solchen „sündhaften Rufschädigung" Kinder in Panikreaktion dazu verleitet werden, dem Glauben den Rücken zuzukehren. Damit verkehrt der Geistliche die Argumentation der Potter-Kritiker genau ins Gegenteil, indem nicht der Inhalt der Bücher, als vielmehr die unsachliche Kritik schuld am Glaubensabfall junger Menschen ist. Zusätzlich dazu habe ein solches Verhalten auch individuelle Konsequenzen, da sich die Kritiker mit ihren Behauptungen vor Gott rechtfertigen müssen.

Insgesamt kann festgestellt werden, dass sich in den Stimmen aus Theologie und (katholischer) Kirche ganz unterschiedliche Standpunkte zur Romanreihe finden. Die Palette reicht von Kubys „Kampfschrift im klassischen Sinn"[610] bis hin zu sehr wohlwollenden Stimmen (vor allem innerhalb der akademischen Theologie), von vereinzelten Büchereiverboten bis hin zu Potter-Gottesdiensten.[611] Zu betonen ist,

---

609 Vgl. http://kath.net/news/2190 [abgerufen am 10.08.18].
610 Langer, Unheil aus Hogwart, 24.
611 Eine Übersicht dieser Stimmen zur „Potter-Problematik" bietet: Langer, Unheil aus Hogwart, in: Dormeyer / Munzel: Faszination Harry Potter, 17–29.

dass die Verteufelungen keinesfalls mehrheitsfähig sind. Vielemehr handelt es sich um eine Art Binnendiskurs christlicher (katholischer) Randgruppen. Auf die Mehrheit der Gläubigen – gar nicht zu sprechen von den Nicht-Gläubigen – wirken sie wohl eher seltsam verschroben.

Tolkien dagegen wurde bzw. wird nicht nur in katholischen Kreisen gelesen und positiv bewertet, sondern erfreut sich auch im evangelikalen Umfeld guter Kritik und einer breiten Rezeptionsgeschichte. Im deutschsprachigen Raum haben im Zuge der Verfilmungen gleich mehrere christliche Medienunternehmen Sekundärliteratur zu Tolkien publiziert. Negative Bewertung aus religiösen Gründen bleibt dabei die Ausnahme. So findet sich beispielsweise auf der Homepage des evangelikalen *Betanien-Verlags* eine 2002 veröffentlichte ablehnende Stellungnahme, in der Tolkien als eine Art Wegbereiter „der dämonischen Welt der Fantasy-Rollenspiele" und der „moralisch dreckigen Welt der Rockmusik" verurteilt wird.[612]

Gerade die positive Aufnahme innerhalb des evangelikalen Rezipientenkreises scheint im ersten Augenblick zu verwundern, denn Tolkien selbst machte jedenfalls kein Hehl aus seiner Ablehnung reformierter Kirchen. Was in diesen strikt verneint wird, beispielsweise die Sonderstellung des Papstes und das katholische Verständnis vom Sakrament der Eucharistie, galt für den überzeugten Katholiken als Selbstverständlichkeit:

> Ich selbst bin überzeugt von den Petrinischen Ansprüchen, und wenn ich mich in der Welt umsehe, scheint mir nicht viel Zweifel möglich zu sein, welches [...] die Wahre Kirche ist [...]. Für mich aber hat jene Kirche, deren anerkanntes Oberhaupt auf Erden der Papst ist, vor allem den Anspruch, die einzige zu sein, die das Heilige Sakrament stets verteidigt hat (und noch immer verteidigt), die ihm die höchste Ehre erwiesen hat und es (wie Christus klar beabsichtigte) an die erste Stelle gerückt hat.[613]

Und noch im selben Brief verwendet Tolkien das Wort „Revolte" anstatt des gängigeren und positiven konnotierten Worts „Reformation". Denn eine Reform, im Sinne einer positiven Erneuerung der Kirche, konnte er in den reformatorischen Vorgängen am Beginn der Neuzeit nicht erkennen.

---

612 Vgl. http://www.betanien.de/verlag/material/material.php?id=20 [abgerufen am 10.08.18].
613 Carpenter, Briefe, Nr. 250.

Im Folgenden soll der Frage nachgegangen werden, warum Tolkien eine so große Anziehungskraft im christlichen Milieu hat. Im Anschluss daran werden exemplarisch ein paar Verlage aus dem deutschsprachigen Raum mit ihren Publikationen kurz vorgestellt.

4.1 Gründe für Tolkiens Beliebtheit

Selbstverständlich erfreut sich Tolkiens Werk nicht ausschließlich im christlichen Milieu großer Beliebtheit. Warum er aber nun gerade dort eine so breite und positive Rezeptionsgeschichte erfahren hat, mag wohl zu zuallererst daran liegen, dass der Autor kein Geheimnis aus seiner religiösen Einstellung macht und offen darüber spricht, was in seinen Briefen zum Ausdruck kommt: „[…] ich bin Christ (was man aus meinen Geschichten erschließen kann), genau gesagt, Katholik."[614]

Rowling dagegen verhielt sich in Bezug auf Informationen zu ihrem Privatleben generell eher zurückhaltend, besonders reserviert aber gegenüber Fragen nach ihrer religiösen Zugehörigkeit.[615] Diese Tatsache alleine machte sie wohl für bestimmte (fundamentalistische) Kreise verdächtig. Bereits die Einleitung zu HARRY POTTER – DER HERR DER RINGE. UNTERSCHEIDUNG TUT NOT macht deutlich, wie wichtig die religiöse Zugehörigkeit für die Bewertung der beiden Romanreihen ist, immerhin wird gleich zu Beginn darauf eingegangen:

> J. R. R. Tolkien war ein katholischer Christ, der täglich zur Messe ging und den Rosenkranz betete. […] Von J. K. Rowlings weiß man nur, dass sie ganz sicher nichts mit Gott im Sinn hat.[616]

Diese Be- bzw. Verurteilung verdankt Rowling wohl der erwähnten Zurückhaltung. Inzwischen hat sie sich im Übrigen eindeutig zu ihrer religiösen Zugehörigkeit geäußert und KritikerInnen Lügen gestraft. In einem 2007 veröffentlichen Interview sagte sie: „Ja, ich glaube. Und, ja,

---

614 Carpenter, Briefe, Nr. 213. Umgekehrt könnte ein Teil der Kritik an Tolkiens Werk eigentlich seinem Katholizismus gelten, wenngleich dies offen nicht ausgesprochen wird. Vgl. Shippey, Autor des Jahrhunderts, 367.
615 Vgl. Ciaccio, Harry Potter trifft Gott, 122f.
616 Hageböck / Kuby: Harry Potter – Der Herr der Ringe, 11.

ich gehe in die Kirche. In eine evangelische Gemeinde hier in Edinburgh."[617]

Neben dem Bekenntnis des Autos wird von einem christlichen Rezipientenkreis ein Werk natürlich dann positiv aufgenommen, wenn es deutlich erkennbare christliche Elemente enthält, beispielsweise einen entsprechend geformten Tugendkatalog oder Versatzstücke christlicher Ikonographie. Gerade solche Komponenten kann man, wie Tolkien selbst schreibt, aus seinem Werk heraus erschließen.

Generell gilt für Fantasy-Literatur, dass diese dem Bedürfnis des Lesepublikums nach Realitätsüberschreitung und Metaphysik entgegenkommt.[618] Wenn es nun auch noch gelingt, das Vorhandensein höherer Mächte etc. mit den eigenen christlichen Glaubensvorstellungen in Einklang zu bringen oder zu assoziieren, ob völlig zurecht oder auch nicht, trägt das zur positiven Resonanz bei. So wird es einem entsprechend vorgebildeten RezipientenInnenkreis nicht schwerfallen, in der Wiederkehr Gandalfs christologische Züge auszumachen. Dabei spielt es offensichtlich keine allzu gewichtige Rolle, ob diese Erlöserfigur – wie im genannten Beispiel – ebenso deutlich Züge nordischer Mythologie erkennen lässt.

Zur positiven Aufnahme hat außerdem die Identifikationsmöglichkeit mit dem den Werken zugrundliegenden Weltbild beigetragen. Dabei werden gleich mehrere Komponenten als übereinstimmend erfahren. Ganz zentral und deswegen an erster Stelle zu betonen ist, dass Tolkiens *Legendarium* ganz wesentlich von der Gut-Böse-Dichotomie bzw. vom latenten Dualismus geprägt ist.[619]

In dieser Welt stellt das Böse nicht einfach nur eine abstrakte Gefahr dar, sondern tritt meist ganz konkret als personales und damit gleichzeitig (an)fassbares Böses in Erscheinung, nämlich in Form dunkler dämonischer Mächte und ihrer Helfer. Damit teilt Tolkiens Universum die Weltsicht evangelikaler Gemeinschaften bzw. als konservativ oder gar fundamentalistisch geltender katholischer Randgruppen. In der katholischen Kirche sind das entweder noch sehr stark in der Volksfrömmigkeit verwurzelte Menschen, mehrheitlich aber Gruppierungen, die einem ihrer Meinung nach „weichgespülten" Glauben

---

617 Ciaccio, Harry Potter trifft Gott, 122. Vgl. Rahner, Zauberhafte Ethik, 195.
618 Treusch, Faszination Fantasy, 172.
619 Vgl. Kap. 3.4 Ein latentes dualistisches Weltbild.

ablehnend gegenüberstehen. Sie sehnen sich zurück in die vermeintlich besseren Zeiten vor dem II. Vatikanischen Konzil (1962–1965) oder sogar noch weiter zurück in die Vergangenheit, als auch die Rede vom leibhaftigen Teufel und seinem Einfluss noch verbreitet(er) war. Denn ansonsten wird in der katholischen Kirche heute kaum mehr, noch viel weniger unter den sogenannten „einfachen" Christen, über das personale Böse gesprochen. Um es kurz zu sagen: Die Welt steht heute für die große Mehrheit der Gläubigen nicht mehr derartig stark unter dem Einfluss des Satans, als sie es in der Vergangenheit tat. Denn die breite katholische Theologie hat sich allem Anschein nach – zumindest in Europa – weitgehend von einem solchen Weltbild verabschiedet. Hat sie vor dem genannten Konzil noch häufiger vom Teufel und seinen Dämonen gesprochen, so haftet dem Bösen heute eher etwas Irrationales an. Als personale Geistwesen werden Engel, weder die guten, noch ihre „gefallenen" Geschwister, kaum noch wahrgenommen.[620]

Zu ergänzen ist, dass ausgerechnet Papst Franziskus als Ausnahme gilt, der heute wieder offensiver vom Teufel spricht. Das liegt mit Sicherheit an seiner Herkunft, denn in Südamerika ist die Rede über den Einfluss des Bösen noch nicht in gleicher Art und Weise in den Hintergrund gedrängt worden wie hier in Europa. Nimmt das Oberhaupt der katholischen Kirche das Thema allerdings auf, sorgen seine Reden hierzulande für Irritationen, so etwa bereits kurz nach seiner Wahl zum Papst, als er mit einem Wort von Léon Bloy aufhorchen ließ: „Wer nicht zum Herrn betet, betet zum Teufel." Der sprechende Titel eines Artikels aus der österreichischen Tageszeitung DIE PRESSE dazu lautete: *Der Papst und der Teufel: Franziskus im Minenfeld*.[621]

Berührungsängste mit der Rede über den Teufel kennt das Oberhaupt der katholischen Kirche nicht, bereits als Kardinal stellte er fest,

---

620 Vgl. Kunzler, Engel. VI. Praktisch-theologisch, in: LThK 3, 651f.
621 Online nachzulesen unter: http://diepresse.com/home/panorama/religion/13571 72/Der-Papst-und-der-Teufel_Franziskus-im-Minenfeld [abgerufen am 10.08.18].

dass der Teufel kein Mythos sei, sondern eine real existierende Person und der schlimmste Feind der Kirche.[622]

Die Rede und die damit verbundene Vorstellung vom allgegenwärtigen personalen Bösen, wie wir es aus dem Narrativ Mittelerdes kennen, ist in religiöse Randgruppen ausgewandert. Hinzu kommt die Vorstellung, dass der harte Kampf gegen dieses Böse und das damit verbundene Opfer am Schluss nicht umsonst sein wird. Auch in diesem Punkt wird Tolkien als übereinstimmend mit der eigenen Weltdeutung erfahren. Denn für DER HERR DER RINGE gilt ähnliches wie für die Bibel, gemeint ist hier vor allem die OFFENBARUNG DES JOHANNES: Ist das Böse erst geschlagen, werden die siegreichen Guten am Schluss belohnt. Ganz im Sinne des sprichwörtlichen „Ende gut, alles gut".

Analog zur biblischen Überlieferung sind es wenige, die dafür umso entschlossener auftreten sollen. Ein Inhalt, der sich für eine Randgruppe, die einer andersdenkenden Mehrheit gegenübersteht, ideal zur Identifikation und Instrumentalisierung eignet. Für diese besteht kein Zweifel daran, dass der Sieg letzten Endes gewiss ist, wenngleich das Böse oftmals hoffnungslos überlegen scheint. Somit gilt im realen Leben das Gleiche wie in den fiktiven Abenteuern: Durchhalten in einer Welt mit all ihren Unwägbarkeiten und den ständig am Weg lauernden Versuchungen widerstehen. Nur allzu leicht gerät man dabei auf Abwege, verfällt der Begierde nach Macht, Reichtum etc. Einen einfachen Weg versprechen Tolkiens Helden nicht, denn der Teufel kann schließlich überall lauern.

Zusätzlich kommt es besonders entgegen, wenn nicht nur die klassischen, geradezu idealtypisch gezeichneten Helden die Machtbarkeit der Aufgabe vermitteln. Denn neben diesen Heroen, die natürlich nicht fehlen dürfen, bieten sich dem Lesepublikum Identifikationsfiguren mit einer ganz anderen Form des Heldentums an. Bilbo etwa, „ein Jedermann mit ganz und gar unheldischen Eigenschaften: prominent sind seine geringe Körpergröße (und -kraft), und seine Freude am be-

---

622 Vgl. den Artikel „Warum spricht der Papst so oft vom Teufel?" am Nachrichtenportal *kath.net*, in dessen Leserschaft sich wie bereits festgestellt mehrere Tolkien Anhänger befinden: http://www.kath.net/news/47074 [abgerufen am 10.08.18].

quemen Leben, an gutem Essen und Trinken und seinem Pfeifchen."[623]
Wenn auch unfreiwillig, so wird Bilbo dennoch zur eigentlichen Zentralfigur in DER HOBBIT. Gleiches gilt für die Hobbits aus DER HERR DER RINGE, allen voran Frodo und Sam. Sie können eben gerade aufgrund ihrer Unvollkommenheit als Identifikationsfiguren bzw. Vorbilder dienen, ihre nur allzu menschlichen Schwächen machen sie sogar zu Sympathieträgern.

Die Helden sind dabei zum überwiegenden Teil männlich, während Frauengestalten, mit nur ganz wenigen Ausnahmen, entweder unnahbar überhöht werden oder als passive und duldsame Gestalten auftreten. Man könnte gerade bei den Zweitgenannten von Frauen mütterlichen Typs sprechen, die einer „traditionellen" Rollenverteilung folgen, wie wir sie aus Tolkiens Biographie kennen und die natürlich auch seiner Zeit geschuldet ist. Das muss nicht abschrecken, im Gegenteil: Für so manche der genannten Randgruppen scheint ein solches (rückwärtsgewandtes) Frauenbild auch heutzutage noch erstrebenswert.

Zur Beliebtheit innerhalb des christlichen Lesepublikums mag auch das bereits konstatierte Fehlen explizierter Sexualität beitragen. Dem eigenen Moralkodex kommt das Vorkommen romantischer, „echter" Liebe, die einem strengen Sittenbild folgt und in Monogamie mündet, entgegen. Beziehungskrisen, Ehestreit oder gar Trennungen kennen die Romane nicht. Überhaupt fehlt es an Anstößigem, Schimpfwörter sucht man vergebens. Gewalt ist zwar als spannungssteigerndes Element vorhanden, wird jedoch als *Ultima Ratio* angewendet und ist – zumindest in Teilen – Gegenstand kritischer Reflexion.[624] Somit findet sich nichts, was als anrüchig bzw. störend empfunden werden könnte.

Hinzu kommt ein weiterer nicht zu unterschätzender Faktor. Die christlichen Interpretationsversuche haben schon mit der Veröffentlichung von DER HERR DER RINGE eingesetzt, eigentlich sogar bereits

---

623 Petzold, Mittelerde, 89.
624 Die Verfilmungen weichen diesbezüglich ein gutes Stück ab. Regisseur Jackson legt viel Wert auf aufwändig inszenierte gigantische Schlachten. Er fügt sogar frei erfundene Gewaltszenen hinzu und verzichtet auf kritische Gegenansichten. Vgl. Van de Bergh, Mittelerde, 120f.

davor. Immerhin assoziierte Tolkiens enger Freund, der Jesuitenpater Robert Murray, der das Werk zur Kritik noch vor Erscheinen gelesen hatte, die Gestalt Galadriel sogleich mit der Gottesmutter Maria.[625] Diese Tatsache sollte man insofern nicht ignorieren, da die Frage nach dem Ausfallen einer Bewertung wohl auch im Zusammenhang damit steht, wer sich zuerst auf ein Werk stürzt und in welcher Form das geschieht. Gilt ein Werk einmal als christlich geprägt bzw. als von positivem Einfluss, wird es einen solchen Stempel nicht mehr allzu leicht los.[626] Das gilt umgekehrt genauso, wie etwa im Fall HARRY POTTER. Eine einmal festgestellte christliche Prägung kann aber mitunter dazu führen, dass christliche Elemente auch dort entdeckt werden, wo sie eigentlich nicht vorhanden sind. Die Neigung zur christlichen Überinterpretation ist eine logische Konsequenz daraus.

Als weiterer Umstand für die positive Rezeption sei angeführt, dass Tolkien mit dem Element der Magie bzw. Zauberei sehr sparsam umgeht und diese Kräfte Teil einer prämodernen, mittelalterlich angehauchten Welt sind. Demnach ist Magie nicht in einer Art *Hogwarts-Schule für Hexerei und Zauberei* erlernbar, noch ist sie Teil unserer modernen Gegenwart. Damit fällt der gegen Rowlings Werk erhobene Vorwurf, die Jugend werde durch das Lesen ihrer Bücher zur Ausübung schwarzer Magie verführt, weg.

4.2 Sekundärliteratur christlicher Verlagshäuser

Mit der neu entfachten Begeisterung im Zuge der Filmpremieren rückte Tolkien in das Blickfeld christlicher Verlagshäuser. Die Breitenwirksamkeit der Filme hat auch im deutschsprachigen Raum dazu beigetragen, dass mehrere Bücher mit Sekundärliteratur zu Tolkien auf den Markt gekommen sind. In diesem Zusammenhang sei nochmals auf das 2002 erschienene Buch HARRY POTTER – DER HERR DER RINGE. UNTERSCHEIDUNG TUT NOT verwiesen, dessen zweiter und weitaus umfangreicherer Teil sich vollends um DER HERR DER RINGE dreht.

---

625 Vgl. Carpenter, Briefe, Nr. 142.
626 Wenngleich es auch von Beginn an kritische Einwände von katholischer Seite gab, so etwa von Peter Hastings, Leiter einer katholischen Buchhandlung in Oxford. Vgl. Carpenter, Briefe, Nr. 153. Vgl. Shippey, Weg nach Mittelerde, 298f.

Auf Gabriele Kubys Anklage von Rowlings Werk folgt Michael Hageböcks Tolkien Analyse. Diese erweckt den Eindruck, dass eine christliche Lesart des DER HERR DER RINGE die einzig richtige Interpretation sei. Aus seiner Intention macht Hageböck kein Hehl, er fordert dazu auf, Tolkiens „Œuvre als missionarische Chance zu begreifen", um damit „den Neuheiden die Frohbotschaft" zu verkünden.[627]

Das Buch insgesamt wirkt wie ein Ratgeber für besorgte Eltern, die mit der „Pottermania" und/oder dem „Tolkien-Hype" ihrer Kinder nicht so recht etwas anzufangen wissen. Es fügt sich damit gut in das Sortiment des *Fe-Medienverlags*, der, wie der Homepage zu entnehmen ist, helfen will, „sich in Gesellschaft und Kirche besser orientieren zu können."[628]

Um dieses Ziel zu verwirklichen, so ist gleich darunter nachzulesen, bietet der Verlag „Bücher gegen den Zeitgeist". Schon aus der Art der Formulierung wird deutlich, an welche Leserschaft sich das Verlagsprogramm richtet, denn immerhin wird der Begriff „Zeitgeist" gerade im christlich-konservativen Milieu oft und gerne als stark negativ beleumundetes Schlagwort verwendet. In einem solchen Zusammenhang findet man ihn auch auf Kubys Homepage.[629]

Der Leitspruch des Verlags, „Medien, die die Welt katholisch sehen"[630], zeigt sodann deutlich, dass man sich innerhalb des katholischen Spektrums bewegt bzw. bewegen möchte. Ein Buch über Tolkien bietet sich bei dessen Biographie und Weltbild natürlich an. Als Konservativer galt Tolkien immerhin schon zu Lebzeiten, denn manche seiner Standpunkte, etwa zur Sexualität, waren bereits in der damaligen Gesellschaft in Auflösung begriffen. Viel stärker aber gilt das noch für heute, wo Teile von Tolkiens Ansichten geradezu antiquiert wirken, oder anders gesagt: gegen den Zeitgeist gerichtet. Dabei darf man allerdings nicht aus den Augen verlieren, dass er nun einmal ein Kind seiner Zeit ist. Man denke etwa an sein Frauenbild, welches heute – vielleicht einmal abgesehen von genannter konservativer Minderheit –

---

627 Vgl. Hageböck / Kuby: Harry Potter – Der Herr der Ringe, 184.
628 http://www.fe-medien.de [abgerufen am 10.08.18].
629 Über Kuby steht dort zu lesen: „Nach langer Suche auf den Wegen des Zeitgeists ist sie 1997 in die katholische Kirche eingetreten." http://www.gabriele-kuby.de/person-und-werk/person-und-werk/ [abgerufen am 10.07.16].
630 Vgl. http://www.fe-medien.de [abgerufen am 10.08.18].

(selbst) innerhalb der katholischen Kirche nicht mehr mehrheitsfähig ist.

4.2.1 Tolkiens „geheime" biblische Botschaft

Im deutschen Verlag *Christliche Literatur-Verbreitung* (CLV) ist 2001 DER RING UND SEIN GEHEIMNIS der beiden Autoren Kurt Bruner und Jim Ware erschienen. Ein am Buchcover abgebildeter Filmstreifen mit der Aufschrift „Aktuell zu: DER HERR DER RINGE" verrät bereits, dass die Veröffentlichung zum Filmstart erfolgte. Es handelt sich bei dem Werk um eine Übersetzung aus dem Englischen mit dem weitaus sprechenderen Originaltitel: FINDING GOD IN THE LORD OF THE RINGS.

Der CLV-Homepage[631] ist zu entnehmen, dass es sich nicht um einen Verlag im herkömmlichen Sinne handelt, sondern CLV seit 1983 als gemeinnütziger „evangelistischer" Verein besteht, der somit dem sogenannten evangelikalen bzw. freikirchlichen Umfeld zuzuordnen ist. Gewinne werden, so heißt es dort, entweder für weitere Projekte oder für die Mission eingesetzt. Ziel sind niedrige Preise und hohe Auflagen, um damit vor allem junge Menschen zu erreichen. Die Arbeit wird, neben ehrenamtlich Tätigen, von fünf hauptamtlichen Mitarbeitern erledigt. Im Sortiment befinden sich verschiedenste Bücher rund um christliche Themen, der Schwerpunkt liegt dabei auf Biblischem, es finden sich aber auch Biographien und Romane darunter. Dass ein Buch zu DER HERR DER RINGE gedruckt wurde, ist sicher auch der besonderen Ausrichtung hin auf Jugendarbeit geschuldet.

---

631 Vgl. www.clv.de [abgerufen am 10.08.18].

4. Parallelwelten – Ausdruck christlichen Glaubens oder Werkzeug des Teufels

Abbildung 11: *Der Filmstreifen am Buchcover von* Der Ring Und Sein Geheimnis *zeigt, dass man vom Start der Leinwandversion profitieren will.*

Der Titel suggeriert, dass es in Tolkiens Werk eine Art Geheimnis gäbe, welches in dem Buch aufgedeckt wird. Der deutsche Titel ist dabei allerdings irreführend, denn geheime Botschaften werden in dem Buch nicht entschlüsselt. Zur Intention des Autorenduos verrät die Einleitung Folgendes:

> Wir haben dieses Buch geschrieben, um Hilfestellung zu geben, die reiche Struktur der Fantasiewelt Tolkiens als eine Art christlichen Weltverstehens zu begreifen. Jede Reflektion beginnt mit einer Szene oder einem

Thema des Abenteuers, die eine Wahrheit oder Einsicht für unser heutiges Leben aufzeigt.[632]

Diese „Reflektionen" dienen als Kapiteleinteilung, die in jeweils zwei annähernd gleichlange Abschnitte gegliedert sind. Begonnen wird mit der Nacherzählung eines Ausschnitts aus DER HERR DER RINGE. Darauf folgt ein Teil mit Bibelstellen, die in einen Bezug mit der zuvor beschriebenen Handlung gestellt werden. Kurz gesagt: Es werden inhaltliche Parallelen zwischen Tolkiens Werk und der Bibel gezogen.

So ist beispielsweise der Abschnitt über den Anfang des Abenteuers, kurz vor dem Aufbruch aus dem Auenland, mit „Die Berufung" betitelt. In verschiedenen Bibelstellen aus dem ALTEN und dem NEUEN TESTAMENT werden nun unterschiedlichste Berufungsgeschichten mit der Situation des Hobbits Frodo parallelisiert. Wie die einfachen Fischer in der Nachfolge Jesu (Mt 4,18–20) nicht mit all dem Folgenden gerechnet haben können, so trifft es Frodo ebenso aus heiterem Himmel und das, obwohl er auf den ersten Blick ähnlich den Fischern so gar nicht für Abenteuer gemacht scheint.

Am Ende eines jeden zweigeteilten Kapitels folgt unter der Überschrift „Zum Nachdenken" ein kurzer Impuls. Zur Berufung ist dort beispielsweise zu lesen: „Der Ruf, Christus zu folgen, ist ein Ruf ins Abenteuer – ungelegen, gebieterisch und unwiderstehlich."[633] Das Buch will dazu einladen, „nachzudenken über die christlichen Themen, die sich überall im *Herrn der Ringe* finden."[634]

Kritik an dem Buch kam ausgerechnet aus den eigenen Reihen, nämlich von Seiten eines anderen deutschen evangelikalen Medienhauses, zu finden auf der Homepage des *Betanien-Verlags*.[635] Dort liest man eine der wenigen religiös motivierten negativen Stellungnamen zu Tolkiens Werk. In einer Nachbemerkung dieser Stellungname heißt es:

---

632 Bruner / Ware, Der Ring, 11.
633 Bruner / Ware, Der Ring, 26.
634 Bruner / Ware, Der Ring, 12.
635 Vgl. http://www.betanien.de/verlag/material/material.php?id=20 [abgerufen am 10.08.18].

„Mit dem Herausgeber des Buches „Der Ring und sein Geheimnis" (CLV) sind wir freundschaftlich und geistlich verbunden, wenngleich wir die Herausgabe dieses Buches bedauern."[636]

4.2.2 Lebensratgeber mit Bibelzitaten

Im christlichen Verlagshaus *Gerth Medien* sind im Zuge der Kino-Trilogie gleich zwei Bücher zu Tolkien erschienen. Es handelt sich in beiden Fällen um Übersetzungen aus dem Englischen: 2002 erschien TOLKIENS GANZ GEWÖHNLICHE HELDEN[637] von Mark Eddy Smith, 2003 UNTERWEGS MIT FRODO[638] von Sarah Arthur.

Bei dem Verlag handelt es sich um einen christlichen Verlag aus dem deutschsprachigen Raum mit dem selbsterklärten Ziel „Menschen Ausrichtung, Inspiration und Hilfe für einen lebendigen Glauben und praktische Antworten auf Lebensfragen zu geben."[639] Neben Büchern findet sich im Sortiment eine breite Palette an Musik und Filmangebot.

Der Untertitel verrät, dass im Mittelpunkt des vorliegenden Buches die in den Romanen vorkommenden Tugenden und Werte aufgearbeitet werden. Insgesamt sind es 30 davon, gleich zu Beginn beispielsweise „Einfachheit" gefolgt von „Großzügigkeit", die einzeln vorgestellt werden. Anhand ausgewählter Figuren und Textstellen werden diese unter Zuhilfenahme biblischer Bezüge aufgearbeitet. Das Lesepublikum wird dabei angeleitet, über sich selbst und das eigene Leben nachzudenken. TOLKIENS GANZ GEWÖHNLICHE HELDEN kann deswegen wohl als eine Art christlicher Lebensratgeber bezeichnet werden.

---

636 http://www.betanien.de/verlag/material/material.php?id=20 [abgerufen am 10.08.18].
637 Engl. Originaltitel: Tolkien's Orinary Virtues (2002).
638 Engl. Originaltitel: Walking with Frodo (2003).
639 http://www.gerth.de/index.php?id=ueber-uns [abgerufen am 10.08.18].

4.2 Sekundärliteratur christlicher Verlagshäuser

Abbildung 12: Passend zum Buchtitel von TOLKIENS GANZ GEWÖHNLI-CHE HELDEN sind die Identifikationsfiguren am Cover abgebildet.

Das Lesepublikum soll sich im Idealfall die behandelten Tugenden aneignen. Bei dem Autor selbst jedenfalls scheint Derartiges geklappt zu haben. Er wurde von Tolkiens Werk tief berührt und versucht nun, diese Erfahrung in seinem Buch zu verarbeiten und gleichzeitig an das Lesepublikum weiterzugeben:

> Und je älter ich werde und je mehr ich über mich erfahre, desto klarer wird mir, dass viele meiner Ansichten über Gut und Böse, Richtig und Falsch in dieser Welt auf dem fruchtbaren Boden des Auenlands und in dem hohen Turm von Minas Tirith entstanden ist. […]

4. Parallelwelten – Ausdruck christlichen Glaubens oder Werkzeug des Teufels

In Mittelerde habe ich ein Übungsfeld entdeckt, einen Ort, an dem ich mir Tugenden wie Weisheit, Freundlichkeit, Gnade und Liebe aneignen kann, an denen es bei mir noch fehlt.[640]

Diese Wirkung schreibt der Autor der Tatsache zu, „dass Gott beim Verfassen von »Der Herr der Ringe« seine Hand mit im Spiel hatte."[641] Durch diese Feststellung gewinnt man leicht den Eindruck religiösen Überhöhung. Man muss Smith allerdings insofern Recht geben, als dass Tolkien sein Schreiben selbst als eine Art religiösen Vollzugs verstanden hat, ohne dabei gleich an göttliche Inspiration wie im Fall der Evangelien zu denken.

Abbildung 13: Inspirierende Gedanken verspricht der Buchtitel am Cover von Unterwegs mit Frodo.

---

640 Smith, Tolkiens Helden, 11f.
641 Smith, Tolkiens Helden, 12.

Inspirierende Gedanken verspricht auch der Untertitel von UNTERWEGS MIT FRODO. Ungewöhnlich an dem Buch ist vor allem die Intention der Autorin, die ihr Werk als „Andachtsbuch" verstanden haben will. Wer sich jetzt ein Gebetsbuch erwartet, der könnte enttäuscht werden, denn Gebete finden sich darin keine. Vielmehr soll das Buch das Lesepublikum dazu anregen, über verschiedenste Entscheidungen des täglichen Lebens nachzudenken. Dazu heißt es in einer Vorbemerkung mit dem Titel „Wie dieses Buch gedacht ist":

> Dies ist ein Andachtsbuch. Das bedeutet, es gibt einen Text, der auf einem Thema aus »Der Herr der Ringe« basiert, gefolgt von einer passenden Bibelstelle und dann Fragen zur Vertiefung.[642]

Insgesamt 18 solcher Andachten finden sich in dem Buch. Übertitelt sind diese beispielsweise mit „Die Wahl zwischen Dunkelheit und Licht" oder „Die Wahl zwischen Stolz und Demut". Die Autorin versucht in ihren Texten, Bezüge zwischen den fiktiven Abenteuern und den Alltagserfahrungen des Lesepublikums herzustellen. Diese Verknüpfung funktioniert vor allem durch die Rubrik „Weiterführende Fragen" am Ende jeder Andacht. Zur „Wahl zwischen Dunkelheit und Licht" findet sich dort:

1. Welche Hinweise auf die Mächte der Finsternis siehst du in deinem täglichen Leben – Mächte, die in unserer Welt am Werk sind?
2. Gibt es Personen in deinem Freundeskreis oder in deiner Familie, die diese Tatsache ignorieren?
3. Wer ist angesichts dieser Bedrohung in Lähmung, Verzweiflung oder Erschöpfung verfallen?
4. Wer scheint sich zur dunklen Seite hingezogen zu fühlen?
5. Was wirst du nun tun?[643]

Die abschließende Frage ist dabei immer dieselbe. Weiterführende Bibelstellen zum Selbststudium sind ebenso in jeder Andacht enthalten.

Arthurs Buch reiht sich in die lange Reihe am Markt vorfindbarer Lebenshilfeliteratur ein, indem die Probleme von Tolkiens fiktiver Welt dazu verwendet werden können, sich mit der persönlichen Le-

---

642 Arthur, Unterwegs mit Frodo, 15.
643 Arthur, Unterwegs mit Frodo, 21.

benswelt und ihren Schwierigkeiten auseinanderzusetzen. Tolkien ist ein mit Sicherheit ungewöhnlicher Aufhänger für Ratgeberliteratur, dem selbsterklärten Ziel des Verlags, nämlich Antworten auf Lebensfragen zu geben, scheint er zu entsprechen.

Das Buch ist der zuvor vorgestellten Publikation aus dem Hause *Gerth Medien* insofern recht ähnlich, da beide Werke Handlungsfäden aus DER HERR DER RINGE aufgreifen, um sie mit Bibelstellen zu kombinieren.

4.2.3 Esoterische Führer durch Mittelerde

Ebenso zum Kinostart ist 2001 im *Neue Erde Verlag* DIE ENTDECKUNG VON MITTELERDE[644] erschienen, die Übersetzung eines kurz nach Tolkiens Tod 1974 erstmals erschienen Buches der niederländischen Esoterikerin Mellie Uyldert (1908–2009). Aus ihrer Feder stammen eine Vielzahl an Publikationen, die den Bereichen Astrologie, Alternativmedizin und New Age zuzuordnen sind.[645]

Es ist daher nicht weiter verwunderlich, dass die deutsche Übersetzung nicht in einem dezidiert christlichen Medienhaus erschienen ist. *Neue Erde* ist ein deutscher Kleinverlag, den laut Selbstbeschreibung sein „Bekenntnis zu einer erdverbundenen und lebensbejahenden Spiritualität"[646] ausmacht. Im Programm finden sich Bücher zu Geomantie, Runen und zur Naturspiritualität ebenso wie zur Steinheilkunde, chinesischen Medizin und zu Engeln.

---

644 Niederländischer Originaltitel: Symboliek van Tolkien's In de ban van de ring (1974). Bei der deutschen Ausgabe handelt es sich nicht um eine Erstveröffentlichung, sondern um einen Nachdruck von 1980, erschienen im *Mutter Erde Verlag*.
645 Aus dieser Vielzahl seien exemplarisch drei ihrer Werke genannt: Kosmische Zusammenhänge – Grundlagen der Astrologie, Verborgene Kräfte der Edelsteine, Der Lebensrhythmus.
646 http://neueerde.de/der-verlag [abgerufen am 10.08.18].

4.2 Sekundärliteratur christlicher Verlagshäuser

Abbildung 14: Den Blick in ihre ungewisse Zukunft richten die Abenteurer am Buchcover von Die Entdeckung von Mittelerde.

Uylderts Tolkien-Buch ist eine Fundgrube an (esoterischen) Verschwörungstheorien. In wenigen Sätzen zusammengefasst: Staat, Banken, Konzerne, Medien, Bildungseinrichtungen und andere Institutionen kommen nicht gut weg. Diese Einrichtung verkaufen uns Menschen für dumm und lenken uns ganz gezielt, etwa durch Drogen, Vergiftung unseres Trinkwassers und „Psychopolitik". Alle diese Dinge werden nun in Bezug zu den dunklen Mächten aus Mittelerde gesetzt:

> Gewöhnliche Menschen sollten sich einmal fragen, über welche Waffenrüstung sie im Augenblick verfügen? [...] Mache dich einmal von der materiellen Welt los, sieh nicht fern, lies keine Zeitung oder Wochenblätter, die zum größten Teil von Saurons Dienern gefüllt werden. Indem wir sei-

ne negativen Gedanken verbreiten, werden wir schon zu seinen Helfern!⁶⁴⁷

Wie Tolkiens Helden, für die nebenher noch Sternzeichen und Aszendenten entworfen werden, befinden auch wir uns laut der Autorin gerade in einer Art Endzeit, die nun allerdings schon eine ganze Weile andauert, immerhin stammt die niederländische Erstauflage aus dem Jahr 1974.

Tolkiens DER HERR DER RINGE dient ihr als Vehikel zur Verbreitung dieser esoterischen Vorstellungen. Für die christliche Rezeptionsgeschichte ist das Werk nur insofern von Interesse, da mancherorts mit der Bibel operiert wird, zum Beispiel indem Anspielungen zur OFFENBARUNG DES JOHANNES eingestreut werden. Christliche Vorstellungen werden mit alternativen religiösen Ansichten zu einem bunten Synkretismus vermengt. Das Buch ist in seiner Gesamtheit ein hervorragendes Beispiel für die Instrumentalisierung von Tolkiens Werk. Ein so strenger Katholik wie Tolkien einer war, hätte wohl wenig Freude an einer derartigen esoterischen Vereinnahmung gehabt.

Noch von weitaus deutlicherer esoterischer Verbrämung ist der Inhalt des 2010 im deutschsprachigen Raum erschienen Buches GANDALFS KAMPF AUF DER BRÜCKE IN DEN MINEN VON MORIA. Das englischsprachige Original ist bereits 2002 erschienen.⁶⁴⁸

Das Buch wird vom *Michaels Verlag* vertrieben. Hinter dem nach dem Erzengel Michael benannten Verlag steckt, anders als vielleicht der Name vermuten lassen würde, kein dem christlichen bzw. evangelikalen Bereich zuordnenbarer Verlag. Zwar finden sich im Sortiment Artikel wie etwa Christenfisch-Aufkleber oder nach der Hl. Hildegard von Bingen benannte Ohrenkerzen, daneben gibt es aber noch die unterschiedlichsten Bücher und Produkte, die in den weiten Bereich der Esoterik gehören, beispielsweise ein Lexikon über Heilsteine, Düfte und Kräuter oder Sonnenamulette.⁶⁴⁹

Einen solchen bunten Mix unterschiedlicher religiöser Versatzstücke bietet auch das vorliegende Buch. Bezüge zum Christentum lassen sich zwar finden, etwa die verwendeten Bibelzitate, doch sind diese

---

647 Uyldert, Entdeckung von Mittelerde, 47.
648 Engl. Originaltitel: Gandalf´s battle on the bridge in the mines of Moria (2002).
649 Vgl. https://michaelsverlag.de [abgerufen am 10.08.2018].

nur Teil eines vielschichtigen Geflechts von Versatzstücken unterschiedlicher religiöser Systeme.

Abbildung 15: Am Buchcover von GANDALFS KAMPF AUF DER BRÜCKE scheint der feurige Balrog zu einem grünen Tentakelmonster mutiert zu sein.

Beschäftigt man sich naher mit der Autorin, ist diese (Eigen-)Komposition nicht weiter verwunderlich. Sie nennt sich selbst „JZ Knight" und ist Begründerin einer eigenen religiösen Bewegung in den USA. Im Zentrum ihrer Lehre steht ein Geistwesen namens „Ramtha". Die Autorin wurde, so ist ihrem Internetauftritt zu entnehmen, von diesem Geistwesen als Channel auserwählt und sieht sich nun als eine spirituelle Führerin der New Age Bewegung.[650] Sie hat zahlreiche Bücher ver-

---

650 Vgl. http://www.jzknight.com [abgerufen am 10.08.2018].

öffentlicht, tritt in Fernsehsendungen auf und hat zur Verbreitung ihrer Lehre die „Ramtha´s School of Enlightenment" gegründet.[651] In ihrer Lehre vermengt sie Inhalte aus den traditionellen Weltreligionen zu einer ganz neuen Weltanschauung.

Wenn man sich nun die Frage stellt, was das mit Tolkien zu tun hat, so kommt man zu der Erkenntnis: bis auf den Buchtitel leider gar nichts. Der Kampf Gandalfs auf der Brücke, der nur kurz geschildert wird, noch dazu in einer bereits durch die Lehre der Autorin eingefärbten Variante, wird ausschließlich dazu benutzt, die religiöse Lehre von JZ Knight zu verbreiten. Inhaltlich fällt es in die gleiche Kategorie wie das zuvor vorgestellte Buch DIE ENTDECKUNG VON MITTELERDE, nur ist es sogar noch ein ganzes Stück obskurer.

Im Wesentlichen ist es eine Ansammlung wirrer Gedanken über einen von der Autorin postulierten sogenannten „Emotionalkörper" und seinen „elektrochemischen Mustern", der für unsere ständige Reinkarnation zuständig ist, einer geheimen Energie namens „Kundalini", über Götter die vor hunderttausenden Jahren auf die Erde kamen, um unsere DNS zu verändern und etliches mehr.

Fast die Hälfte des Buches besteht aus der Autobiographie der Autorin, einem Glossar mit den wichtigsten Begriffen ihrer Lehre und dazu gehörenden Skizzen.

4.2.4 Fazit: Ratgeberliteratur mit Tolkien-Anstrich

Es verwundert nicht weiter, dass die vorgestellten Bücher allesamt in zeitlicher Nähe der Leinwandversionen erschienen sind. Die Verlage erhofften sich einhergehend mit der großen Aufmerksamkeit für die Filme ein erhöhtes, verkaufsförderndes Interesse für Bücher rund um Tolkiens Werk. Wie die Filme, so sind die Bücher christlicher Verlagshäuser vor allem für ein jüngeres Publikum, Jugendliche und junge Erwachsene geschrieben, einmal abgesehen vom genannten Orientierungsleitfaden für besorgte Eltern aus dem *Fe-Medienverlag*. Die Bücher können als eine Art Lebensratgeber mit Tolkien-Anstrich verstan-

---

651 Link zum Internetauftritt dieser Schule: https://www.ramtha.com [abgerufen am 10.08.2018].

den werden. Was sie sicherlich nicht wollen, ist als akademische Abhandlung verstanden werden.[652] Das würde weder dem Zielpublikum noch der Intention der Verlage und AutorenInnen entsprechen.

Interpretationen von nicht-christlicher Lesart – mit Ausnahme des esoterischen Führers durch Mittelerde – werden gänzlich ausgeklammert. Das ist insofern problematisch, als dass sie allesamt den Eindruck erwecken, es gäbe nur diese eine Form der Deutung bzw. Beeinflussung.

Tolkiens Stoff wird in den vorliegenden Büchern aus christlichen Verlagshäusern zu einem aktuellen missionarischen Anknüpfungspunkt[653], indem zusammen mit den mehr oder weniger ausführlichen Nacherzählungen die unterschiedlichsten (vermeintlich) christlichen Werte aufgezeigt und immer wieder Bezüge zur Bibel hergestellt werden. Inwiefern diese Art der Evangelisierung tatsächlich gelingen kann, bleibt fraglich. Tolkiens Werk mag zwar Werte vermitteln und Orientierung bieten, aber eine ganz konkrete christliche Evangelisierung im Sinne einer vertieften Hinwendung zum Christentum, um nicht gar von Bekehrung zu sprechen, wird wohl allerhöchstens eine absolute Ausnahmeerscheinung bleiben. Für ein bereits entsprechend vorgeprägtes Lesepublikum mögen diese Bücher allerdings neue Perspektiven auf Altbekanntes bieten.

Mit Sicherheit kann man behaupten, dass Tolkien selbst nicht daran gelegen war, ein missionarisches Werk vorzulegen. Wohl gar keine Freude hätte er gehabt mit Büchern von derart esoterischem Gehalt wie jenen aus dem *Neue Erde Verlag* oder dem vom *Michaels Verlag* vertriebenen Werk. Insgesamt können die vorgestellten Bücher in eine Reihe gestellt werden mit den zahlreichen anderen Orientierungs- und Lebenshilferatgebern am Markt.

---

652 Was allerdings nichts daran ändert, dass etwa am Buch von Smith das fehlende akademische Niveau bemängelt wird; vgl. Honegger, Die *interpretatio mediaevalia* von Tolkiens Werk, 39f. Dieser Kritik folgt auch Fornet-Ponse, Tolkien zw. christl. Instrumentalisierung und theol. Rezeption, 60.
653 Vgl. Treusch, Faszination Fantasy, 169.

5. Schlussbetrachtung

> So ist Gott in Tolkiens Universum zwar gegenwärtig,
> bleibt aber unsichtbar.[654]
> (Humphrey Carpenter)

Bereits zu Lebzeiten war Tolkien für sein Lesepublikum zu einer Art „Kultfigur" geworden, ein Umstand, den er als keineswegs angenehm empfand.[655] Doch so sehr sein literarisches Werk von LeserInnen auch geschätzt bzw. verehrt wurde, von Fachkollegen dagegen wurde er dafür gescholten. Die meisten von ihnen, so schreibt er in einem seiner Briefe, sind „schockiert [...] über den Sündenfall eines Philologen in die »Trivialliteratur«."[656] Sie betrachteten diese Betätigung als Zeitverschwendung. Nicht viel anders reagierten manche aus den Reihen des Lesepublikums, die das Werk als „pubertär" und „infantil" geißelten.[657] In England rief sogar eine Zeitung mit dem Ruf „Erwachsene aller Länder, vereinigt euch gegen die Invasion der Infantilen!"[658] zum Kampf gegen Tolkien auf.

Hätte man damals sein *Legendarium* zum wissenschaftlicher Untersuchungsgegenstand erklärt, wäre das Urteil über eine solche Arbeit wahrscheinlich nicht viel positiver ausgefallen. Viele hätten sie als sinnlose Zeitvergeudung betrachtet. Ganz abgesehen davon, dass sogar Tolkien selbst derartigen Bestrebungen wohl eher reserviert bis ablehnend gegenübergestanden wäre, oder mit den Worten Gandalfs ge-

---

654 Carpenter, Biographie, 112.
655 Vgl. Carpenter, Briefe, Nr. 336.
656 Carpenter, Briefe, Nr. 182.
657 Vgl. Carpenter, Briefe, Nr. 163. Vgl. den Verriss des Kritikers Edmund Wilson, abgedruckt in Pesch, Mythenschöpfer, 51–56. Vgl. Shippey, Autor des Jahrhunderts, 263ff. Vgl. Pearce, Man and Myth, 126ff.
658 Schenkel. Tolkiens Zauberbaum, 15.

sprochen: „Und wer ein Ding zerbricht, um herauszufinden, was es ist, hat den Pfad der Weisheit verlassen."[659]

Heutzutage hat sich der Blick auf das Genre Fantasy mit seinen zahlreichen Subgenres, ob nun in Literatur, Filmen, TV-Serien, (Computer-)Spielen etc. vorkommend, ein gutes Stück weit geändert. Fantasy bzw. Fantasy-Elemente erfreuen sich großer Beliebtheit und weiter Verbreitung. Doch nicht nur bei Jugendlichen und jungen Erwachsenen, längst ist dieses Genre auch über Altersgrenzen hinaus populär. Sich dem Phänomen gänzlich zu verschließen, würde gleichzeitig bedeuten, einen Teil der Lebensrealität vieler Menschen zu ignorieren.

Da ein Ende dieser Faszination am Fantasy-Genre nicht abzusehen ist, wird auch Tolkien weiterhin sein Lesepublikum finden und unterhalten. Damit sind für die Zukunft auch neue Leinwandversionen zum *Legendarium* nicht ausgeschlossen, ebenso wenig wie ein erneuter Tolkien-Boom. Viel Aufmerksamkeit erzeugte jedenfalls der Ende 2017 bekannt gewordene Plan des US-amerikanischen Konzerns *Amazon*, der auch einen eigenen Streamingdienst betreibt, eine eigene TV-Serie rund um Tolkiens Mittelerde-Erzählungen zu produzieren.[660] Zudem kommt im Mai 2019 eine Filmbiographie mit dem Titel „Tolkien" in die Kinos.

Die Faszination Fantasy eröffnet den unterschiedlichen Wissenschaften neue Forschungsgebiete, etwa die Betrachtung der dort vorkommenden Religion(en) bzw. religiösen Phänomene. Wenngleich die akademische Theologie noch immer die Tendenz aufweist, diesen weitverzweigten Bereich als eher seicht zu ignorieren, vor allem den Fantasy-Film betreffend[661], so hat die Religionswissenschaft mittlerweile Fantasy als lohnendes Arbeitsgebiet entdeckt: Seminare und wis-

---

659 HdR I, 338. Genau in diesem Zusammenhang zitiert ihn auch Tolkien, vgl. Carpenter, Briefe, Nr. 329. Vgl. Vos, Weltdeutung im Silmarillion, 3.
660 Gleich mehrere Nachrichtenportale berichteten im November 2017 darüber. Exemplarisch seien an dieser Stelle drei Berichte genannt. Vgl. *FAZ*: http://www.faz.net/aktuell/feuilleton/familie/wie-erklaere-ich-s-meinem-kind/amazon-produziert-eine-herr-der-ringe-serie-15293560.html [abgerufen am 10.08.2018]. Vgl. *Handelsblatt*: http://www.handelsblatt.com/unternehmen/it-medien/tv-serie-amazon-dreht-herr-der-ringe-vorgeschichte/20578966.html [abgerufen am 10.08.2018]. Vgl. *Spiegel*: http://www.spiegel.de/kultur/tv/herr-der-ringe-amazon-verfilmt-saga-als-tv-serie-a-1177822.html [abgerufen am 10.08.2018].
661 Vgl. Heimerl, Parallelwelten, 296.

senschaftliche Abschlussarbeiten beschäftigen sich mit dem Phänomen Fantasy aus religionswissenschaftlicher Perspektive und stoßen auf Interesse bei Studierenden. Die Themen werden auch in Zukunft nicht ausgehen, dafür sorgen schon alleine die ständigen Neuerscheinungen.

Eine Bearbeitung scheint sich schon alleine deswegen zu rechnen, da nicht selten von SchülernInnen und Studierenden religiöse Elemente aus diesem Bereich bekannt sind, noch ehe sie diese im Unterricht oder im wissenschaftlichen Kontext kennenlernen.[662] So erging es dem Autor von Tolkiens ganz gewöhnliche Helden, er schreibt dazu in seinem Vorwort:

> Nachdem ich „Der Herr der Ringe" zum ersten Mal gelesen hatte, saß ich in der Sonntagsschule, wo wir eine Passage aus dem Alten Testament vorgelesen bekamen. Ich stellte fest, dass es ganz ähnlich klang wie Tolkien. Meine Sonntagsschullehrerin korrigierte mich sanft: „Nein Mark, es ist andersherum – Tolkien klingt ganz ähnlich wie die Bibel!"[663]

Das gilt in ähnlicher Weise auch für die Tolkien Verfilmungen mit den dort wahrnehmbaren Versatzstücken christlicher Ikonographie, wie sie in der vorliegenden Arbeit aufgezeigt wurden. Generell kann festgestellt werden, dass christliche Bildwelten zwar schon lange Eingang in den modernen Fantasy-Film gefunden haben[664], allerdings vom Publikum nicht mehr automatisch als christliche bzw. religiöse Bilder wahrgenommen werden.

Die Bemerkung des Tolkien Biographen Carpenter, die dieser Schlussbetrachtung vorangestellt ist, fasst einige Aspekte dieser Arbeit zusammen. Auf der narrativen Ebene kommt zwar ein christlicher Gott nicht explizit vor, indirekt aber ist er gegenwärtig, am deutlichsten in Gestalt von Eru/Ilúvatar bei der Erschaffung des Kosmos im Silmarillion. In Der Herr der Ringe wird dieser Gott dann tatsächlich „unsichtbar". Nur in der Zusammenschau mit der Kosmologie weiß das Lesepublikum von seiner Gegenwart.

So unsichtbar Gott auch bleibt, zahlreiche religiöse Elemente finden sich in Der Herr der Ringe dennoch, darunter viele, die man als

---

662 Vgl. Heimerl, Parallelwelten, 295.
663 Smith, Tolkiens Helden, 12.
664 Vgl. Heimerl, Parallelwelten, 297.

christlich bezeichnen kann. Selbstverständlich sind aber weder diese noch Tolkiens Eru/Ilúvatar alleinig der christlichen Sphäre zuordenbar. Vielmehr finden sie sich mit alten vorchristlichen Mythen vermischt, die Tolkien vor allem in der Literatur fand, mit der er sich im Rahmen seiner akademischen Tätigkeiten beschäftigte.[665]

Sein literarisches Schaffen verstand Tolkien nicht als Widerspruch zu seinem katholischen Glauben, der wichtiger Bestandteil seines Lebens war. Ganz im Gegenteil, er band seine literarische Tätigkeit an diesen Glauben zurück. Seinem Verständnis nach schuf er als Zweitschöpfer eine Welt, die den Schöpfungsauftrag Gottes, „des großen Autors"[666], fortführte und letztlich der Gottebenbildlichkeit des Menschen geschuldet war. Ein Stück weit überspitzt könnte man behaupten: Aus dem Akt des Schreibens wird eine Art des Gottesdienstes. Selbstverständlich entband ein solches Verständnis Tolkien nicht von der Pflicht, die Heilige Messe regelmäßig zu besuchen.

In ähnlicher Form kann auch für den Akt des Lesens, folgt man Tolkiens Gedanken, eine Art des religiösen Vollzugs angenommen werden. Allerdings nur dann, wenn sich das Lesepublikum mithilfe der „willentlichen Aussetzung des Unglaubens" voll und ganz auf eine gut gemachte Sekundärwelt einlässt – wobei diesbezüglich „gut gemacht" für Tolkien eine ganz wesentliche Voraussetzung darstellt. Durch den „Sekundärglauben" werden die LeserInnen zu ZweitschöpfernInnen, indem in ihren Gedanken verschiedenste Bilder zu den eben gelesenen Zeilen entstehen – oder in Tolkiens Sinne gesprochen: erschaffen werden.

Zugleich war Tolkien davon überzeugt, mit seinem *Legendarium* etwas Größeres bzw. Höheres zu erschaffen, einen Mythos, der wie alle anderen zuvor geschriebenen Mythen einen Funken göttlicher Wahrheit enthält. Immerhin liegt seiner Ansicht nach der Ursprung aller Mythen bei Gott. Dieser Mythos erzählt eine *Frohe Botschaft* – natürlich nicht mit derselben Authentizität und Autorität wie die Bibel, Derartiges zu behaupten hätte der fromme Katholik nicht gewagt – vom Sieg des Guten über das Böse.

---

665 Vgl. Shippey, Autor des Jahrhunderts, 314.
666 Carpenter, Briefe, Nr. 163.

5. Schlussbetrachtung

Den aufmerksamen RezipientenInnen ist schon sehr früh aufgefallen, dass Elemente unterschiedlicher religiöser Traditionen darin verwoben sind. Andere wiederum sahen das ganz anders, etwa eine Kritik in der *Sunday Times*, die nach Erscheinen des ersten DER HERR DER RINGE Bandes urteilte, dass „keinerlei religiöser Geist" in dem Buch vorhanden sei.[667] Zu unsichtbar war Tolkiens Gott, zumindest noch am Beginn, als einem breiteren Publikum erst DER HOBBIT und DER HERR DER RINGE bekannt waren.

Doch so unleugbar christliche Elemente vorhanden sind, so besteht gleichzeitig die Gefahr, mit großer interpretativer Findigkeit auch dort solche hineinzuprojizieren, wo diese nicht zugegen sind. Dabei gilt: Je weiter man mit Deutungen ins Detail geht, desto unschärfer droht eine Interpretation zu werden, desto größer die Gefahr, in einen regelrechten „furor allegoricus"[668] zu verfallen. Diesem „Allegoriewahn" sind manche verfallen, besonders in Bezug auf das Handeln einzelner Figuren. Das Etikett „christlich" wurde oft vorschnell vergeben, etwa wenn es um das Auffinden christologischer Erlöserfiguren oder sogenannter christlicher Werte ging.

Tolkien wollte keine absichtlichen Allegorien schaffen noch mit seinen Texten missionieren. Um solchen Vereinnahmungen etwas entgegenzustellen, prägte er den Begriff der „applicability", der „Anwendbarkeit". Doch mit der Veröffentlichung entgleitet der Text jedem Autor/jeder Autorin und öffnet diesen somit für Interpretationen und Instrumentalisierungen aller Art. So haben sich etwa zum Kinostart von DER HERR DER RINGE-Verfilmungen deutsche Kleinverlage des Mittelerde-Stoffs angenommen und dabei vor allem auf die Botschaft hinter der Erzählung abgezielt. Die Geschichte selbst rückte dabei mehr oder weniger stark aus dem Blickfeld. Dabei ist durchaus vorgekommen, dass man der Geschichte regelrecht Gewalt angetan hat, etwa indem man die christliche Lesart als die einzig wahre verstand oder das Werk zur Verbreitung esoterischer Inhalte missbrauchte. Mit Fabian Geier gesprochen: „Wenn das Wesentliche an einer Geschichte das wäre, was man mit ihr ausdrücken will, dann könnte man eben das auch gleich hinschreiben – und sich die Geschichte ersparen."[669]

---

667 Vgl. Carpenter, Biographie, 251.
668 Shippey, Autor des Jahrhunderts, 345.
669 Geier, Leaf by Tolkien, 146.

5. Schlussbetrachtung

Warum sich gerade Tolkien in der christlichen LeserInnenschaft so großer Beliebtheit erfreut, liegt vor allem daran, dass er nie einen Hehl aus seinem starken Glauben gemacht hat. Das hat ihn in den Augen so manches christlichen Verlags sicher zu einem idealen Mittel zur Verbreitung religiöser Botschaften gemacht. Dabei wird ausgeklammert, dass Tolkien für christliche Strömungen außerhalb der eigenen katholischen Überzeugung nicht immer gute Worte übrighatte.

Seiner offen zur Schau getragenen religiösen Überzeugung verdankt Tolkien wohl seine Präsenz auf christlichen bzw. katholischen Online-Portalen, man denke etwa an die vielen Artikel auf dem deutschsprachigen Nachrichtenportal *kath.net*. Dabei ist anzumerken, dass dahinter ein häufig zu beobachtendes Phänomen steckt: Generell genießen „Prominente" aus den unterschiedlichsten Bereichen auf christlichen Websites oder in sozialen Medien große Aufmerksamkeit, wenn sie aus ihrer religiösen Überzeugung kein Geheimnis machen. Gerne werden sie dann hervorgehoben und damit – ob nun gewollt oder nicht – zu Werbeträgern ihrer Religion.

Zudem ist gerade in evangelikalen bzw. als christlich-konservativ bis fundamentalistisch geltenden Kreisen, aber natürlich nicht ausschließlich dort, die Sehnsucht nach einer einfach gestrickten Welt verbreitet, wie man sie bei Tolkien zu finden glaubt: Gut und Böse sind darin (zumeist) klar voneinander zu unterscheiden, traditionelle Werte werden hochgehalten und Männer gehen auf Abenteuer, während die Frauen (daheim) auf sie warten.

Was sich allerdings Tolkien selbst in erster Linie wünschte, hat er mehrmals betont: Seine Geschichten sollen das Lesepublikum unterhalten. Diesen Zweck erfüllen sie und ihre Leinwandversionen bis heute, ganz unabhängig davon, ob man nun Tolkiens religiöse Ansichten teilt oder christliche Inhalte in den Büchern bzw. Filmen entdeckt.

Neben diesem Gefallen hat Tolkien den Erzählungen aber hilfreiche Wirkungen zugestanden, man denke nur an seine Ausführungen in seinem Essay ÜBER MÄRCHEN. Manche unter den eingefleischten Tolkien-Anhängern haben allerdings mehr darin gesehen, etwa „Heiligkeit", was Tolkien tief berührte[670], andere unter Umständen sogar geheime Botschaften. Wiederum andere haben sich in ihrem eigenen

---

670 Vgl. Carpenter, Briefe, Nr. 328.

5. Schlussbetrachtung

Tun von Tolkiens ganz gewöhnlichen Helden anleiten lassen, wie uns der Autor des gleichnamigen Werkes versichern will.

Grundsätzlich gilt für gesamte Genre Fantasy, dass es für die meisten „bloße" Unterhaltung bleibt, manche darin allerdings mehr entdecken, für einige wenige gar sinnstiftend ist. In Anlehnung an Hesiods Definition einer Fabel könnte abschließend für Tolkiens *Legendarium* gelten: *fabula docet et delectat*.[671]

---

[671] Vgl. Treusch, Faszination Fantasy, 170.

6. Anhang

6.1 Abkürzungsverzeichnis

6.1.1 Werke von J.R.R. Tolkien

AuR	ANHÄNGE UND REGISTER, in der Übersetzung von Wolfgang Krege
BdVG I	DAS BUCH DER VERSCHOLLENEN GESCHICHTEN, Teil 1, in der Übersetzung von Hans J. Schütz
BdVG II	DAS BUCH DER VERSCHOLLENEN GESCHICHTEN, Teil 2, in der Übersetzung von Hans J. Schütz
BuB	BAUM UND BLATT, in der Übersetzung von Wolfgang Krege (der Essay ÜBER MÄRCHEN) und von Margaret Carroux (die Geschichte BLATT VON TÜFTLER)
BuL	BEREN UND LÚTHIEN, in der Übersetzung von Hans-Ulrich Möhring u. Helmut W. Pesch
HdR	DER HERR DER RINGE, in der Übersetzung von Wolfgang Krege
HdR I	Bd. 1: DIE GEFÄHRTEN
HdR II	Bd. 2: DIE ZWEI TÜRME
HdR III	Bd. 3: DIE WIEDERKEHR DES KÖNIGS
HOB	DER HOBBIT in der Übersetzung von Wolfgang Krege
HoME IX	HISTORY OF MIDDLE-EARTH, Vol. 9: Sauron Defeated
HoME X	HISTORY OF MIDDLE-EARTH, Vol. 10: Morgoth's Ring
HoME XII	HISTORY OF MIDDLE-EARTH, Vol. 12: THE PEOPLES OF MIDDLE EARTH
MYTH	MYTHOPOEIA
SIL	DAS SILMARILLION, in der Übersetzung von Walter Scherf
TaL	TREE AND LEAF
UuK	DIE UNGEHEUER UND IHRE KRITIKER, in der Übersetzung von Wolfgang Krege

6.1.2 Antike Autoren und Werke

Aug. civ.	Augustinus von Hippo, DE CIVITATE DEI
Eus. vita Const.	Eusebius von Caesarea, DE VITA CONSTANTINI
Hom. Od.	Homer, ODYSSEE
Ign. Pol.	Ignatius von Antiochien, AN POLYKARP
Ign. Sm.	Ignatius von Antiochien, AN DIE SMYRNÄER
Orig. c. Cels	Origenes, CONTRA CELSUM
Ov. met.	Ovid, METAMORPHOSEN
Plat. Pol.	Platon, POLITEIA
Plat. Phaid.	Platon, PHAIDON
Plat. Phaidr.	Platon, PHAIDROS
Tert. apol.	Tertullian, APOLOGETICUM
Tert. idol.	Tertullian, DE IDOLATRIA
1 Clem	Clemens von Rom, 1. CLEMENSBRIEF

6.1.3 Kirchliche Dokumente

CIC	CODEX IURIS CANONICI in der heute geltenden Fassung von 1983
LG	LUMEN GENTIUM, Dogmatische Konstitution über die Kirche
KKK	KATECHISMUS DER KATHOLISCHEN KIRCHE
SPE SALVI	Enzyklika von Papst Benedikt XVI.

6.2 Literaturverzeichnis

6.2.1 Verwendete Schriften von J.R.R. Tolkien

Tolkien, John Ronald Reuel: Baum und Blatt. Übers. von Wolfgang Krege (der Essay *Über Märchen*) und Margaret Carroux (die Geschichte *Blatt von Tüftler*), Stuttgart: Klett-Cotta 1982.

Tolkien, John Ronald Reuel: Beren und Luthien. Mit Illustrationen von Alan Lee. Herausgegeben von Christopher Tolkien. Übers. von Hans-Ulrich Möhring und Helmut W. Pesch, Stuttgart: Klett-Cotta 2017.

Tolkien, John Ronald Reuel: Das Buch der Verschollenen Geschichten. 1. Herausgegeben von Christopher Tolkien. Übers. von Hans J. Schütz, Stuttgart: Klett-Cotta 1986.

Tolkien, John Ronald Reuel: Das Buch der Verschollenen Geschichten. 2. Herausgegeben von Christopher Tolkien. Übers. von Hans J. Schütz, Stuttgart: Klett-Cotta 1987.

Tolkien, John Ronald Reuel: Das Silmarillion. Herausgegeben von Christopher Tolkien. Übers. von Wolfgang Krege, Stuttgart: Klett-Cotta ^{21}2010.

Tolkien, John Ronald Reuel: Der kleine Hobbit. Übers. von Walter Scherf München: dtv ^{10}2003.

Tolkien, John Ronald Reuel: Der Herr der Ringe. 1. Die Gefährten. Übers. von Wolfgang Krege, Stuttgart: Klett-Cotta ^{12}2002.

Tolkien, John Ronald Reuel: Der Herr der Ringe. 2. Die zwei Türme. Übers. von Wolfgang Krege, Stuttgart: Klett-Cotta ^{12}2002.

Tolkien, John Ronald Reuel: Der Herr der Ringe. 3. Die Wiederkehr des Königs. Übers. von Wolfgang Krege, Stuttgart: Klett-Cotta ^{12}2002.

Tolkien, John Ronald Reuel: Der Herr der Ringe. Anhänge und Register. Neuüberarbeitung der Übersetzung von Wolfgang Krege, Stuttgart: Klett-Cotta 2012.

Tolkien, John Ronald Reuel: Die Ungeheuer und ihre Kritiker. Gesammelte Aufsätze. Übers. von Wolfgang Krege. Herausgegeben von Christopher Tolkien, Stuttgart: Klett-Cotta 1987.

Tolkien, John Ronald Reuel: Fabelhafte Geschichten. Übers. von Karl A. Klewer, Margaret Carroux und Angela Uthe-Spencker, Stuttgart: Klett-Cotta ^{14}2005.

Tolkien, John Ronald Reuel: The History of Middle-Earth. Volume 9. Sauron Defaeted. The End of the Third Age. The History of The Lord of the Rings. Part Four. Herausgegeben von Christopher Tolkien, London: HarperCollins 2015.

Tolkien, John Ronald Reuel: The History of Middle-Earth. Volume 10. Morgoth`s Ring. The Later Silmarillion. Part One. The Legends of Aman. Herausgegeben von Christopher Tolkien, London: HarperCollins 2015.

Tolkien, John Ronald Reuel: The History of Middle-Earth. Volume 12. The Peoples of Middle-earth. The Appendices to The Lord of the Rings, and late writings. Herausgegeben von Christopher Tolkien, London: HarperCollins 2015.

Tolkien, John Ronald Reuel: Tree and Leaf. Including the poem Mythopoeia. The Homecoming of Beorhtnoth Beorhthelm's Son, London: HarperCollins 2001.

6.2.2 Sekundärliteratur zu Tolkiens Leben und Werk

Arthur, Sarah: Unterwegs mit Frodo. Inspirierende Gedanken zu Tolkiens „Der Herr der Ringe". Aus dem Englischen übersetzt von Karoline Kuhn, Asslar: Gerth Medien 2003.

Birkhan, Helmut: Kap. Die Keltenrezeption bei Tolkien und die modernen Elfen. Das Weltendrama Tolkiens, in: ders.: Nachantike Keltenrezeption. Projektionen keltischer Kultur, Wien: Praesens 2009, 529–566.

Brückner, Patrick: Verkleidung und Essenz, Tod und Begehren. Zur Konstruktion »richtiger« Weiblichkeit in J.R.R. Tolkiens The Lord of the Rings, in: Fornet-Ponse, Thomas (Hg.), et al.: Hither Shore. Interdisciplinary Journal on Modern Fantasy Literature. Jahrbuch der Deutschen Tolkien Gesellschaft e.V. Tolkiens Weltbild(er), Düsseldorf: Scriptorium Oxoniae 2005 (= Hither Shore 2), 67–88.

Bruner, Kurt / Ware, Jim: Der Ring und sein Geheimnis. Aus dem Englischen übersetzt von Heike Vornholt, Bielefeld: CLV 2001.

Burkhard, Denise: Ancient Dwarf Kingdom or the Hoard of a Fiery Dragon. J.R.R. Tolkien's Erebor as a Transformed and Dynamic Place, Baden-Baden: Tectum 2017.

Burns, Marjorie: Saintly and Distant Mothers, in: Kerry, Paul E. (Hg.): The Ring and the Cross. Christianity and the Writings of J.R.R. Tolkien, Madison: Fairleigh Dickinson Univ. Press 2011, 246–258.

Carter, Lin: Tolkiens Universum. Die mythische Welt des „Herrn der Ringe", München: List 2002.

Carpenter, Humphrey (Hg.): J.R.R. Tolkien. Briefe, Stuttgart: Klett-Cotta [3]2002.

Carpenter, Humphrey: J.R.R. Tolkien. Eine Biographie, Stuttgart: Klett-Cotta [3]2002.

Colbert, David: The magical worlds of the Lord of the Rings: the amazing myths, legends, and facts behind the masterpiece, New York: the Berkley Publishing Group 2002.

Coren, Michael: J.R.R. Tolkien. Der Mann, der „Herr der Ringe" erschuf, Königswinter: Heel 2001.

Curry, Patrick: Defending Middle-earth. Tolkien: Myth and Modernity, New York: Houghton Mifflin Company 2004.

6.2 Literaturverzeichnis

Dinter, Astrid: Zwischen Harry Potter und Herr der Ringe. Sinngenese Jugendlicher zu Beginn des 21. Jahrhunderts, in: Dinter, Astrid / Söderblom, Kerstin (Hg.): Vom Logos zum Mythos. „Herr der Ringe" und „Harry Potter" als zentrale Grunderzählungen des 21. Jahrhunderts. Praktisch-theologische und religionsdidaktische Analysen, Münster: LIT Verlag 2010, 41–61 (= Ökumenische Religionspädagogik 2).

Fornet-Ponse, Thomas: „The Lord of the Rings is of course a fundamentally religious and Catholic work". Tolkien zwischen christlicher Instrumentalisierung und theologischer Rezeption, in: Fornet-Ponse, Thomas (Hg.), et al.: Hither Shore. Interdisciplinary Journal on Modern Fantasy Literature. Jahrbuch der Deutschen Tolkien Gesellschaft e.V. Tolkien und seine Deutungen, Düsseldorf: Scriptorium Oxoniae 2004 (= Hither Shore 1), 53–70.

Foster, Robert: Das große Mittelerde Lexikon. Ein alphabetischer Führer zur Fantasy-Welt von J.R.R. Tolkien. Bearbeitet und ergänzt von Helmut W. Pesch, Bergisch Gladbach: Bastei Lübbe ²2003.

Garth, John: Tolkien und der Erste Weltkrieg. Das Tor zu Mittelerde. Aus dem Englischen übersetzt von Birgit Herden und Marcel Aubron-Bülles, Stuttgart: Klett-Cotta 2014.

Geier, Fabian: Leaf by Tolkien? Annäherungen an Tolkiens Umgang mit Allegorie und Biographie, in: Fornet-Ponse, Thomas (Hg.), et al.: Hither Shore. Interdisciplinary Journal on Modern Fantasy Literature. Jahrbuch der Deutschen Tolkien Gesellschaft e.V. Tolkiens kleinere Werke, Düsseldorf: Scriptorium Oxoniae 2007 (= Hither Shore 4), 129–146.

Geier, Fabian: J.R.R. Tolkien, Hamburg: Rowohlt 2009.

Hageböck, Michael / Kuby, Gabriele: Harry Potter – Der Herr der Ringe. Unterscheidung tut not, Kissleg: Fe-Medienverlag 2002.

Hageböck, Michael: Maria bei Tolkien. Kalendarische Korrespondenzen in „Der Herr der Ringe", ergänzt durch biographische Daten, in: Sedes Saptientiae. Marianisches-Mariologisches Jahrbuch 15/1 (2011) 123–161.

Hammond, Wayne G. / Scull, Christina: J.R.R. Tolkien. Der Künstler. Aus dem Englischen übersetzt von Hans J. Schütz, Stuttgart: Klett-Cotta 1996.

Heimerl, Theresia: Halb- und Unterwelten. Zum latenten Dualismus in Fantasy-Epen, in: Hafner, Johann Evangelist / Valentin, Joachim (Hg.): Parallelwelten. Christliche Religion und die Vervielfachung von Wirklichkeit, Stuttgart: Kohlhammer 2009 (= ReligionsKulturen 6), 285–298.

Heimerl, Theresia: Opfer und Helden. Eine scheinbar säkulare Relecture im Unterhaltungsfilm, in: Disputatio philosophica. International Journal on Philosophy and Religion 10 (2008) 71–86.

Honegger, Thomas: Die *interpretatio mediaevalia* von Tolkiens Werk, in: Fornet-Ponse, Thomas (Hg.), et al.: Hither Shore. Interdisciplinary Journal on Modern Fantasy Literature. Jahrbuch der Deutschen Tolkien Gesellschaft e.V. Tolkien und seine Deutungen, Düsseldorf: Scriptorium Oxoniae 2004 (= Hither Shore 1), 37–51.

Honegger, Thomas, et al.: Eine Grammatik der Ethik. Die Aktualität der moralischen Dimension in J.R.R. Tolkiens literarischem Werk, Saarbrücken: Verlag der Villa Fledermaus 2005 (= Stein und Baum 1).

Kilby, Clye S.: Tolkien & The Silmarillion. A glimpse at the man & his world of myth, Wheaton: Harold Shaw ³1977.

Knight, JZ: Gandalfs Kampf auf der Brücke in den Minen von Moria. Die wahre Geschichte eines Meisters. Aus dem Englischen übersetzt von Helga Krachler. Bearbeitung von Angelika Tessa, Peiting: In der Tat Verlag 2010.

Krege, Wolfgang: Elbisches Wörterbuch. Quenya und Sindarin, Stuttgart: Klett-Cotta ⁷2012.

Krüger, Heidi: *Leaf by Niggle*/Blatt von Tüftler: eine literaturkritische Untersuchung, in: Fornet-Ponse, Thomas (Hg.), et al.: Hither Shore. Interdisciplinary Journal on Modern Fantasy Literature. Jahrbuch der Deutschen Tolkien Gesellschaft e.V. Tolkiens kleinere Werke, Düsseldorf: Scriptorium Oxoniae 2007 (= Hither Shore 4), 147–165.

Meyer, Martin: Tolkien als religiöser Sub-Creator, Münster: Lit 2003 (= Anglistik/Amerikanistik 17).

Nagel, Rainer: Verschiedene Interpretationen eines Textes als Grundlage von Übersetzungsstrategien. Die »alte« und die »neue« deutsche HdR-Übersetzung, in: Fornet-Ponse, Thomas (Hg.), et al.: Hither Shore. Interdisciplinary Journal on Modern Fantasy Literature. Jahrbuch der Deutschen Tolkien Gesellschaft e.V. Tolkien und seine Deutungen, Düsseldorf: Scriptorium Oxoniae 2004 (= Hither Shore 1), 85–117.

Pearce, Joseph: Tolkien: Man and Myth. A literary life, London: HarperCollins 1998.

Pesch, Helmut: Elbisch. Grammatik, Schrift und Wörterbuch der Elben-Sprache von J.R.R. Tolkien, Bergisch Gladbach: Bastei Lübbe ⁵2005.

Pesch, Helmut: Elbisch. Lern- und Übungsbuch der Elben-Sprachen von J.R.R. Tolkien, Gladbach: Bastei Lübbe ²2006.

Pesch, Helmut (Hg.): J.R.R. Tolien – der Mythenschöpfer, Meitingen: Corian-Verlag Wimmer, 1984 (= Edition Futurum 5).

Petzold, Dieter: J.R.R. Tolkien. Fantasy Literature als Wunscherfüllung und Weltdeutung, Heidelberg: Universitätsverlag Winter 1980.

Shippey, Tom Alan: Der Weg nach Mittelerde. Wie J.R.R. Tolkien ›Der Herr der Ringe‹ schuf. Aus dem Englischen von Helmut W. Pesch Stuttgart: Klett-Cotta 2008.

Shippey, Tom Alan: J.R.R. Tolkien. Autor des Jahrhunderts, Stuttgart: Klett-Cotta 2002.

Simek, Rudolf: Mittelerde. Tolkien und die germanische Mythologie, München: C.H. Beck 2005.

Smith, Mark Eddy: Tolkiens ganz gewöhnliche Helden. Tugenden und Werte in „Der Herr der Ringe", Asslar: Gerth Medien 2002.

Schenkel, Elmar: Tolkiens Zauberbaum. Sprache, Religion und Mythos: J.R.R. Tolkien und die Inklings, in: Schuppener, Georg (Hg.) / Tetzner, Reiner (Hg.): Tolkiens Zauberbaum, Leipzig: edition vulcanus 2003 (= Schriftenreihe des Arbeitskreises für Vergleichende Mythologie e.V 4), 10–40.

Schwarz, Guido: Jungfrauen im Nachthemd – Blonde Krieger aus dem Westen. Eine motivpsychologisch-kritische Analyse von J.R.R. Tolkiens Mythologie und Weltbild, Würzburg: Königshausen & Neumann 2003.

Tolkien, John / Tolkien, Priscilla: The Tolkien Family Album, London: HarperCollins 1992.

Treusch, Ulrike: Faszination Fantasy, in: Zeitschrift für Religions- und Weltanschauungsfragen 74 / 5 (2011) 165 – 172.

Uyldert, Mellie: Die Entdeckung von Mittelerde. Die Symbolik von Tolkiens »Der Herr der Ringe". Aus dem Niederländischen übersetzt von Sjoerd und Oli Niemeyer, Saarbrücken: Neue Erde Verlag GmbH 2001.

Van de Bergh, Alexander: Mittelerde und das 21. Jahrhundert. Zivilisationskritik und alternative Gesellschaftsentwürfe in J. R. R. Tolkiens *The Lord of the Rings*, Trier: WTV Wissenschaftlicher Verlag Trier 2005 (= SALS 23).

Vos, Holger: Die Weltdeutung im „Silmarillion" von J.R.R. Tolkien. Eine Untersuchung zur Funktionalität und zu den ethischen Prinzipien des Textes im Kontext des Tolkien'schen Werkes mit Bezug zu den altnordischen Mythen, Berlin: epubli GmbH 2014.

Waack, Linda: Mittelerde ein Konzept der Moderne? Die Zwischenkriegszeit im Spiegel von J.R.R. Tolkiens »Der Herr der Ringe«, Wetzlar: Phantastische Bibliothek Wetzlar (= Schriftenreihe und Materialien der Phantastischen Bibliothek Wetzlar 93).

Weinreich, Frank: Über Märchen – Tolkiens Sicht des Phantastischen, in: Flammifer von Westernis. Die offizielle Vereinszeitschrift der Deutschen Tolkien Gesellschaft. 11 (2011) 10–13.

Weinreich, Frank: Die Metaphysik der Zweitschöpfung. Zur Ontologie von Tolkiens Mythopoeia, in: Fornet-Ponse, Thomas (Hg.), et al.: Hither Shore. Interdisciplinary Journal on Modern Fantasy Literature. Jahrbuch der Deutschen Tolkien Gesellschaft e.V. Tolkiens kleinere Werke, Düsseldorf: Scriptorium Oxoniae 2007 (= Hither Shore 4), 37–50.

6.2.3 Weitere Literatur

Ahlers, Reinhild: Nüchternheit. II. Kirchenrechtlich, in: LThK³ 7 Freiburg im Breisgau u.a.: Herder (1998) 943.

Beinert, Wolfgang: Maria. III. Systematisch-theologisch, in: LThK³ 6 Freiburg im Breisgau u.a.: Herder (1997) 1322–1324.

Ciaccio, Peter: Harry Potter trifft Gott. Das Evangelium von Hogwarts. Aus dem Italienischen von Alexander Romei. Mit einem deutschen Vorwort von Thomas Gandow, Neukirchen-Vluyn: Neukirchener Verlagsgesellschaft 2012.

Coleridge, Samuel Taylor: Biographia Literaria. 2. Or Biographical Sketches of My Literary Life and Opinions, London: Oxford University School of English 1817.

Coors, Dietmar: Theater als Gottesdienst. Das geistliche Schauspiel als moderne Verkündigungsform. Rezeption eines historischen Modells, Münster: LIT Verlag 2015.

Coren, Michael: Heresy: Ten Lies They Spread About Christianity, Toronto: McClelland & Stewart 2012.

Coren, Michael: Why Catholics Are Right, Toronto: McClelland & Stewart 2011.

Fay, Rolf D. (Hg.): Sankt Brandan. Zwei frühneuhochdeutsche Prosafassungen. Der erste Augsburger Druck von Anton Sorg (um 1476) und Die Brandan-Legende aus Gabriel Rollenhagens „Vier Büchern Indianischer Reisen", Stuttgart: Helfant-Edition 1985.

Ganoczy, Alexandre: Dualismus IV. Systematisch-theologisch, in: LThK³ 3 Freiburg im Breisgau u.a.: Herder (1995) 387–392.

Harmening, Dieter: Teufel. VI. Frömmigkeitsgeschichtlich, in: LThK³ 9 Freiburg im Breisgau u.a.: Herder (2000) 1369.

Heidler, Christina: Zwischen Magie, Mythos und Monotheismus. Fantasy-Literatur im Religionsunterricht, Ostfildern: Matthias Grünewald Verlag 2016 (= Theologie und Literatur 30).

Heimerl, Theresia: Wenn das Böse schön wird … Schlaglichter einer Ästhetik des Bösen vom 2. bis ins 21. Jahrhundert, in: Ebenbauer, Peter / Wessely, Christian (Hg.): Frage-Zeichen. Wie die Kunst Vernunft und Glauben bewegt, Regensburg: Verlag Friedrich Pustet 2014, 409–425.

Hergemöller, Bernd-Ulrich: Krötenkuss und schwarzer Kater. Ketzerei, Götzendienst und Unzucht in der inquisitorischen Phantasie des 13. Jahrhunderts, Warendorf: Fahlbusch 1996.

Hutter, Manfred: Dualismus I. Religionsgeschichtlich, in: LThK³ 3 Freiburg im Breisgau u.a.: Herder (1995) 387f.

Heinz, Andreas: Schwertweihe, in: LThK³ 9 Freiburg im Breisgau u.a.: Herder (2000) 350.

Jürgensen, Christoph (Hg.): Die Lieblingsbücher der Deutschen, Kiel: Ludwig ²2006.

Langer, Michael: Unheil aus Hogwart? Streiflichter zur Harry-Potter-Rezeption in Theologie und Kirche, in: Dormeyer, Detlev / Munzel, Friedhelm (Hg.): Faszination „Harry Potter" – Was steckt dahinter? Münster: LIT Verlag 2005, 17–29.

Kremer, Jacob: Heiliger Geist, I. Biblisch-theologisch, in: LThK³ 4 Freiburg im Breisgau u.a.: Herder (1995) 1304–1308.

Kuby, Gabriele: Harry Potter – gut oder böse. Schwerpunkt: Band V, Kissleg: Fe-Medienverlag 2003.

Kunzler, Michael: Engel. IV. Praktisch-theologisch, in: LThK³ 3 Freiburg im Breisgau u.a.: Herder (1995) 651–652.

Lindemann, Andreas / Paulsen Henning: Die Apostolischen Väter. Griechisch-deutsche Parallelausgabe auf der Grundlage der Ausgaben von Franz Xaver Funk/Karl Bihlmeyer/Molly Whittaker mit Übersetzungen von M. Dibelius und D.-A. Koch, Tübingen: Mohr 1992.

Müller, Gerhard Ludwig: Fegefeuer. III. Historisch-theologisch, in: LThK³ 3 Freiburg im Breisgau u.a.: Herder (1995) 1205–1207.

Müller, Gerhard Ludwig: Fegefeuer. IV. Systematisch-theologisch, in: LThK³ 3 Freiburg im Breisgau u.a.: Herder (1995) 1207–1208.

Müller, Paul-Gerhard: Gotteskindschaft. I. Biblisch, in LThK³ 4 Freiburg im Breisgau u.a.: Herder (1995) 919f.

Nitz, Genoveva: Hirt. IV. Ikonographie, in: LThK³ 5 Freiburg im Breisgau u.a.: Herder (1996) 158.

Nitz, Genoveva: Maria. XI. Ikonographie, in: LThK³ 6 Freiburg im Breisgau u.a.: Herder (1997) 1329–1332.

Paulsen, Henning: Die Briefe des Ignatius von Antiochia und der Brief des Polykarp von Smyrna. Zweite, neubearbeitete Auflage der Auslegung von Walter Bauer, Tübingen: Mohr 1985 (= Die Apostolischen Väter II).

Paus, Ansgar: Engel. I. Religionsgeschichtlich, in LThK³ 3 Freiburg im Breisgau u.a.: Herder (1995) 646.

Pfleiderer, Rudolf: Die Attribute der Heiligen. Ein alphabetisches Nachschlagebuch zum Verständnis kirchlicher Kunstwerke, Leipzig: ZA-Reprint ²1989.

Rahner, Johanna: „Viel mehr als unsere Fähigkeiten sind es unsere Entscheidungen, Harry, die zeigen, wer wir wirklich sind". J. K. Rowlings zauberhafte Ethik und die Frage von Schuld, Reue und Vergebung, in: Dinter, Astrid / Söderblom, Kerstin (Hg.): Vom Logos zum Mythos. „Herr der Ringe" und „Harry Potter" als zentrale Grunderzählungen des 21. Jahrhunderts. Praktisch-theologische und religionsdidaktische Analysen, Münster: LIT Verlag 2010, 185–207 (= Ökumenische Religionspädagogik 2).

Rösener, Werner: Militia Christi, in LThK³ 7 Freiburg im Breisgau u.a.: Herder (1998) 259.

Schröder, Carl (Hg.): Sanct Brandan. Ein lateinischer und drei deutsche Texte, Erlangen: Verlag von Eduard Besold. 1871.

Seibert, Jutta: Lexikon christlicher Kunst. Themen – Gestalten – Symbole, Freiburg im Breisgau u.a.: Herder 1980.

Sigal, Robert A.: Mythos. Eine kleine Einführung, Stuttgart: Reclam 2007.

Stork, Hans-Walter: Teufel. VII. Ikonographisch, in: LThK³ 9 Freiburg im Breisgau u.a.: Herder (2000) 1369f.

von Harnack, Adolf: Militia Christi. Die christliche Religion und der Soldatenstand in den ersten drei Jahrhunderten, Darmstadt: Wissenschaftliche Buchgesellschaft 1963.

Vorgrimler, Herbert: Geschichte der Hölle, München: Fink ²1994.

Wendelin Rauch (Hg.): Lexikon des katholischen Lebens. Unter Schriftleitung von Dozent Dr. Jakob Hommes, Herder: Freiburg im Breisgau 1952.

Zelinka, Udo: Hirt. III. Theologie- und frömmigkeitsgeschichtlich, in: LThK³ 5 Freiburg im Breisgau u.a.: Herder (1996) 157f.

6.3 Webseiten

6.3.1 Artikel auf dem katholischen Online-Nachrichtenportal *kath.net*

Reihung nach Veröffentlichungsdatum

Was sagt Papst Benedikt XVI. nun wirklich zu Harry Potter? Damit beschäftigte sich *kath.net* am 22. Juli 2005: http://www.kath.net/news/11066 [abgerufen am 10.08.18].

Der römische „Chef-Exorzist" P. Gabriele Amorth wurde am 15. Juli 2009 auf *kath.net* mit scharfer Kritik an HARRY POTTER zitiert, erkannte in der Romanreihe gar die Handschrift des Teufels. Ebenso übte der englische „Literaturexperte" Edoardo Rialti Kritik, die moralische Ordnung in Gefahr sehend: http://www.kath.net/news/23440 [abgerufen am 10.08.18].

Interview mit Michael Hageböck auf *kath.net* vom 27. September 2012 unter dem Titel „Wie katholisch ist der Hobbit?": http://www.kath.net/news/38225 [abgerufen am 10.08.2018].

Artikel „O-Antiphone als Initialzündung zu Tolkiens 'Hobbit'" auf *kath.net* vom 21. Dezember 2012: http://www.kath.net/news/39395 [abgerufen am 10.08.2018].

Am 28. Dezember 2011, ca. ein Jahr vor der Kinoprämiere von DER HOBBIT, erschien auf *kath.net* ein Beitrag mit dem Titel „Die Hobbits und das römische Kalendarium": http://www.kath.net/news/34522 [abgerufen am 10.08.2018].

Artikel auf *kath.net* vom 14. März 2014, der einen Brief Tolkiens an seinen Sohn Michael kommentiert, in dem es um Ehe und Beziehungen geht (Carpenter, Briefe, Nr. 43): http://www.kath.net/news/45262 [abgerufen am 10.08.2018].

Artikel auf *kath.net* vom 20. August 2014, der die Frage stellt: „Warum spricht der Papst so oft vom Teufel?" http://www.kath.net/news/47074 [abgerufen am 10.08.18].

Ein Mitglied der katholischen Priestergemeinschaft St. Petrus ging auf *kath.net* (ohne Datumsangabe) hart ins Gericht mit den Kritikern von HARRY POTTER: http://kath.net/news/2190 [abgerufen am 10.08.18].

6.3.2 Weitere Zeitungs- und Zeitschriftenartikel

Reihung nach Veröffentlichungsdatum

Alfred Duggans Rezension von Tolkiens Der HERR DER RINGE: DIE GEFÄHRTEN in der britischen Literaturzeitschrift *Times Literary Supplement* vom 27. August 1954: http://www.the-tls.co.uk/tls/public/article1124990.ece [abgerufen am 10.08.2018].

Eine auf der Homepage des evangelikalen *Betanien-Verlags* 2002 publizierte ablehnende Stellungnahme zu Tolkiens Werk: http://www.betanien.de/verlag/material/material.php?id=20 [abgerufen am 10.08.18].

Der 2003 auf der Homepage der US-amerikanischen Zeutschrift *The Gay & Lesbian Review* erschienene Artikel „Lord of the Rings Taps a Gay Archetype": http://www.thefreelibrary.com/Lord+of+the+Ring+taps+a+gay+archetype.+(Essay).-a0104329366 [abgerufen am 10.08.18].

Der 2004 erschienene Artikel „Warm Beds are Good: Sex and Libido in Tolkien's Writing" in der Ausgabe 42 von *Mallorn*, der jährlich erscheinenden Fachzeitschrift der *Tolkien Society* (Großbritannien): http://www.ansereg.com/WarmBedsareGood.pdf [abgerufen am 31.07.15].

Gastkommentar FINDING DESIGN IN NATURE von Christoph Kardinal Schönborn in der *New York Times* vom 7. Juli 2005: http://www.nytimes.com/2005/07/07/opinion/07schonborn.html [abgerufen am 10.08.2018].

Unter dem Titel „Vatikan mag Harry P. doch" hat die österreichische Tageszeitung *Der Standard* am 19. Juli 2005 online einen Artikel veröffentlicht: http://derstandard.at/2117669/Vatikan-mag-Harry-P-doch [abgerufen am 10.08.18].

Die Kritik an Harry Potter beschäftige am 12. Juli 2007 auch die Online-Kulturredaktion des deutschen Nachrichtenmagazins *Der Spiegel*: http://www.spiegel.de/kultur/literatur/kritik-an-harry-potter-das-kreuz-mit-der-religion-a-494012.html [abgerufen am 10.08.18].

Interview der französischen Tageszeitung *Le Monde* vom 5. Juli 2012 mit Christopher Tolkien: http://www.lemonde.fr/culture/article/2012/07/05/tolkien-l-anne au-de-la-discorde_1729858_3246.html [abgerufen am 10.08.2018].

Artikel aus der österreichischen Tageszeitung *Die Presse* vom 15. März 2013 mit dem Titel „Der Papst und der Teufel: Franziskus im Minenfeld": http://diepresse.com/home/panorama/religion/1357172/Der-Papst-und-der-Teufel_Franziskus-im-Minenfeld [abgerufen am 10.08.18].

Bericht zum Erscheinen des zweiten Leinwandteils von DER HOBBIT auf der Homepage der US-amerikanischen Wochenzeitschrift *Entertainment Weekly* vom 5. Juni 2013: http://insidemovies.ew.com/2013/06/05/evangeline-lilly-hobbit-desolation-of-smaug/ [abgerufen am 10.08.2018].

6. Anhang

Im November 2016 berichteten österreichische Medien über Alexander van der Bellens „Mordor-Sager" im Wahlkampf zum Bundespräsidenten. Beispielsweise *Der Standard* am 15. November: http://derstandard.at/2000047618396/ Hofburgwahl-Van-der-Bellen-warnt-vor-Alpen-Mordor [abgerufen am 10.08.2018]. Am selben Tag auch die *Kleine Zeitung*: http://www.kleinezeitung.at/politik/bundespraesident/5118334/Wahlkampfauftakt_Van-der-Bellenwarnt-vor-AlpenMordor [abgerufen am 10.08.2018]. Ebenso am 15. November der *Kurier*: https://kurier.at/politik/inland/van-der-bellen-warnt-vor-blauer-republik-und- alpen-mordor/230.876.039 [abgerufen am 10.08.2018]. Am 20. November die *Kronen Zeitung*: http://www.krone.at/oesterreich /alpenmordor-sager-schadet-van-der-bellen-sprachforscherin-story-540096 [abgerufen am 10.08.2018]. FPÖ-Parteiobmann Heinz-Christian Strache konterte auf Twitter mit einem „Gollum-Vergleich", der vollständige Tweet ist in einem Artikel vom 16. November 2016 auf der Homepage der Tageszeitung *Österreich* veröffentlicht worden: http://www.oe24.at/oesterreich/politik/Strache- nennt-VdB-Gollum/258777232 [abgerufen am 10.08.2018]. Die *Kronen Zeitung* veröffentlichte dazu eine Fotomontage, auf der im Hintergrund der beiden Politiker der „Dunkle Turm" von Mordor und Gollum zu sehen sind: http://www.krone.at/oesterreich/strache-kontert-van-der-bellen-wird- zu-gollumnach-mordor-sager-story-539660 [abgerufen am 10.08.2018].

Im November 2017 berichteten mehrere Nachrichtenportale über das Vorhaben des US-amerikanischen Konzerns *Amazon*, der auch einen eigenen Streamingdienst betreibt, eine TV-Serie rund um Tolkiens Mittelerde-Erzählungen zu produzieren. Vgl. *FAZ*: http://www.faz.net/aktuell/feuilleton/familie/wieerklaere-ich-s-meinem-kind/amazon-produziert-eine-herr-der-ringe-serie-15293560.html [abgerufen am 10.08.2018]. Vgl. *Handelsblatt*: http://www.handelsblatt.com/unternehmen/it-medien/tv-serie-amazon-dreht-herr-der-ringe- vorgeschichte/20578966.html [abgerufen am 10.08.2018]. Vgl. *Spiegel*: http://www.spiegel.de/kultur/tv/herr-der-ringe-amazon-verfilmt-saga-als-tv-serie-a-1177822.html [abgerufen am 10.08.2018].

6.3.3 Internetauftritte diverser Verlagshäuser

Homepage des Vereins *Christliche Literatur-Verbreitung* (CLV): www.clv.de [abgerufen am 10.08.18].

Homepage des katholischen *Fe-Medienverlages*: http://www.fe-medien.de [abgerufen am 10.08.2018].

Homepage von *Gerth-Medien*: http://www.gerth.de [abgerufen am 10.08.18].

Homepage des deutschen *Michaels Verlag & Vertrieb* (MVV): https://michaelsverlag.de [abgerufen am 10.08.2018].

Internetauftritt der US-amerikanischen Zeitschrift *The Advocat*, die 2001 einen Artikel mit dem Titel „The Gay Guide to Middle Earth" veröffentlicht hat: http://www.advocate.com [abgerufen am 10.08.18].
Homepage der US-amerikanischen Zeitschrift *The Gay & Lesbian Review*: http://www.glreview.org [abgerufen am 10.08.18].

6.3.4 Weitere Webseiten

Eine online Ausgabe des Katechismus der katholischen Kirche findet sich auf der Homepage des Vatikans unter: http://www.vatican.va/archive/DEU0035/_INDEX.HTM [abgerufen am 10.08.18].
Homepage von Gabriele Kuby, die als scharfe Kritikerin der Romanreihe HARRY POTTER bekannt wurde: http://www.gabriele-kuby.de [abgerufen am 10.07.16]
Eine Übertragung des Gedichts *Crist* von Cynewulf auf der Homepage der kanadischen Universität York: http://www.yorku.ca/inpar/Christ_Kennedy.pdf [abgerufen am 10.08.2018].
Homepage von JZ Knight, Begründerin einer alternativen religiösen Bewegung in den USA: http://www.jzknight.com [abgerufen am 10.08.2018].
Internetauftritt von *Ramtha´s School of Enlightenment*, einer Einrichtung zur Verbreitung der religiösen Lehren von JZ Knight: https://www.ramtha.com [abgerufen am 03.08.2017].
ZDF-Artikel zur Umfrage, die DER HERR DER RINGE zum Lieblingsbuch der Deutschen kürte: http://www.zdf-jahrbuch.de/2004/programmarbeit/arens.htm [abgerufen am 10.08.2018].
Homepage des Internationalen Mariologischen Arbeitskreises Kevelaer [IMAK]: http://www.imak-kevelaer.de [abgerufen am 10.08.2018].
Alternative Übersetzung von Tolkiens Gedicht MYTHOPOEIA in einem deutschsprachigen Fan-Forum: https://www.tolkienforum.de/topic/9621-mythopoeia-i-lines-1-8/ [abgerufen am 10.08.2018].
Eintrag aus dem *Kath.net-Watchblog Episodenfisch*, in dem darauf aufmerksam gemacht wird, dass *kath.net*-Chefredakteur Roland Noé im Forum seines Nachrichtenportals das Pseudonym „Gandalf" benutzt: http://episodenfisch.blogsport.de/2010/11/20/schoener-poebeln-mit-roland-noe [abgerufen am 10.08.18].

6.4 Filmografie

Filmtrilogie DER HERR DER RINGE
(engl. Original: THE LORD OF THE RINGS, Regie: Peter Jackson, US/NZ 2001-2003):

- DIE GEFÄHRTEN (engl. Original: THE FELLOWSHIP OF THE RING, 2001)
- DIE ZWEI TÜRME (engl. Original: THE TWO TOWERS, 2002)
- DIE RÜCKKEHR DES KÖNIGS (engl. Original: THE RETURN OF THE KING, 2003)

Filmtrilogie DER HOBBIT
(engl. Original: THE HOBBIT, Regie: Peter Jackson, US/NZ/GB 2012-2014):

- EINE UNERWARTETE REISE (engl. Original: AN UNEXPECTED JOURNEY, 2012)
- SMAUGS EINÖDE (engl. Original: THE DESOLATION OF SMAUG, 2013)
- HIN UND ZURÜCK (engl. Original: THERE AND BACK AGAIN, 2014)

6.5 Abbildungsverzeichnis

Abbildung 1:	Im Hintergrund der beiden Politiker Strache (links) und Van der Bellen sind der „Dunkle Turm" von Mordor und Gollum zu sehen, wie sie aus den Verfilmungen von Regisseur Peter Jackson bekannt sind.	4
Abbildung 2:	Das weiße Kopftuch Galadriels in DER HERR DER RINGE: DIE GEFÄHRTEN ist Bestandteil vieler Mariendarstellungen.	90

6.5 Abbildungsverzeichnis

Abbildung 3: Ein Sichelmond leuchtet bei Galadriels Auftritt in DER HOBBIT: EINE UNERWARTETE REISE und erinnert an Darstellungen der Maria Immaculata.   91

Abbildung 4: Ikonische Inszenierung Galadriels als übernatürliche, statuenhafte Erscheinung in DER HOBBIT: EINE UNERWARTETE REISE.   92

Abbildung 5: Im dritten Teil der DER HERR DER RINGE-Verfilmung, DIE RÜCKKEHR DES KÖNIGS, sitzt Théoden auf seinem weißen Pferd Schneemähne.   119

Abbildung 6: In DIE RÜCKKEHR DES KÖNIGS ziert Théodens Zelt das Banner Rohans mit dem weißen Pferd.   119

Abbildung 7: Die Elbenfürstin Arwen mit gezücktem Schwert am Rücken eines weißen Rosses an der Bruinen-Furt gibt es in dieser Form nur in der Filmversion von DER HERR DER RINGE: DIE GEFÄHRTEN.   127

Abbildung 8: Die aus der tiefen Finsternis auftauchende monströse, gehörnte und von Feuer durchwirkte Gestalt des Balrogs in DER HERR DER RINGE: DIE GEFÄHRTEN erinnert an einen Dämon christlicher Darstellungsweise.   139

Abbildung 9: Gandalf in DER HERR DER RINGE: DIE ZWEI TÜRME unterscheidet sich deutlich von bekannten Christus Darstellungen, das leuchtend weiße Gewand und strahlendes Licht erinnern jedoch an die Verklärung Jesu.   168

Abbildung 10: Das Buchcover von HARRY POTTER – DER HERR DER RINGE. UNTERSCHEIDUNG TUT NOT zeigt einen in weißes Gewand gehüllten „verklärten" Gandalf, davor Harry Potter, deutlich zu erkennen an der – wie es im Buch heißt – „Fluchnarbe des Teufels" auf seiner Stirn.   200

Abbildung 11: Der Filmstreifen am Buchcover von DER RING 212
UND SEIN GEHEIMNIS zeigt, dass man vom Start
der Leinwandversion profitieren will.

Abbildung 12: Passend zum Buchtitel von TOLKIENS GANZ GE- 215
WÖHNLICHE HELDEN sind die Identifikationsfiguren
am Cover abgebildet.

Abbildung 13: Inspirierende Gedanken verspricht der Buchtitel 216
am Cover von UNTERWEGS MIT FRODO.

Abbildung 14: Den Blick in ihre ungewisse Zukunft richten die 219
Abenteurer am Buchcover von DIE ENTDECKUNG
VON MITTELERDE.

Abbildung 15: Am Buchcover von GANDALFS KAMPF AUF DER 221
BRÜCKE scheint der feurige Balrog zu einem grünen
Tentakelmonster mutiert zu sein.